Pogány A. Ferenc

A másik oldal 2.

(2017. JÚLIUS – 2019. JÚNIUS)

novum ▟ pro

www.novumpublishing.hu

© 2021 novum publishing

ISBN 978-3-99064-774-5
Lektor: Sósné Karácsonyi Mária
Borítókép:
Enrico Mantegazza | Dreamstime.com
Borító, tördelés & nyomda:
novum publishing

www.novumpublishing.hu

Ha a kedves olvasó a „Másik oldal" című írásom olvasásával megtisztelt, akkor tudja, hogy az a történet így fejeződött be: „A testvérem halálából semmi tanulságot nem vonhatunk le. Legalábbis én nem teszem. Fáj az elvesztése. Azt hiszem, míg élek, sajogni fog. Attól a végzetes telefonhívástól, amelyben tudatta velem, hogy prosztatarákja van, 23 év telt el. Őt kétévi kezelés után elvesztettük. Ő a természetgyógyásznak hitt, és ez lett a végzete.

Én az orvostudományban bízom, nekem talán ez lesz a végzetem. Már körülbelül három év telt el azóta, amikor én megtudtam, hogy prosztatarákom van. Még élek.

Egy biztos. Amikor szerelemben egyesültek a szüleim ivarsejtjei, a születés időpontja többé-kevésbé elhatározott ténnyé vált. Az időtartam, ami nekem jutott, véges, a halál időpontját türelemmel ki kell várni.

Tudom, hogy ezer sebből vérzik a magyar egészségügy. Én most egy kis bepillantást engedek a beteg szemszögéből, azaz a másik oldal szemszögéből, mely nem ellentétes az orvos érdekeivel, mivel mind a ketten abban érdekeltek, hogy a beteg meggyógyuljon.

Talán megengedhetem magamnak ezt a részrehajlást: a betegnek nagyobb érdeke fűződik a gyógyuláshoz."

„Innen csak akkor folytatom, ha kiújul bármiféle mocskos, rám leskelődő betegség..."

2017. 08.

Nos, úgy tűnik, elkezdhetem a folytatást.
Ez egy igaz történet, de az írójának képzeletvilágán átszűrt események tárháza. Aki bármiben is valami hasonlóságot fedez fel az ő történetével, az nem téved, mert a képzeletben minden megeshet.

2019. 03.

Az én *me too*-m
Az újabb nyavalyám

2018. 03. 01.

„Becsináltam!"

Villámként csapott belém az érzés, miközben néztem a pizsamám szárából a jobb lábamon leguruló, egyre gyorsabban lejutó forróságot, amíg megláttam a kibuggyanó vért, ami a papucsomba lassan belefolyt.

Első meglepetésemben szinte megbénultam.

Az utóbbi időkben feltűnően sokszor felfúvódtam, hogy aztán hol halk fuvallatként, hol hangos trombitaszólóként törjön ki belőlem a természet.

De ez más volt. Nem úgy jártam, mint a törökbálinti, egykori halhatatlan fűzfapoéta, aki ezt a végállomás WC-jének zöld deszkából készült válaszfalába rótta:

„Nagy sietve jöttem ide,
Szakadt rólam gatya, ing,
Azt hittem, hogy szarnom kellett,
Lett belőle egy nagy fing."

Nem sok volt időm volt, hogy elmerengjek eme felirat előzményének történetén, csak átvillant az agyamon a zsúfolt mozi képe, amint az unokatestvérem kikezd a helybéliek bandavezérével. A mozi udvarán hárman is megpróbáltak megverni, ami nyilván sikerült volna, ha egy rikácsoló női hang nem jön segítségemre:

– Itt semmiféle verekedés nem lesz! Kifelé az udvarból! Mire én kiértem az addig békésen álldogáló unokatestvéremmel, a fiúk felszívódtak.

– Pisilnem kell – hallottam az öcskösömtől.

Így láttam meg a budi zöldre festett, fa válaszfalába vésett halhatatlan feliratot.

Kicsit elkalandoztam, térjünk vissza az eseményekhez.

Ez nem halk, sejtelmes szellentés vagy cifra fuvolaszó volt, de nem ám.

Konstatálnom kellett, hogy míg álltam az emeleti WC-ben, a jobb lábam szárán valami híg, meleg folyadék lassan, feltartóztathatatlanul a föld felé kúszik, amíg végül a papucsomba, és onnan a WC előtétszőnyegére folyik. Ekkor már megláttam a piros vért, mely lassan, megállíthatatlanul folyt le a lábam szárán. Amint megmozdultam, a papucsomból apró vércseppecskék peregtek le a kövezetre.

Miután nagy keservesen sikerült levonszolnom a szőnyegről a lábamat, most már a WC kőpadlójára folyt ez a trutymó. Az első gondolatom ez volt: „Le kell vennem a pizsamanadrágomat". *De hogyan?* – kérdeztem magamtól. Óvatosan elfordultam a vécéülőkétől – széles vércsíkot húzva a kőlapon –, amíg megfelelő testhelyzetet nem tudtam felvenni: a hátamat az ajtónak támasztottam, és nagy keservesen levettem a pizsamanadrágomat. Szembeálltam a megeresztett mosdóval és a tükörrel, hallgattam a víz csobogását, amíg nem kezdett langyosodni. A nadrágomat beleraktam a kagylóba, a zubogó víz alá. Éreztem, ahogy a víz végtelenül lassan felmelegszik a hosszú, emeleti csőszakasz után.

Kajánul vigyorgott rám a mosdó fölé akasztott tükörből a saját arcmásom. Legalábbis én úgy éreztem.

Amikor már elég meleg volt, bedugaszoltam a lefolyót és néztem, amint a mosdóban emelkedik a véres, zavaros vízszint. Többször leeresztettem a mosdó kagylójából a vizet. A víz nem akart kifolyni. Észrevettem azt a véres cafatot, ami eldugította a mosdó lefolyóját. Miközben ismét felengedtem a mosdó vízszintjét, megtöröltem a véres lábszáram a mosdóhoz kikészített törülközővel. A véres papucsomat többször kimostam és ismételten kiöblítettem, amíg csak elég tisztának nem ítéltem ahhoz, hogy felvegyem. A mosdó szűrőjén többszöri vízleeresztés után sem akart lemenni az iménti cafat. Kellő undorral, egy darab vécépapírral kivettem a szűrőből az azt eldugaszoló darabot és beleraktam a vécékagylóba. Jobb híján a frottírtörülközővel feltöröltem az apró gyöngyszemként szétguruló vércseppeket, majd kiáztattam a WC előtétszőnyegét, és amikor már nem jött belőle véres folyadék, úgy, ahogy voltam, pucéran átvittem a folyosó végén lévő kádhoz, hogy a kád szélére rakjam száradni.

Azután még egyszer feltörölgettem a WC padlóját, teleengedtem a mosdót forró vízzel, jó alaposan kimostam a törülközőt és kiakasztottam száradni a nem működő radiátor szárítóra a fürdőszobában.

Ezek után úgy, pizsamanadrág nélkül leültem az ágyam szélére, széles vércsíkot hagyva az odakészített fehér törülköző felületén.

---••---

Az iménti jelenet előzménye

Siki doktornő összevont szemöldökkel rám nézett a 2017. július 2-án készült laboreredményem láttán.

Ismertem már ezt a nézését. Semmi jóval nem biztatott.

– A vérsüllyedése 120! Ez nagyon magas. Elküldöm egy hematológiai vizsgálatra.

Valamit fellapozott a jegyzeteiből és telefonált.

– Kútvölgyi Kórház Rendelőintézete? – szólt bele a telefonba.

– Igen – hallottam a telefonban a halk választ.

– Kérem Bekecs doktor urat.

– Egy pillanat, kapcsolom.

Pár perc hallgatás a telefonban, majd ismét a doktornő:

– Bekecs doktor úr asszisztenciája? Egy betegnek kérek időpontot hematológiai vizsgálatra.

Majd hozzám fordult:

– Július 20-a, reggel 8 óra megfelel?

– Igen, megfelel.

– Kérem előjegyezni az urat július 20-ára.

Bemondta a nevemet, tajszámomat, mely a járóbeteg-kezelési lapomon előtte volt. Letette a telefont, majd hozzám fordult:

– Megírom a beutalót. Arra kérem, legyen ott a Kútvölgyi rendelőintézetében 20-án reggel 8 órára. Tudja, hol van?

– Nagyjából tudom, ha Kútvölgyi Kórház körül van.

– Igen, a 155-ös busszal kell menni a Moszkva tértől...

– Azaz a mai Széll Kálmán tértől – szólt közbe az asszisztensnő.

– Nem tudja, kocsival hogyan kell odamenni, és főleg van-e ott parkolóhely? – kérdeztem.

– Azt sajnos nem tudom – volt az asszisztensnő válasza.

Huszadikán úgy döntöttem, jobb lesz villamossal nekivágni az útnak. A sugárterápiás kezelésem első napján kocsival mentem. A Kék Golyó utcai tapasztalatokat vettem figyelembe, ott ugyanis, az Országos Onkológiai Intézet közelében, egyáltalán nem találtam parkolóhelyet.

Kocsival lementem az Auchan áruház parkolójához. Ez igazán jó megoldás volt, miután az áruház még nem találta ki, hogy megsarcolja az ott parkoló autókat, azaz ingyenes volt a parkolója.

Elfoglaltam a megszokott parkolóhelyemet, majd átsétáltam a 17-es villamos végállomásához. Megvártam, hogy beálljon az új típusú CAF villamos, kényelmesen elhelyezkedtem. Valamilyen okból nem volt kedvem a „szennylapomat" megvenni, így volt időm a gondolataimban elmélyedni.

Alig kúszott ki a villamos a végállomásáról, máris eltévedtek a gondolataim a Kútvölgyi úti kórházra.

Roppant felkavaróak voltak ezek a gondolatok.

Andi, a kedves, okos, bűbájos kislányom 1984. január 16-án meghalt egy alattomos betegségben.

Visszaemlékeztem Andi utolsó nyarára, amit Balatonalmádiban töltöttünk, mit sem sejtve az alattomos mucoviscidosisról. Andi önfeledten pancsikolt a sekély vízben. Egyik délután meglátogattak a közelben tartózkodó nagyfiam és a menyasszonya. Én pincepörköltet csináltam a telek sarkában lévő tűz fölé felakasztott bográcsban. A nagyfiam pohárköszöntőjét így fejezte be:

– Andikának hosszú életet és boldogságot kívánok.

Talán miután ez volt az első alkalom, amikor az első házasságomból való elköltözésem óta szabadon, minden kötöttséget nélkülözve beszélgethettünk, meglátta bennem a kétely szikráját, így megismételte:

– Igen, minden boldogságot kívánok neki.

Annak a nyárnak a végén a gyerekgyógyász doktor közölte:

– Nekem ez a gyerek gyanús, beutalom a Heim Pál Gyermekkórházba kivizsgálásra.

A gyereket bevittük a kórházba, ahol a műszeres vizsgálat után megállapították: semmi baja nincs.

Visszavittem a kórházi eredményt a gyermekorvosnak.

– Sajnos én továbbra is gyanúsnak látom a kislányt. Biztos, ami biztos, kérem, nézessék meg a Svábhegyi Gyermekgyógyintézetben.

Felvittük a gyereket a nevezett intézménybe.

Itt egy joviális kinézetű, középkorú doktor vizsgálta meg Andikát.

Sokáig nézegette a gyerek torkát, majd végül ezt mondta:

– A gyermekorvosuknak igaza van. Ez bizony mucoviscidosis!

– De doktor úr! A Heim Pálban műszeresen megvizsgálták, és egészségesnek nyilvánították! – tiltakoztam én.

– A saját gyakorlati tapasztalatom alapján kimondhatom, hogy a betegség fennáll! – Majd aggódva vetett egy pillantást az élettársam kissé előreálló pocakjára.

Megértve a pillantását megnyugtattam:

– Nem terhes az élettársam.

– Akkor jó. Én azt javaslom, hogy egy pár napra itt maradjon a gyermek megfigyelésre. Három nap megfelel önöknek?

– Nem készültünk úgy, hogy itt hagyjuk őt, de késő délután el tudom hozni a holmiját – mondtam az élettársamra nézve.

– Meg tudnak adni egy telefonszámot, ahol elérhetem önöket? – kérdezte a doktor.

– Gondolom a munkahelyi telefon nem igazán jó. Nekünk csak CB rádiónk van. Délutánra, amikor visszajövök, megbeszélem egy közeli barátunkkal, akinek CB-je meg telefonja is van, hogy elvállalja-e a telefonügyeletet.

Szalóki Béláékra gondoltam, akikkel ezidőtájt a mi pincénkben közösen gombát tenyésztettünk.

Hazafelé menet a kocsiból rádión lebeszélte a nejem az ügyeletet, amit ők készségesen elvállaltak.

A harmadik napon mentünk Andiért.

– Folyékony, kellemes ízű gyógyszert írok fel, amit minden étkezés előtt be kell adni a gyereknek a gyógyszer mellé adott kanálkával.

Miközben a doktor ezt magyarázta, benézett egy feltűnően sovány, tinédzser leányka.

– Katika, nemsokára szabad leszek – szólt a doktor, majd miután a kislány visszahúzódott, így szólt hozzánk:

– Katika a legidősebb gyermekünk, aki megérte a 16 éves kort, és ugyanebben a betegségben szenved. Sajnos a többségük meghalt már ilyen idős korára.

– Doktor úr, kérem, most akkor mit remélhetünk? Mi vár ránk a jövőben?

A doktor elgondolkozott, majd így válaszolt:

– Alig egy éve, hogy lehet kapni ezt a gyógyszert. A korábbiakban semmiféle hatásos fegyver nem állt rendelkezésünkre. Most legalább már van gyógyszer. Az imént látott kislány, Katika, már 16 éves. Ilyen kort ebben a betegségben szenvedők még soha nem éltek meg.

Én teljesen leforrázva köszöntem el a doktortól. Úgy éreztem, kimondták a halálos ítéletet a kislányomra.

Az élettársam viszonylag nyugodtan fogadta a hírt. Valószínűleg abban a mondatban lelt kapaszkodót, amelyben a doktor közölte: „alig egy éve lehet ezt a gyógyszert kapni".

Kiváltottuk a gyógyszert. Ez egy elég gejl, eperízű, csaknem méz sűrűségű folyadék volt. Andikám eleinte szorgalmasan bevette az adagolókanálnyi mennyiségeket.

Később, december környékén már gyakorlatilag nem volt hajlandó a kis székéből felkelni.

Így jött el az 1984-es szilveszter éjszaka. Andi este 9 órakor elaludt. Rá mertük bízni a Nanóra, a nagyanyjára, amíg mi elmegyünk egy kedves kollégámhoz, ahol egy kis társaság jött össze, megünnepelni az óév elmúlását.

Mielőtt elmentünk, lelkére kötöttük Nanónak – miután kioktattuk a CB rádió kezelésére –, hogy ha bármi probléma van, hívjon, és mi rohanunk haza.

A biztonság kedvéért hol a nejem, hol én 1-2 óránként hazaszóltunk. Miután Nanó minden esetben azt mondta, hogy a gyerek nyugodtan alszik, így megnyugodva, hajnali két órakor indultunk haza taxival.

A gyerek békésen szendergett. Az élettársam fürdéshez készülődve átölelte a nyakamat és így szólt:

– Most olyan boldog vagyok! – azzal kiment a nyomorúságos fürdőszobánkba.

Talmi volt ez a boldogság.

A fürdőszobaajtó élesen nyikorgott, amint kinyitotta, majd becsukta. *Ideje lenne megolajoznom* – gondoltam.

Ebben a percben Andikám felsírt. Kivettem a kiságyából és lefektettem a mi megágyazott ágyunkba. Próbáltam megnyugtatni. Hanyatt feküdt, és magából kikelve zokogott. A testét, mint egy birkózó, híd formába feszítette, és a kis lábacskáival arrébb meg arrébb lökte magát. Rémülten néztem: mindjárt leesik!

Miközben igyekeztem visszatartani, az élettársamat hívogattam. Számomra egy örökkévalóságnak tűnt, mire előkerült. Felkapcsolta a villanyt, ránézett a gyerekre.

– Hiszen ez a gyerek lilás színben játszik! – közölte. Rám nézett és megállapította: – Ilyen piásan nem vezethetsz. Azonnal menj le a városközpontba és keress egy taxit amíg én felöltöztetem, és becsomagolom a kis holmiját.

A doktor már várta a gyereket. Azután mindennap felmentünk a kórházba.

Azon a napon is éppen a kórházba készültünk, amikor Béla szólt bele a CB rádióba. A köszönés után így folytatta:

– Ne induljatok a kórházba, amíg mi nem beszélünk veletek.

– Mi van, milyen híretek van? – kérdeztem, s elállt a lélegzetem.

– Mindjárt indulunk – hangzott a sejtelmes válasza.

Így tudtuk meg, hogy Andi 1984. január 16-án elment. Nem titkolom, a hír hallatán bevonultam a szobába, és sokáig hangosan zokogtam.

Aznap, mikor felértünk a kórházba, az ápolónő azt mondta:

– Szép halála volt. Utoljára még kért egy banánt, és a banán majszolása közben csendesen elaludt. – Majd így folytatta: – A kislányt már levitettük a kórbonctani intézetbe.

Ma már nem tudom, melyik utcában volt ez az intézet. Nekem jutott a feladat, hogy a kis ruháit, amiben temetni akartuk, bevigyem az intézetbe. A portáról feltelefonáltak, hogy kit keresek. Egy negyvenes éveiben járó, fehér ruhás, fehér sapkát hordó emberke jött ki nagy sokára.

– Itt vannak a ruhácskái – adtam át a csomagot.

– Én fogom felöltöztetni, meg akarja nézni?

Jeges tiltakozást váltott ki belőlem a gondolat: többé már nem él.

– Nem, nem akarom megnézni. Azt akarom, hogy az emléke úgy maradjon meg bennem, ahogy utoljára láttam a kiságyában, vidáman.

A kis emberkének odaadtam minden pénzemet, ami volt nálam.

– Szépen öltöztesse fel – kértem.

– Minden rendben lesz – búcsúzott el.

Gondolatban idáig jutottam, amikor a villamos bekúszott a Moszkva térre. Elnézést, megszokásból így hívtam, bár mára ismét Széll Kálmán térre keresztelték. Gyerekkoromban Szélkalefnek hívtuk, majd átnevezték Moszkva térré, most ismét a régi nevét vette fel. Öreg vagyok én már, hogy megjegyezzem ezeket a felesleges változásokat.

Elég az hozzá, hogy a mélázásból az utolsó percben tértem magamhoz, hogy még időben leszálljak.

Átmentem a buszok indulási oldalára. Elfelejtettem, hogy melyik buszt kell keresni, végül egy szemmel láthatóan a busztársaság egyenruháját viselő embert szólítottam meg, aki az egyik jármű faránál matatott:

– Uram, nem tudja véletlenül, hányas busz megy a Kútvölgyi úti rendelőintézethez? Én úgy tudom, a 175-ös...

Az ember komótosan felnézett a busz faránál végzett tevékenységéből, majd így válaszolt:

– Az úr rosszul tudja. A 155-ös járat közlekedik a Kútvölgyi rendelőhöz. Menjen vissza a buszsor elejéig, ott majd meglátja a járatát.

Megköszöntem. Végigutaztam a három buszmegállót, majd felcaplattam a recepcióhoz, ahol már többen várakoztak. Amikor sorra kerültem, odaadtam a beutalómat. A hölgy valamit írt rá, telefonált, majd közölte:

– Bekecs doktor úr ma nem rendel. Menjen fel a liften a II. emelet 24-be, ott fogják eligazítani. Benedikt Szabolcs doktor úr tudja fogadni önt – közölte kedvesen az eligazítóban tartózkodó ápolónő, miután leadtam a leletkérő lapomat.

Adataim felírása után rám nézett:

– Esetleg van egy e-mail címe, ahol értesíthetjük?

Az e-mail címem bediktálása után így szólt:

– Várakozzon, kérem, a folyosón elhelyezett székek valamelyikén, majd név szerint szólítják.

Én engedelmesen elfoglaltam a helyem az ablakzugban, miután egy szabad ülőhely se volt már a folyosón.

Ismét volt lehetőségem a múlton elmerengeni. Az emlékképek csak úgy özönlöttek felém. Először is felidéztem az unokanővéremmel az iménti találkozásomat.

Az unokanővéremmel nem volt teljesen véletlen a találkozásunk. Felhívott, hogy érdeklődjön a kisebbik fiam vizsgáinak állásáról miután a nem kevés egyetemi tandíjat magára vállalta, mondván, „ha a gyerek végez, majd megadja". Ezen beszélgetés közben elkotyogtam, hogy másnap a Kútvölgyi úti rendelőintézetbe megyek.

– Fiacskám – közölte az unokanővérem –, holnap én is oda megyek! Te hány órára mész?

– Én kilencre.

– Én is. Találkozhatunk ott?

– Én még ebben a rendelőintézetben sohasem voltam.

– A földszinten van egy kis büfé, ott találkozhatunk.

Villamossal elmentem a Szél Kalefig, aztán némi bizonytalankodás után megtaláltam a busz végállomását. A földszinti büfét viszont egyből megtaláltam. A nővérem még nem volt ott, de miután megérkezett, a szokásos anyai modorával mindjárt ki is oktatott.

Meglehetősen pikírt megjegyzéseket tett a családom férfitagjainak hűségére. Miután az atyai nagyszüleinktől származó 4 testvérből kettőnek lányai születtek, egy fiú '56-ban Afrikába disszidált, és a távoli, Afrikaans feleségével, amíg élt, boldog házasságban éltek, éleslátón magamra és a testvéremre ismertem.

A testvérem éppen a negyedik asszonyát fogyasztotta. Én sokkal szerényebb vagyok, mert csak a második asszonyomnál tartok.

A testvéremnek is bizonyára megvoltak a maga indokai, hogy így alakult az élete; ha más nem, az ágyában találta a helyi kovácsmestert, de én ebben a leírásomban csak a magam divatos me too-immel akarok foglalkozni..

Miután elváltam az unokanővéremtől – ő a földszintre ment, én a 2. emeletre – bejelentkeztem, aztán elkezdtem gondolkozni az életem folyásán.

Elég szerencsés voltam, hogy a középiskolai tanulmányaim után azonnal felvettek az egyetemre.

A középiskolában nem tűntem ki különösebben a jó tanulmányi eredményeimmel. Azért az érettségi vizsgámon összeszedtem magam. A magyar nyelv és irodalom tárgyban elért közepes eredményem kivételével még a nem kötelező orosz nyelvvizsgám is jelesre sikerült.

A középiskolai tanulmányaim során nem értem rá a szerelemre. Egy-egy lány futó kalandként, csak a csókig jutott el ez az élmény, nem jutottam tovább. Komolyabb viszony nem alakulhatott ki az időigényessége miatt: mindig úgy döntöttem, hogy inkább a sportot választom a lányok helyett.

A negyedik osztályt végeztem, amikor elhatároztam, hogy az öttusához megtanulok igazán rendesen vívni, hiszen kilencéves koromban egyszer már elkezdtem a vívóedzéseket, és az akkori edzőm mondogatta: „ha felnősz, olasz vívók nagy ellenfele lehetsz", de akkor bevezették a havi 20 Ft-os tagsági díjat. Ezt nem tudtam kifizetni, inkább elkezdtem háromtusázni a MAFC-nál, ami ingyen volt, sőt heti tanuló villamosbérletet kaptam (2 forint 70 fillérért). Igaz, hogy az a fránya egy megálló – a HÉV-szakasz határa és az én tanulóbérletem érvényességi tartománya – elvileg nem tette volna lehetővé a bérlet használatát, de ez csak az elv volt. Én büszkén használtam a bérletemet. Csak egyszer-kétszer buktam le, amikor egy-egy sasszemű kalauz kiszúrta a turpisságot. Ilyenkor rendszerint bevittek a Móricz Zsigmond körtéri forgalmi telepre, hosszasan elmagyarázták, hogy milyen helytelen a cselekedetem, aztán megkíséreltek megbüntetni. Miután többnyire egy vasam se volt, előbb-utóbb elengedtek, sőt rendszerint megtarthattam a bérletemet is.

A háromtusában nem sok eredményt értem el. Igaz, hogy az első versenyen a serdülőknél a pisztolylövést megnyertem, de az úszásba utolsó lettem. Bár kiváló futó voltam, nem találtam meg a futás helyszínét, így csak a lövéseredményemet írta meg az akkori Népsport, amire én módfelett büszke voltam, hiszen az első nyomtatásban megjelent hír volt rólam, méghozzá első helyezettként! Ekkoriban ismertem meg első feleségemet.

Teljesen ártatlan kapcsolatnak indult.

Én az egyetemet kezdtem, ő a közgazdasági technikum utolsóéves hallgatója volt.

A vívószakosztályt átvette a MAFC-ból az OSC.

Alig találtam meg a Puskin mozi felett, a Semmelweis utcában lévő vívótermet. Legnagyobb sajnálatomra régi mesterem, Ganzman Feri bácsi, időközben elhunyt. Sajnálhattam is, mert az egyetlen vívómester, akit még a MAFC-ból ismertem, tehetségtelen, túlkoros tanítványtként felesleges fáradtságnak találta a velem való foglalkozást. Éppen azon voltam, hogy lógó orral távozzak a vívóteremből, amikor megszólított az egyik ott lévő, számomra ismeretlen mester.

– Nem te vagy a MAFC-os főiskolai válogatott bokszoló öccse?

– De igen. Én vagyok István öccse.

Elmeséltem, hogy edzőt keresek, de akit ismerek, az nem vállal.

– Várj egy kicsit. Ha sorra kerülsz, kipróbállak!

Így kerültem Tari mesterhez.

Annak az évnek az őszén beválogattak az ifjúsági tőrválogatott keretbe!

Érdekes volt a kézilabdapályafutásom. Egyszer találkoztam Máté Tumakkal, ezzel a mackómozgású, nálam talán 5 évvel idősebb fiúval. Szó szót követett, míg végül megállapodtunk, hogy lemegyek az EMAG kézilabdacsapatának edzésére.

A magam 60 kg-os súlyával nem volt esélyem a kimagasló teljesítményre, de mozgékonyságommal, szemfülességemmel azért idővel hasznos tagja lettem a csapatomnak. Az egyik kézilabdaedzés után Tumakkal lementünk a BESZKÁRT strandra. Itt, a hatalmas fák közt megbújva, a gyerekmedence mellett volt egy büfé. Ezt vezette a későbbi feleségem. Tumak ismerte már, úgyhogy ő mutatta be nekem a 18 éves, vörös haját nagy kontyba összefogó leányt.

– Íme, a büfések gyöngye, Bejci – mutatta be a lányt Tumak.

Kértünk két málnás fröccsöt. A fröccsözés közben eljópofiztunk a lánnyal, de aztán sokáig nem történt semmi.

Én még az igazi nevét sem tudtam.

Hetekkel később egy alkalommal ismét a büfénél találkoztunk, kézilabdaedzés után lementünk a strandra Tumakkal.

Ez egy nevezetes nap volt Tumak és a strand életében.

A strand medencéjét csak félig töltötték meg, miután a vizet hetenként le kellett ereszteni, hogy a „tisztasági előírásoknak" eleget tudjanak tenni. A tele medence csak kétnapos ürítéssel volt leüríthető, így kiesett volna a strand üzemidejéből egy nap. Én csak egy alkalommal láttam tele medencét, amikor vízilabdameccset játszottak ott.

De ezen a napon, miközben a nap ragyogóan sütött, rábeszéltem Tumakot, hogy kéz nélküli fejest ugorjunk a medence oldaláról. Itt a vízmélység kb. 1,60 m volt. Először én ugrottam. A vízbe érkezve azonnal homorítottam, de még így is végigsúrolta a hasamat a beton fenéklemez. Azonnal arra gondoltam, figyelmeztetnem kellene Tumakot a kis vízmélységre.

Elkéstem. A fiú ugrott. Még ma is látom magam előtt, amint vérző fejjel kibukkant a vízből. Egyenesen belefejelt a medence fenekébe. Segítettem neki kiúszni. A parton a kis büfé mellett lefektettük egy pokrócra, amit a Bejci hozott ki a gondnokságról.

– Én már telefonáltam a mentőkért – mondta a lány, miközben ideiglenes kötést rakott Tumak fejére.

A mentők pár perc múlva kiérkeztek, meglepetésemre az örökös diák, Ottó vezetésével, aki a szomszédunkban lakott, és akinek az anyja arra volt büszke, hogy a fiát már tanársegédnek nézik az ifjabb hallgatók.

Ottóka ellátta a sebesültet. Lelkére kötötte, hogy ha szédülne vagy émelyegne, azonnal forduljon orvoshoz.

Miután a mentősök eltávoztak, szóba elegyedtünk a lánnyal. Először sajnálkoztunk Tumak balesetén, de aztán ahogy a beteg egyre jobban lett, különösen három málnás fröccs legurítása után, napirendre tértünk a baleset felett.

A lány vitte a szót.

– Gondolom, hogy meggondolod máskor a kéz nélküli fejesugrást. Nem is érdemes erre túl sok szót fecsérelni... Talán, ha már itt vagytok, megbeszélhetjük a hétvégi programunkat. Néhány barátunkkal házibulit tartunk szombaton nálunk. Rátok is gondoltunk, ha kedvetek van, szívesen látunk titeket is.

– Természetesen ott leszünk. Mit kell hozni? – kérdeztem.

– Csak valami piát. A kajáról a lányok gondoskodnak.

Már nem nagyon emlékszem a házibulin összejött társaságra. Az viszont sarkalatos fordulatot hozott az életembe, hogy elmeséltem anyám akkori munkahelyét, a „2-es számú Vegyesipari Szolgáltató Vállalat" portási szolgálatában betöltött beosztását, és annak igazgatójának a becenevét.

– A Vegyesipari Vállalat sok alkalmazottja emlékezett még a háború előtti időkre, amikor az igazgató úr cipőfűző pertliket árult a budai piacokon – meséltem, egy kis hatásszünetet tartottam, majd folytattam, amikor láttam, hogy a társaság érdeklődését kellőképpen felcsigáztam.

– Mivel az igazgató úr csak úgy tudta kimondani a cipőfűzőt, hogy „pejklit vegyenek", rajta maradt a „Pejkli sógor" gúnynév.

Ezen a társaság jót derült, számtalanszor elismételve „Pejkli sógor"-t, de nekem, ahogy azt már megemlítettem, az életemet gyökeresen megváltoztatta, úgyis mondhatom, békés diákkoromból felnőttkorom beköszöntét hozta el az események alábbi láncolata.

Egy vasárnap délután éppen elszundítottam a konyhában kialakított hálószobámban, amikor meghallottam a Bejci hangját.

– Jó napot kívánok, Vilma néni.

– Neked is, kislányom – hallottam anyám hangját.

Hirtelenében azt hittem, hogy álmodom, de a nyitott ajtóban megjelent a lány. Kedves jelenség volt a vörös kontyával, arányos alakjával, zöld szemével, egyáltalán, a 18 éves, életteli megjelenésével.

Kiderült, hogy az én „Pejkli sógor"-os történetem nyomán a lány vette a fáradtságot és felkereste anyámat a munkahelyén. Anyám titokban tartotta egészen eddig az eseményig, hogy megbeszélte a lánnyal ezt a meglepetésszerű találkozást. Nos, jól megleptek. Vegyes érzelmek kavarogtak bennem.

Anyám elfogadta, ezen túlvagyunk. De én is akarom?

Amíg ezt latolgattam, megjött apám.

Ő a lány láttán egyszerűen elolvadt. Első eset volt, hogy a házunkban üdvözölhetett egy felnőtt leányzót, akit a fia hozott a házhoz! Azt hiszem ez végkép megpecsételte a sorsom; apám, anyám elfogadta a leányzót, nekem is el kell elfogadni.

Ez után az eset után egyre gyakrabban jártam a strandra, sőt, miután a lány apja felajánlott egy nyári szezonra szóló úszómesteri állást, örömmel elfogadtam azt.

Egy forró nyári nap után este hat órakor elkezdtük a medence leürítését, ami több órát vett igénybe az oldalfalak klórmeszes fertőtlenítésével együtt, amit ketten csináltunk Józsi bá'-val, a hórihorgas, kortalan mindenessel.

Lassan besötétedett, Bejcit a lábam közt tartottam átölelve, miközben én egy start-rajtkövön ültem.

A lányon mindössze egy fürdőköpeny volt. Amikor átöleltem, a köpenye eleje szétnyílt, és kibuggyantak a mellei.

Meglepetten és óvatosan tapogattam az immár fedetlen kebleit. Azelőtt még soha sem fogtam meztelen női melleket. Az első érzésem az volt: milyen lágy, selymesen puha a bőre, és milyen hidegek a mellei!

Mire felfogtam ezeket a számomra új információkat, megszólalt mellettünk Józsi bá':

– Ideje lenne hozzákezdeni a meszeléshez, mert sohase' végzünk.

Elfojtott, kaján vigyorral vette tudomásul, hogy mint akit megcsípett egy darázs, úgy rebbentünk szét a hang hallatára.

Ezek után egyre gyakrabban találkoztunk a Bejci szüleinek lakásán. Én a diplomatervemet írtam, ehhez jól jött, hogy a lány jól tudott és szeretett gépelni. A szülei házánál diktáltam a diplomaterv szövegét.

Lediplomáztam. A diplomavédésem nagy csalódást okozott nekem, mert Macskásy professzor úrnak nem tetszett a klímavezérlési megoldásom, így csak közepes eredménnyel diplomáztam le. Ahhoz képest, hogy az előző évben csapatban az Universiadén és a magyar bajnokságon elnyert arany, valamint az éppen hogy elszalasztott jeles év közbeni tanulmányi eredményem után (akármit tettem, az elektrotechnika tanársegédje nem volt hajlandó csak kettes osztályzatot adni, ezzel csak *jó* eredményt értem el) ez a diplomavédés csalódás volt. Később megtudtam, hogy azért nem kaphattam én az elektrotechnika tantárgyból jobb jegyet, mert azzal veszélyeztethettem volna a villamosmérnöki kar hallgatóját, a későbbi „Jó tanuló, jó sportoló" verseny győztesét.

A lány szelíden célozgatott az esküvőre, de amikor legjobb barátnője összeházasodott a kiváló kézilabdakapusunkkal, akkor lépnem kellett. Egy este megkértem a kezét vacsora közben. Apósjelöltem ettől a bejelentéstől könnyekig meghatódva kibontott egy Móri Ezerjó bort.

A hivatalos kézfogó a következő vasárnap délután következett el. Ekkor a szüleimmel együtt meghívtak egy eljegyzési ebédre. Én ebéd közben úgy döntöttem, hogy itt az idő a lánykérésre. Felálltam, elővettem a gyűrűket, és már belekezdtem volna a mondókámba, amikor atyám közbeszólt:

– Nem úgy van az, fiam! Meg kell ennek adni a módját! Én fogom megkérni a lány kezét!

Így történt.

Következett az 1963-as év. Én a brazíliai Universiadéra készültem. Közben szorgalmasan lejártam a kézilabda edzésekre és a meccsekre is, ha nem volt vívó edzőtáborom.

No meg esténként eljártam a Bejcihez. A lány, és főleg anyósjelöltem, mindig kitörő örömmel, vacsorával várt.

Néha befelhősödött a lány tekintete. Ilyenkor hosszú vallatás után kibökte, hogy már ideje lenne megesküdnünk.

Az egyik ilyen „felhős" alkalommal elhatározásra jutottam.

– Az Universiade után, ha kivisznek, szeptember 21-én megesküszünk! – közöltem.

Abban az évben harmadik lettem a magyar bajnokságban. Kivittek.

Tartottam a szavamat: szeptember 21-én fényes esküvőnk volt. A budapesti 2-es számú házasságkötőterem a Budafoki út és a Gellért tér sarkán dugig megtelt a rokonokkal, barátokkal, ismerősökkel.

A tanácsi anyakönyvezés után a kézilabdacsapat kettős sorfalat állt, úgy vonultunk végig az esküvői taxihoz.

Ezt a sorfalat lefotózta az EMAG üzemi lap fotósa, és a másnapi lapban megjelent, mint a férfi és a női csapat kiváló játékosainak esküvői tudósítása.

Az ünnepélyességet anyósomnak köszönhettük, hiszen évek óta ő kuporgatta a pénzt az esküvő fényének emelésére. A család és a közvetlen barátok, így az én vívómesterem is, meghívást kaptak a Gellért szálló különtermébe. A vacsora után akinek kedve volt az esküvői buli folytatásához, az apósomék lakásán hajnalig táncolhatott.

Az én bölcs vívómesterem utólag csak ennyit mondott:

– A lagzi fényéhez teljes egészében kielégítő lett volna a lakásban lévő buli.

A szomszédos rendelőből időnként kijött egy szikár, 50 év körüli doktor, azon kívül sokáig semmi sem történt. Azután egyszer csak a nevemen szólítottak. A rendelő több helyiségből állt, de engem az iménti doktor invitált az első vizsgálóba.

– Dr. Benedikt Szabolcs vagyok – mutatkozott be, – én fogom megvizsgálni.

Megmérte a vérnyomásomat, kopogtatta a mellemet. Megkért, hogy feküdjek le a vizsgálóágyra. Hosszasan vizsgálta a torkomat egy fa segédeszközzel. A vizsgálat vége felé a nyelvem tövéhez a fa spatulával, amitől öklendezni kezdtem.

– Ez természetes reakció – mondta. – Öltözzön fel, és húzzon egy sorszámot balra, a folyosó végén.

Úgy tettem. Húztam egy sorszámot és ismét várakoztam. Közben arra gondoltam: hátha elhalálozik ez a beteg is, és akkor nem kell vizsgálgatni. De ez a beteg szívósnak bizonyult. Ez a várakozás azzal az előnnyel járt, hogy felszabadult egynéhány ülőhely a folyosón.

Dél körül Benedikt doktor úr a nevemen szólított, majd az iménti vizsgálóba vezetett be.

– Kérem, szabadítsa ki a mellét, majd feküdjön hanyatt. Először egy helyi érzéstelenítőt adok. Úgy ni. Ezután a szegycsontból veszek csontvelőt. Ez egy roppanással jár, amikor behatolok a csont alá. Nem fél?

– Doktor úr, kérem, én vívó voltam az őskorban. Számtalan szúrást elviseltem.

– Akkor jó. Milyen fegyvernembe vívott? –érdeklődött.

– Tőr volt a fegyvernemem – volt a válasz

A doktor mellém állt egy injekcióstűvel. Fölém hajolt, és valóban egy roppanást éreztem, ahol a csonton áthatolt a tű. Igazából csak hallottam a roppanást, de nem éreztem. Majd amikor elkezdte leszívni a csontvelőt, egyre elviselhetetlenebb érzés lett úrrá rajtam, amíg egyszerre megszűnt a fájdalom.

– Kész is vagyunk – közölte a doktor, aztán így folytatta:

– A megadott e-mail címen értesíteni fogjuk az eredményről. Öltözzön fel nyugodtan, nekem egy értekezletre kell mennem – azzal kiviharzott.

A hazafelé tartó úton a Széll Kálmán térig a busz zötyögése közepette kiüresedtek a gondolataim. Átmentem a tér túloldalára, a villamosmegállóhoz. Szerencsém volt: ismét egy CAF villamos kígyózott be a térre. Volt ülőhely is, így hamarosan elmélyedhettem a gondolataimban.

Először arra gondoltam, mi lehetett az oka Andikám elvesztésének. A doktorok azt mondták, egy rendkívül ritka kromoszómaösszeférhetetlenség állt a betegség hátterében.

Ezerszer elátkoztam azt a napot, amikor Andikám elment, itt hagyva a Bécsben vásárolt Böbe babát, aki mind a mai napig emlékeztet rá.

Az élettársamnak ilyen előzmények után is erősebb volt az anyai ösztöne, mint a gyermeke elvesztése miatt érzett kudarcélménye. Én próbáltam lebeszélni a gyerekvállalásról.

A szemben lévő „Isten háza" baptista imaháznak gyerekkori barátom volt a gondnoka. Ő ajánlotta, hogy örökbe lehet fogadni gyerekeket. Elmentünk egy szeretetotthonba, ahol egy nagyon helyes, cigány származású kisfiút mutattak, akit örökbe lehetne fogadni. A kisfiú 5–6 hónapos korú lehetett. Érdeklődésünkre elmondták, hogy a gyerek születésénél fogva asztmás, de „valószínűleg kinövi".

Megígértük, hogy visszajövünk, de én tudtam, hogy a betegsége miatt kizárt dolog. Elegünk volt a tragédiából. Többé sosem esett szó köztünk az örökbefogadásról.

---•♦•---

Beültem a Savoy parkban a kedvenc Lipóti pékségembe, ahol capricciót is mértek. A kis vörös hajú lány már látásból ismert.

– Három cukorral és fahéjjal? – kérdezte, s választ sem várva folytatta. – Ki fogom hozni a kedvenc sarokasztalához.

Azon kaptam magam, hogy ismét elmélyedtem a múlt boncolgatásában.

Dórikám ott született a Kútvölgyi úti kórházban. Visszaemlékeztem a születését megelőző lázas várakozási időszakra. Váratlan volt ez a terhesség. Előre nem terveztük. De amint megtudtuk, hogy terhes az élettársam, az előző betegség keserű tapasztalatai alapján olyan orvost kerestünk, aki meg tudja jósolni vagy előzni az ismételt tragédiát. Hosszas keresgélés után rátaláltunk a Kútvölgyi úti kórházban Ravasz doktor úrra, aki közölte, miután megvizsgálta a feleségemet:

– Nyugodtan rám bízhatja a nejét, nem lesz semmi probléma.

– Köszönöm, doktor úr! – válaszoltam meghatottan. – Tudja, ma még el tudnánk vetetni, ha valami probléma lenne.

A doktor tudásának ismeretében azonnal rávágta:

– Mondtam és megerősítem: nem lesz semmi baj.

Ezek után boldogan vártuk a születendő gyermek minden mozdulatát, kedves rugdosását az anyja pocakjában.

És eljött a nap, amire annyira vártunk.

– Elment a magzatvíz – közölte az élettársam –, ideje bemenni a kórházba!

Villámgyorsan bepakoltam a kocsiba az előre összekészített motyót, és felmentünk a Kútvölgyi úti kórházba. Ravasz doktor úr megvizsgálta a nejemet és közölte:

– Még nem indult meg a szülés, nyugodtan elmehet, majd telefonon felhívjuk, ha érdemes idejönnie.

Elköszöntem, és a munkahelyemre vettem az irányt. Azért 1–2 óránként felhívtam a megadott számot, míg végül azt a választ kaptam egy nővértől:

– Most már célszerű elindulni!

Repültem a kórházba. A kórház parkolójában 10 cm-es hó volt. Emlékszem, milyen kínos volt, amikor a szülőszoba előterébe beléptem és minden lépésem után ott maradt a folt, mely a leolvadó hó után éktelenkedett a nyomomban. Illedelmesen leültem az üres váróteremben a magam után húzott ordító nyomokkal, amíg egy nővér fel nem törülte a tócsákat. Nemsokára megjelent az élettársam.

– Most megyek a császározásra – közölte.

Hozzám lépett, röviden megcsókolt, majd eltűnt egy ajtó mögött.

Milyen sápadt, gondoltam, *azelőtt soha sem láttam az arcán és a homlokán kiülő szeplőket.* Aztán elterelte a gondolataimat a közlése: „Megyek császárra".

Meglepett a doktor elhatározása, mert Andi nem császárral született.

Igaz, hogy kedves jó gyerekkori barátom, aki a szülést levezette, azt mondta a szülés után:

– Már majdnem a császározás mellett döntöttem, amikor az utolsó pillanatban megemberelte magát ez a kis emberke.

Sajnos kedves barátom és vívótársam, „Laci Feri", a pletykák szerint – a felesége miatt – azóta öngyilkos lett.

Talán 20 perc múlva császárral megszületett Dórikám. Egy ápolónő megmosdatva, bepólyázva hozta ki a gyereket. Én biztos, hogy elfogult vagyok, de akkor és ott gyönyörűnek láttam Dórikámat. Egy pillanatra átvehettem az ápolónőtől, és magamhoz ölelhettem a kis testét. Ez a felhőtlen boldogság azonnal megszakadt Ravasz doktor úr megjelenésével.

– Sajnos enyhe rendellenességet tapasztaltunk a kislánynál.

Szinte tapinthatóan segítséget várt a doktor, amit végre megkapott a szülésznőtől.

– Valami kinövést tapasztaltunk a kis pocakjánál – közölte a doktornő. – Mentőautóval azonnal elszállíttatjuk a Bethesda kórházba. Már megbeszéltük az ottani sebészettel, azonnal indítjuk a mentőt.

Ott álltam leforrázva, mondhatnám megsemmisülve. Ott álltam Dórikám apró, meleg testét ölelve, közben a doktor szenvtelen közlését hallgattam:

– El kell szállíttatnunk a Bethesdába, adja át a gyereket a mentőautó személyzetének.

Egy női hangra lettem figyelmes. Az élettársam szólt hozzám, akit kitoltak a szülőszobából:

– Gyorsan menj a mentőautó után! – mondta. – Ne állj itt, mint egy rakás szerencsétlenség.

Mire kimentem a kocsihoz, a mentőautó már régen eltűnt. Nagyjából tudtam, hol van a Városliget sarkában a Bethesda Kórház. Beálltam a szervizútra és átgyalogoltam a kórház portájára.

– Egy kislányt hozott a mentő a Kútvölgyi úti kórházból. Kérem, hova vitték?

– A kislány ideérkezett, az intenzíven van. Nem érdemes megvárni. A gyereksebész még az éjjel megoperálja. Reggel érdeklődjenek telefonon.

Elköszöntem a portástól, miután elkértem a kórház telefonszámát. CB rádión beszóltam Bélának, megadtam a kórház telefonszámát, megkértem, hogy érdeklődjön reggel, hogy sikerült az operáció, amit Béla készségesen elvállalt.

Hajnali 6 órakor Béla hangját hallottam a CB rádióban:

– Bréko, bréko, 7237, hetvenkedő-harminchét az 12353-nak.

Ez akkor a sürgősségi jelzés volt a rádióban.

Ez azt jelentette, hogy ilyen jelzésnél beengedték az éppen akkor forgalmazók a sürgős hívást. Szerencsére nem volt forgalom a rádión, úgy hogy azonnal vissza tudtam jelezni Bélának:

– Bréko az 12353-nak. A 7237 jelentkezik.

Béla jól ismert hangja szólt bele az éterbe:

– Most raktam le a telefont. Az éjszaka megműtötték. A kislány most alszik az intenzív osztályon.

Hallottam a kattanást, amikor befejezte az adást, így megnyomtam a mikrofon gombomat.

– Köszönöm, hogy telefonáltál. Mikor lehet meglátogatni?

– Egyelőre nem lehet látogatni, majd telefonálni fognak, megadtam a telefonszámomat.

Ezután vártuk, hogy megszólaljon a rádió. Végre 16-án reggel Béla jelentkezett.

– Telefonáltak a Kútvölgyi Kórházból, menjetek fel.

– Nem mondtak semmit? – kérdeztem.

– Csak annyit: menjetek fel a Kútvölgyibe.

Útközben a Tétényi úton, az Alkotás úton, a Moszkva téren át egy szót sem szóltunk az élettársammal. Sötét gondolatainkban voltunk elmélyedve. Még akkor is hallgatásba merültünk, amikor beléptünk a kórház várótermébe. Egy ápolónő bevezetett egy irodába, majd magunkra hagyott minket. Nemsokára bejött Ravasz doktor, nyomában az ismerős szülésznő.

A nő a doktorhoz beszélt. Tisztán, érthetően közölte vele:

– A kislány exitált.

Belém hasított a fájdalom a latin szó hallatán, amit nem nekem szánt a szülésznő, de én megértettem: Dórikám eltávozott.

A doktor hozzánk fordult, és miután tudattam vele, hogy megértettem az imént elhangzottakat, durván közölte:

– Én csak kísérletnek szántam ezt az esetet, de maguknak nem kellett volna ismételten megpróbálni az előzmények után! Önök felelőtlenül jártak el!

A fájdalomtól és a doktor megalázó és igazságtalan véleményétől, melyben úgy éreztem, csak a felelősséget hárítja el magától, szóhoz sem jutottam.

A két kislányom elvesztése mély, jeges űrt keltett bennem.

Az élettársamnak azt füllentettük a kedves öreg Nanóval, az édesanyjával, hogy enyhítsünk a fájdalmán, hogy a kórház nem adta ki Dorka kis testét. A temetésen ketten vettünk részt Nanóval.

Az év végén, amikor már azt gondoltam, hogy ennél lejjebb már nem lehet, az első feleségem telefonált:

– Haldoklik az édesanyja.

Nem szaporítom a szót: attól az évtől kezdve, hogy Andikámat kikísértük az utolsó útjára, 2 évig minden év január 16-a számomra egy közeli hozzátartozom elvesztését jelentette.

———••———

Az élettársam tejesen összeomlott a két gyermek elvesztése miatt. Az vesse rá az első követ, akivel hasonló esetben nem ez történt volna.

Addig is láncdohányos volt, de ezután szinte menekült mindenbe, ami a felejtést nyújthatta.

Ettől kezdve depresszióssá vált. Egyre jobban magába fordult, s ami a legnagyobb probléma volt, elkezdett inni. Először csak

2–3 üveg sörrel kezdte, de később kikövetelte magának a napi 5 üveg sört. Nálunk a pincében mindig található 20-30 palack bor. Ha nem kapta meg a söradagját, akkor felbontott egy-egy üveg bort. Ezzel csak sokkal rosszabb állapotba került, így aztán engedtem a követelésének, hoztam öt üveg sört. Ez aztán veszélyes játékká fajult. Jobbik esetben békésen elaludt, de ez fordult elő a legritkábban. Inkább egyre agresszívabbá vált. A végső stádiumban elkezdett fenyegetőzni az öngyilkossággal. Ilyenkor nem elégedett meg az öt üveg sörrel, egyre többet követelt, amíg kénytelen voltam kihívni segítségül az ügyeletes mentőorvost. Ilyenkor kapott egy nyugtató injekciót, amitől elaludt.

Én pedig, miután ez a cirkusz már számtalanszor előfordult, ráhoztam a frászt szegény Nanóra, amint sűrű káromkodások közt kijelentettem:

– Én ezt nem csinálom tovább! Amint magához tér, azonnal elköltözöm!

Nem költöztem el.

Egy következő alkalommal, amikor már nem tudom hány sört megivott, ki kellett vennem a kezéből a borgyűjteményem egy értékes darabját. Miután látta, hogy nem hagyom tovább inni, azzal fenyegetődzött, hogy öngyilkos lesz. Kijelentette, hogy a Dunába veti magát. Jobb híján hagytam, hogy felvegye a kabátját, és meglehetősen dülöngélve eltávozott az utca sötétségébe.

Egy idő után Nanó nem bírta tovább, utánament. Én még egy darabig vártam, azután én is utánamentem kocsival, bár egy sört már én is megittam. A Dunához vezető úton találtam rájuk, egy férfi és egy női rendőr társaságában. Kiszálltam a kocsiból, odamentem a kis társasághoz. Már éppen belekezdtem a mondókámba, amikor a rendőrnő megelőzött:

– A hölgy nem mehet haza! Aki öngyilkossággal fenyegetőzik, azt be kell vitetnünk a kórházba! Már kihívtuk a mentőket, minden pillanatban itt lehetnek.

Kissé meglepődtem, de aztán csak ezt kérdeztem:

– Melyik kórházba viszik?

– A Tétényi úti kórházba.

Pár perc múlva megérkezett a mentő. A Nanót hazavittem a lakáshoz, én meg kocsival a mentő után mentem. Eszembe sem jutott az az egy sör. A mentő a külön kialakított rámpán állt. Megkérdeztem a mentőápolót:

– Most mire kell várnunk?

– Arra, hogy megvizsgálja egy pszichológus, túl van-e az ön- és közveszélyes állapoton.

Megköszöntem a válaszát, és helyet foglaltam a sürgősségi osztály folyosóján.

Amíg ott ültem a folyosón, számtalan gondolat motoszkált a fejemben.

Eszembe jutottak már-már feledésbe merült régi históriák. Alapjában véve én egész életemben sodródtam egyik nőtől a másikig. Ahogy így visszaemlékszem, soha sem kezdeményeztem viszonyt, de ahogy a Bejci fogalmazott: „Az a te bajod, hogy egyik szerelemből a másikba esel".

Néhány, számomra sokat jelentő asszonyra és leányra bukkantam az emlékezetemben.

Első helyen Stella bukkant fel a régi ködfátyolból.

Ma már tudom, rossz időben, rossz helyen voltam azon a „végzetes" napon. A testvéreméknél jártam a Galamb utcában. És akkor megjött Stella!

Stella, a fekete párduc. Koromfekete, vállig omló hajjal, nagy, zöld „tutajos" szemekkel, és ezt mind tetézve hatalmas keblekkel a párducjárásához.

Én éppen edzőtáborban és borjúkötélen voltam Budapesten. Igen. Azonnal belebolondultam a Stellába.

Eleinte szó szót követett, de mikor a testvéremék lementek a közeli boltba valami kaját hozni, amikor magunkra maradtunk, akkor bizony elcsattant az első csók. Az első odaadó ölelés után felbátorodva megkérdeztem:

– Találkozhatnánk valahol máshol? – kérdeztem.

– Az jó lenne – válaszolt a lány.

– Én edzőtáborban vagyok a TF-en. Holnap ráérek este nyolc körül. Megfelel a TF hátsó bejáratánál?

– Igen, ott leszek – válaszolt a lány.

Másnap, a délutáni edzésen nagy megtiszteltetés ért engem. A világverő magyar kardcsapat – Kárpáti Rudolf, Kovács Pál, Gerevich Aladár – egyik tagja, Gerevich Ali bácsi végignézte az edzésünket, végül vívóruhába bújt, majd felkért engem egy csörtére. A kihívást boldogan elfogadtam. Pár perces bemelegítés után Ali bácsi így szólt:

– No, fiam, lássuk, mit tudsz. Kihívlak egy 5 találatos menetre.

Nem részletezem a továbbiakat... Laza vívással sima, 5:0-ás győzelmemmel zárult a menet.

Éppen csak a zuhanyozásra volt időm. Felkaptam a címeres melegítőmet, aztán indultam a TF hátsó kapujához. Stella már ott várt rám. Gyorsan megpusziltam, és elindultunk a Vérmező felé. Már sötétedett, de ragyogó, holdvilágos este volt. Valahonnan egy rádióból a „Reszket a hold a tó vizén, színarany szárnyon lángol a fény" halk zenéje szólt. Igazán illett a hangulatomhoz.

Útközben egy elhagyott, téglával megpakolt telekre tévedtünk. Stella – és szorosan a nyomában én is – addig ment a kupacok között, amíg egy zsákutcába került. Itt szemben egy derékig érő téglarakás állt az utunkba. Ahogy megtorpant a lány, hátulról szorosan magamhoz szorítottam. Amint átöleltem a derekát, éreztem, hogy megremeg. Megnyugtató szavakat suttogtam a fülébe, miközben óvatosan lehúztam a bugyiját. Nem ellenkezett. Lábát térdben behajlította, hogy segítsen a cipőjén átfűzni a parányi fehérneműt. Így is elakadtam mindkét cipősarkában nagy igyekezetemben. Végre sikerült lehúznom a bugyit. A hold, mintha elszégyellte volna magát, egy felhő mögött elrejtőzködött. Stella engedelmesen megtámaszkodott a két kezével a téglakupac tetején, és én behatoltam tűzforró, nedves, pici barlangjába. Egy darabig tűrte, hogy élvezzem teste lángolását, aztán felegyenesedett és így szólt:

– Már elég lesz, majd máskor befejezed.

Levettem a melegítőfelsőmet, rátettem a téglarakás tetejére, majd szelíd erőszakkal ráültettem a melegítőmre a lányt. Nem ellenkezett különösebben. Beálltam a két lába közé és ott folytattam, ahol az imént abbahagytam. Fejét hátrahajtotta, hogy minél mélyebbre tudjak behatolni gyönyörű testébe. Amikor megéreztem szeméremajkainak összehúzódásait, melyekkel szó szerint kiszívta kőkemény férfiasságomat, én is felrobbantam. Sokáig így maradtunk ott, kiélvezve a pillanat gyönyörét, de egyszer mindennek vége szakad.

Elkísértem Stellát a villamosmegállóhoz, útközben csevegtünk.

– Nekem ez a hét nem alkalmas, mert itt van a verseny, de a jövő héten kedden 2-3 napra elutazhatnánk a Balatonra.

– Rendben van. 10 órakor várlak a Kelenföldi pályaudvaron – válaszolta a lány.

Ezzel a válasszal megpecsételte a sportolói pályafutásomat.

A verseny alatt szüntelenül az járt a fejemben, hogy bár lenne már vége ennek a versenynek.

Először a japán csapattal vívtunk. Győztünk. Ez nagy elégtétel volt számomra, hiszen 1964-ben, a tokiói olimpián én tartalék voltam, így nem utaztam el az olimpiára, viszont ott a japánoktól kapott ki a tőrcsapat, így kiesett.

A japánok legyőzése után a román csapat következett. Itt simán betliztem. Ezzel kiestünk.

Igazából akkor még nem is fogtam fel ennek a vereségnek a jelentőségét. 1961-től 1965-ig voltam a magyar tőrválogatott keret tagja. Tulajdonképpen a mai napig elmondhatom, hogy benne vagyok a keretben, hiszen senki sem szólt, hogy kiestem volna. Egyszerűen a következő edzőtáborba nem hívtak meg.

Stella ott volt a Kelenföldi pályaudvaron. Siófokon szálltunk le a vonatról. Mind a két napon, amit ott töltöttünk egy fizető vendégfogadó helyen, szomorkás, esős idő volt.

Stella igazi nő volt. A második reggelen, amikor én már csak meleg levegőt tudtam produkálni, addig csiklandozott, hogy leestem az ágyról.

Azután még rendszeresen találkozgattunk. Rendszerint a Búsuló Juhász étteremben töltöttük az időnket, amíg besötétedett, és annyira fel nem forrósodott a levegő köztünk, hogy lefelé menet a hosszú, néptelen lépcsősor közepe táján a magamévá tettem.

Ez a kapcsolat egy félreértés miatt ért véget. Én egy este ott vártam Stellát a Búsuló Juhászban. Sokáig vártam, nem jött... Évek múlva találkoztam vele. Akkor derült ki, hogy ő másnap várt ugyanúgy. Hiába, ez még nem a mobil-korszak volt...

– Akkor már terhes voltam, nagyobb gondom volt annál a randinál. Amikor megtudtam, hogy terhes vagyok, egy barátom lakásán vetettem el a gyermekem, miközben bömbölt a rádió, hogy elnyomja az én üvöltésemet.

– Gondolod, hogy a gyerek az enyém volt?

– Az is lehetett! – volt a kimért válasza.

Még mindig nem történt semmi, a pszichológiai vizsgálat terén. Vártam a folyosón, majd elballagtam a kávéautomatához. Visszaültem a folyosóra, kevergetve a kapucsínómat a gép által kiadott műanyag pohárban a fehér, spatulaszerű kanállal. Ez igazán nem volt jó, de mit kívánhatnék egy géptől? Aztán ismét elmerültem a gondolataimban; rég nem látott asszonyok és lányok merültek fel emlékeim sötét bugyraiból.

A „művésznő"... Előtte is találkoztam nőkkel, de ő egészen más volt. Vibrált a nőiességtől. Mikor először magamévá tettem – ez egy kispesti bombatölcsérben volt –, végig reszkettem, hogy valaki fölülről benéz a bomba kráterébe. Nem nézett be, de olyan is volt az együttlét: gyatra. Meg is jegyezte:

– Másodikat nem tudsz produkálni?

– Itt nem – válaszoltam lakonikusan.

Legközelebb egy barátja lakásában találkoztunk. Nos, ettől kezdve „kikövetelte" magának a második menetet. Az első menet általában hűbelebalázs módjára sikerült. Ekkor egy kis pihenőt iktattunk be, miközben én a csiklóját izgattam, ami már kőkeményen meredezett. Ekkor jött a második menet. Mikor behatoltam, úgy elkezdett visítani, hogy először megijedtem. Ezzel egy időben az alsó ajkát ütemesen, az én ütemem szerint összehúzta, majd engedett a szorításából.

Ez egészen a csúcsig tartott, amikor egy utolsó sikkantással utoljára még megszorított. Többnyire én is elmentem akkor.

Ez a tapasztalt asszony minden céltudatossággal rendelkezett, amivel magából és belőlem is a legjobbakat ki tudta hozni. Most a változatosság kedvéért forró csokoládét kértem a géptől. Ez sem volt sokkal jobb, de legalább felmelegített. Egyébként nem történt semmi, tovább kellett várni a doktorra. Az élettársam lehiggadva kiment az udvarra dohányozni, én meg tovább szövögettem a gondolataimat.

Egy vállalati ünnepségen jöttem össze Mártival. Mindketten ittunk már egy kicsit. Nem úgy, hogy megártson, de úgy, hogy lazuljon a tartásunk.

Először a sötét kultúrterembe mentünk csókolózni, de aztán megkérdezte:

– Nem messze van a lakásom, most üres, ne menjünk oda?

Még kétszer mentünk oda. Mártinak olyan szűk bejárata volt, hogy mire én félig behatolhattam volna, teljesen elkészültem.

Márti két dologgal lepett meg engem.

Néhány hét múlva közölte, hogy terhes. Elvetetné, csak arra kért, én álljam a költségeket.

Úgy lett. Amikor a műtét után érte mentem, egy aranyos ápolónő így búcsúztatott bennünket:

– Aztán jobban vigyázzanak máskor, nehogy megint baj legyen.

Mártival összenéztünk, és mosolyogva válaszoltam:

– Nővérke, megfogadjuk a tanácsát!

Mindketten tudtuk, nem lesz több alkalom, hogy bizonyíthassuk a figyelmességünket a nővérke előtt.

Másmilyen nem várt ajándékot is kaptam Mártitól. Nem tudtam, hogy akkoriban egy indonéz diákkal is kavart.

A vége az lett, hogy hetekre Boross doktor – az akkori vívószakosztály-vezetőnknek, aki mellesleg urológus főorvos is volt – betege lettem, mire kigyógyított a nyavalyámból.

Márti mentségére szóljon, azt az indonéz diákot már soksok éve a férjének tudhatja. Két gyönyörű leányt szült neki, akik a japán egyetemek kiváló tanulói voltak, amíg én követni tudtam a sorsukat...

Éjjel kettő óra múlt. A betegek egyre-másra jöttek a sürgősségi osztályra. Ahogy fél füllel hallottam, volt, aki már délelőtt 10 óra óta várta a sorát. Egy apa megunta a várást, hangosan odaszólt a párjának:

– Elegem van az itteni bánásmódból, gyerünk a Honvéd Kórházba a gyerekkel – azzal kiviharzottak.

Gia a negyedik cigarettáját szívta kinn az udvaron. Látható volt, hogy egyre türelmetlenebbé válik. Egy darabig nyugtatgattam, de azután visszatértem a gondolataimhoz.

Visszaidéztem a távoli múltból 1966. július 15-ét. Ez volt az angliai futball világbajnokságon a selejtezőben a Brazil–Magyar meccs.

Én korábban megígértem a sportorvosomnak, hogy ha aláírja nekem az orvosi engedélyemet, hogy kimehessek az OSC-vel az olasz Luccába, akkor amint visszaérkezek, első dolgom lesz jelentkezni a Sport Kórházban, kivetetni a mandulámat.

Mikor szerencsésen visszaérkeztünk Luccából, felvettek a kórházba, és a születésnapomon megműtöttek.

Július első felében egy pár napot a kórházban töltöttem, de most már a lakásunkban lábadoztam. Ezen a nevezetes napon sok millió magyar szurkolóval együtt néztük a tévében a meccs közvetítését. A szünetben igazán még nem dőlt el semmi, hiszen Mészöly megsérült a kezén. Bejci – kihasználva a szünetet – szerelmesen hozzám simult és közölte:

– Majd én kigyógyítalak a betegségedből! – azzal a Brazil–Magyar meccs szünete az én számomra bevonult a mennyei élvezetek közé.

Pláne, hogy Mészöly berúgta a harmadik gólunkat, így végeredményben 3:1-re nyertünk!

Nem beszélve a szünetben kapott jutalmamról.

Másnap a kortalan Margitkától, az akkori titkárnőmtől, aki arról volt híres, hogy olyan hiú volt, hogy állítólag még a személyzeti osztály sem tudta a korát, még a műtétem előtt megkapott kiszállási papírommal és a Budapest–Pécs menetrend szerinti belföldi repülőjáratra jogosító jeggyel felfegyverkezve felszálltam a 93-as buszra, ami kivitt a Ferihegyi repülőtérre. A repülőút teljesen sima volt, már 8 órakor Pécsett landoltunk. Itt kezdődött az izgalom. Kimentem a pécsi repülőtéri épület elé, és megpróbáltam stoppolni a siklósi úton. Az egész út sikere ezen a stoppoláson múlt, mert ha elértem a siklósi, menetrend szerinti buszjáratot, akkor már 9 óra körül Villányban lehettem, ahol már várt az általam tervezett jéggyár üzembe helyezése. Ez a jéggyár a pécsi sörgyár kiselejtezett régi táblajég gyártó sorából és a villányi MÉH-telepről összeválogatott ócskavas csövekből lett összehozva, a már sikeresen átadott szőlővessző-hajtató hűtő kiegészítéseképpen. Már az előzményekből tudták, hogy jobb engem megvárni, mintsem valami problémás helyzetet létrehozni.

Kiálltam a Harkány felé vezető útra. Aznap elég gyér volt a forgalom, egy kocsi sem állt meg mellettem, mígnem egy traktor közeledett hozzám. Próbáltam hátat fordítani a közeledő járműnek, jelezvén, hogy én nem arra várok, de minden hiába, a traktor vezetője megállt.

– Fiatalember, hova igyekszik? – szólított meg.

– Harkányon keresztül, Villányba – válaszoltam.

– No, akkor pattanjon fel mellém, ugyan a buszt lekéssük, de biztosan jön valaki, aki továbbviszi Villányba.

Mit volt mit tenni, felpattantam mellé. Jó jósnak bizonyult; a busz már régen elment, mikor beértünk Siklósra.

Megköszöntem a szívességét, és láss csodát! Alig gyalogoltam 50 métert, fékezett mellettem egy Trabant.

A vezetőjére még ma is világosan emlékszem. Egy nagy, tökéletesen kopasz fej nézett rám az út szélén, és ugyanazt kérdezte, mint a traktoros:

– Fiatalember, hova igyekszik?

– Villányba – válaszoltam én.

– Én nem megyek egészen Villányig, Hosszúhegyen lekanyarodom a szoborpark felé. Villány már csak 6 km, majdcsak elviszi valaki. Üljön be mellém.

Ez idáig elég jól sikerült, latolgattam magamban, *talán 10 óra körül odaérek Villányba.*

A Hosszúhegyi elágazásnál a sofőr ígérete szerint kirakott a kocsiból, elköszöntünk egymástól. A kocsi elfordult a hegy felé, én meg berendezkedtem a stoppoláshoz. Azaz berendezkedtem volna, ha a bokrok közül nem került volna elő két géppisztolyos katona. Az egyikük – valamilyen rangjelzés volt a kabátján – így szólt hozzám:

– Úti ellenőrzést tartunk, kérem az igazolványát!

Ezt természetesnek tartottam, hiszen akkor ez a környék a jugoszláv határsávon belül feküdt.

Odaadtam a személyimet. A következő kérdése a katonának ez volt:

– Hova igyekszünk így, gyalogosan?

– Nem gyalogosan akartam folytatni az utam, éppen stoppal voltam elfoglalva. Egyébként Villányba igyekszem, egy műszaki átadásra.

– Ezt mindenki mondhatja! Tudja valamivel igazolni is?

– Természetesen, itt van a kiszállási rendelvényem – húztam elő a zsebemből a papírt és átadtam neki. A papír láttán a két katona összenézett.

– Ez nem érvényes ezen a környéken – mondta a rangidős.

Megmutatta a kitöltött rendelvényt. Világosan ott állt az úti cél: a pécsi erőmű!

– Fiatalember, most le van tartóztatva! Amíg a bakterházból nem tudok telefonálni, hogy küldjenek értünk egy járművet, addig a kollégám fogja őrizni. Tartózkodjon minden menekülési kísérlettől, mert a kollégám kibiztosított fegyverrel őrzi magát!

Azzal a rangidős katona elvonult a közeli bakterházhoz, nekem pedig tudomásul kellett vennem, hogy a másik katona készenlétbe helyezte a géppisztolyát, jelezvén, ha szökni akarok, ő lő!

Úgy egy negyedóra múlva egy Csepel teherautó közeledett Siklós felől. A gépkocsivezetőn kívül még két géppisztolyos katona ugrott le a kocsi platójáról.

A rangidős katona szabályosan jelentette az eseményt, kérte, hogy vegyék át az őrizetest. Ez megtörtént. Felmásztam a platóra, és a siklósi laktanyába vittek.

A laktanyában egy folyosón helyeztek el, egy géppisztolyos katona őrizetében. Nem tudom mennyi idő telt el, amikor végre az őrzőm szólt, hogy az őrnagy elvtárshoz fog kísérni.

Egy közeli szobában egy civil ruhás ember fogadott. Az igazolványom és a kiszállási rendelvényem már nála volt.

– Sajnos ezek a papírok nem elégségesek a Villányi úti cél igazolására. Kérem, jelölje meg, melyik személy tud az ön küldetéséről Villányba.

Fontossági sorrendben soroltam:

– A főkertész, a beruházó, a gépész, ezek mind tudják igazolni a személyemet.

– Kérem, foglaljon helyet a folyosón, amíg telefonálok.

Megint kinn találtam magam a folyosón, a géppisztolyos őrzőm kíséretében. Újabb negyedóra elteltével bekéretett magához a civil ruhás őrnagy.

– Fiatalember, nem áll jól a szénája! A főkertész és a beruházó kint van terepen, a gépész meg nem is ismeri magát! – közölte. – Amíg nem igazolják megbízhatóan, addig sajnos a mi őrizetünkben lesz.

Már délután 4 óra felé járt az idő, amikor az éhség, s nem utolsósorban a bele-belenyilalló torokfájásom elhatározásra serkentett. Fittyet hányva a géppisztolyos őrre berontottam az őrnagyhoz, nyomomban a géppisztolyossal.

– Kérem, ez már sok – kezdtem. – Nekem üzembe kell helyezni Villányban a jéggyárat, azonnal kérem az intézkedését!

Az őrnagy először az őrre vetett egy lesújtó pillantást, majd hozzám fordult. Kimérten annyit mondott:

– Ismét telefonálok – ezt már az őr felé fordulva mondta –, addig foglaljon helyet a folyosón!

Ismét elfoglaltam a folyosón a székemet, miközben az őr szemrehányását hallgattam:

– Mit képzel, hogy csak úgy beronthat az őrnagy elvtárs szobájába? Mit szólna, ha a maga szobájában csak úgy berontanék az ajtón?

Így válaszoltam:

– Először is, én nem jó szándékomból jöttem ide! Másodszor, megkínálnám egy feketekávéval.

Ebben a percben nyílt az ajtó, az őrnagy jött ki a szobájából.

– Beszéltem a főkertésszel. Várják magát. Egy kocsit küldenek magáért.

Az őrhöz fordult:

– Ha megérkezik a kocsi, kísérje ki az elvtársat.

Búcsút intett a kezével, azzal visszament a szobájába. *Semmi bocsánatkérés*, dohogtam magamban, de aztán megjött Vasvári Lacival az Állami Gazdaság egyik ócska dzsipje, beültem mellé. Kölcsönösen üdvözöltük egymást, majd én vettem át a szót:

– Reggel 9 órától itt voltam a siklósi laktanyában étlen-szomjan – dohogtam.

– Mi történt? – kérdezte Laci.

Röviden elmeséltem neki mindent, az „elfogásomtól" kezdve a kiszabadulásomig.

Laci nevetett, majd így válaszolt:

– Három fiatalember biciklivel átszökött a jugókhoz két hete. Azóta nagy az éberség, különös tekintettel arra, hogy öt nap szabadságot ígértek minden erre csellengő elfogásáért! Fátylat rá! Megeszünk egy jó erős halászlét Villányban, még a torokfájásodat is elmulasztja!

Nem volt apelláta. Megettem azt a jó erős halászlevet, és csodák csodájára elmúlt a torokfájásom!

Bementünk a gépházba. Itt egy új gépész fogadott. Nem csodáltam, hogy Siklóson az őrnagy érdeklődésére azt válaszolta, nem ismer engem.

Beindítottuk a gépeket, és Vasvári Laci reggelre a főkertész asztalára tette az első tábla jeget, amit az ócskavasakból összetákolt szerkezetből kihoztunk.

Ez a világ ilyen volt. Aki ki akart emelkedni, azt kegyetlenül letaszították. A középszerűség volt a megszokott.

Zárt, és egyszerre nyitott volt ez a világ. Egyszerre kreativitást igénylő, és a tökfejek bosszantó uralma volt a jellemzője. De ebben a világban nem tudtak a fejesek 100-szor annyit keresni, mint az átlag prolik.

———••———

Újra visszatértem a múlt ködös homályából a jelen már-már kínos várakozásába. Bementem a betegek folyosóján elhelyezett átadó ablakhoz, ami az esetleges felvételhez szükséges iratokat volt hivatott egy hölgy közreműködésével begyűjteni. Én jelenleg, miután a delikvenst mentőautóval hozták, nem rendelkeztem hivatalos papírokkal, csak név szerint érdeklődhettem a nagy sokára előkerülő adminisztrátortól. Ő megnyugtatott, hogy a pszichológusra türelmesen kell várni.

Megnyugodtam.

Vártam, és visszatértem a gondolataimhoz.

A Lakatos úti lakótelepi lakásunk lakásszentelését több alkalommal megszerveztük. Egyik alkalommal a középiskolás diáktársaimat hívtuk meg, akikkel együtt koptattuk a Budai Nagy Antal ÁG. padsorait az érettségiig. Ma már elmondhatom, hogy holt lelkek tárasaságában töltöttem az időmet, miután az egykoron vidáman mulatozó társaságból mára csak hatan maradtunk életben. Ma már nem is emlékszem a múlt ködéből felmerülő arcok mindegyikére. Tiszteletlenség lenne kihagyni ezen nagyszerű emberek bármelyikét is, így csak a számomra jelentős két személyt emelem ki, akik még csak nem is voltak az osztálytársaim. Valamelyik osztálytársam unokatestvére volt a Marica, és vele jött Tibor, a férje is.

A társaság igen jó hangulatban töltötte az időt. Két helyen is szólt a zene, a nagyszobában és az étkezőben. Az étkezőben magyarnótákat énekeltek, mi a nagyszobában táncoltunk.

Valahogy mellém keveredett Marica. Táncoltunk.

Marica kortalan hölgy volt, talán 30 körül járhatott.

Nem volt rajta semmi feltűnő. Majdnem olyan magas volt, mint én. Arányos testalkata inkább egy kicsit vékonyabb volt, mint amit én szerettem. Ezzel szemben nőies kisugárzása volt, ahogy ott hozzám simult. Tánc közben elmondta, hogy a férje vállalati gépkocsivezető, és az unokatestvére kérésére mentek a kocsival előbb hozzájuk, majd hozzánk. Így kerültek ebbe a buliba.

Marica a lassú tánc közben szinte szerelmesen hozzám simult, hogy az már-már zavarba hozott.

Bár minden szomszédunkat értesítettük a buliról, éjjel 2 körül megjelent a felső szomszéd, kérve, hogy halkabban mulassunk. Ezután a társaság szép lassan szétoszlott. Az unokatestvér, akit hoztak, valaki korábbi autóssal elment. Tibor és Marica is útra készült.

– Örülünk, hogy megismerhettünk benneteket, remélem, a jövőben is találkozunk – mondtam.

Tibor válaszolt:

– Itt a névjegykártyám, most rajtatok a sor, hogy meglátogassatok minket. Ha tudtok jönni, csak hívjatok bátran!

Lekísértük a földszintre őket. Az addig nyitva tartott kaput bezártuk. Visszafelé menet egy pár szót váltottunk a lépcső kaptatójában:

– Szimpatikus pár volt ez – mondtam

– Igen – válaszolta Bejci –, egészen jól sikerült a buli.

A következő néhány napon bejött egy évek óta perelt újítási díjam, így aztán befizettem 72 000 Ft-ot egy Škoda személygépkocsira, némi banki kölcsön hozzáadásával.

Abban az időszakban esténként a TIT szervezésében angoltanfolyamra jártunk Bejcivel. Egy ilyen tanfolyam után eszembe jutott Tibor névjegykártyája. Megnéztem a címet.

– Itt van a közelben, nem látogatjuk meg őket? – kérdeztem. – A Corvin mozi mögött van a címük, ha úgy gondolod, felkereshetjük őket.

– Nem túl késő ilyenkor beállítani hozzájuk?

– Csak felnézünk hozzájuk, ha zavarunk, azonnal továbbmehetünk – döntöttem végül.

Tiborék egy bérházban laktak az első emeleten. Marica nyitott ajtót.

– Nahát! Ti vagytok? Kerüljetek beljebb! – tárta szélesre az ajtót. – Nemsokára Tibor is megjön –mondta egy szuszra.

– A közelben voltunk – mondtam én –, csak pár percre ugrottunk fel, azonnal megyünk is tovább, ha zavarunk.

– Dehogy zavartok, nemsokára Tibor is megjön. Addig is foglaljatok helyet nálunk a konyhában.

Könnyed traccsparti alakult ki közöttünk, miközben Marica feltett egy feketét. Bejci éppen el akart dicsekedni, hogy sikerült megrendelnünk egy kocsit, amikor befutott Tibor. Ő is lelkesen üdvözölt, majd Marica vette át a szót.

– Képzeld, nagy újság van Bejciéknél! Befizettek egy kocsira!

– Ne vicceljetek! És milyen kocsira fizettetek be? – fordult hozzám.

– Škoda 1000MB-re – vágtam ki büszkén.

Tibor egy kicsit elkomorult.

– Ez egy érdekes választás. Ne sértődj meg, de ez egy háromütemű kocsi!

– Ezt a modellt nem ismerem, mondd, milyen a háromütemű autómotor?

– Olyan, hogy szív, szuszog, és baszik menni!

Ezen a gegen mindnyájan jót derültünk.

Megittuk Marica feketéjét, azután elbúcsúztunk.

Idánként az angolóra után beugrottunk hozzájuk. Egyik alkalommal megbeszéltük, hogy szombaton este meglátogatjuk a Belvárosi Kávéházat.

Nekem az ifi válogatottbéli időből volt ismerős ez a hely. Egykor a lengyel válogatottal vívott a teljes magyar válogatott, mind a négy fegyvernemben. Én a tőrcsapatban voltam érdekelt, mint első számú tartalék.

Miután befejeződött a verseny, meghívtuk a lengyeleket egy kis bulira. Így jutottunk el a Belvárosi Kávéházba. Nekem két emlékem maradt meg erről az esetről.

A végén senki sem tudott fizetni, rám maradt a cech. Miután kifizettem a számlát, egy vasam sem maradt taxira.

Az utolsó HÉV már elment a Móricz Zsigmond körtértől, kénytelen voltam gyalog menni a rózsavölgyi lakásomig.

Szóval találkoztunk Tiborral és Maricával az Astoria Szállodánál, a Kiskörút és a Rákóczi út sarkán. Innen legyalogoltunk a Klotild palotában lévő Belvárosi Kávéházba. Útközben sorra kigyulladtak a belváros fényei. Emlékszem, a lányok előttünk mentek, és Tibornak, aki lényegesen ingerlékenyebb volt, mint én, kétszer is közbe kellett avatkoznia azon a pár száz méteres úton, amikor a szembejövő ifjú emberek túlságosan hangosan bizalmaskodni kezdtek velük. Ezen végül is jót derültünk. A Belvárosi Kávéház egy pincehelyiségben volt kialakítva. Már a ruhatári előtérben vastagon vágni lehetett a füstöt. Amint beléptünk a terembe, még nagyobb lett a füst körülöttünk. Egy asztalt körülültünk, és hogy ne ríjunk ki a többiek közül, mi is rágyújtottunk. Az akkori szokások szerint fél kevertet rendeltünk, aztán táncolni mentünk.

Én Maricával, Tibor Bejcivel. Mikor kellőképpen felfüstölődtünk, kikértük a ruhatárból a kabátunkat és hazamentünk.

Néhány héttel később a munkatársaim részére házibulit, úgynevezett utólagos lakásszentelőt tartottunk. Szép számmal jöttek össze a kollégák. Mi meghívtuk Tibort és Maricát is. A szokásos eszem-iszom táncos összejövetel volt. Egyetlen kirívó esemény történt a bulin. Az egyik vendég hölgy, nem tudván a konyhaszekrényünkből kihúzható lapról, amely a fiókok felett van, miután megtelt kristálypoharakkal, egy könnyed mozdulattal becsukta azt. Ezzel a mozdulattal a nászajándékba kapott kristálykészletünk felét letarolta a konyha kövezetére. Becsületére legyen mondva, hogy megígérte a férjével együtt, hogy megveszik. Én soha sem kértem számon ezt a könnyelmű ígéretet.

Késő éjszakáig voltak a kollégák. Az új magnó kiválóan szolgáltatta a zenét. Én többnyire a Maricával táncoltam, mely tánc a Marica részéről felért egy felkínálkozással, ahogy hozzám tapadt a félhomályban. És én is férfiból voltam...

Az éjszaka során a vendégsereg szép lassan lekopott.

A végére Tibor és Marica maradtak.

A gyerek szerencsére mélyen aludt a félszobában. Az asszonyok rendet raktak a konyhában, mi pedig Tiborral megittuk az áldomást egy utolsó maradék konyakos üvegből.

Nem emlékszem rá, hogyan alakult ki a párosításunk. Ezután én Maricával a nagyszobában maradtam, ahol még halk zene szólt. Tibor és a Beici az étkezőszobában maradtak. Eleinte Maricával lassú táncot jártunk, úgy, hogy az erotikától majd' szétrobbantunk. Egy idő után így szóltam neki:

– Nem folytathatnánk az ágyban?

Marica sejtelmes válasza:

– Már elég későre jár, hogy elmenjünk „aludni".

A nagyszobában volt egy beépített szekrény. Abból kiszedtem egy lepedőt, egy pokrócot és egy frottír törülközőt, a párna az ágyneműtartóban volt. Együtt megágyaztunk. Maricának találtam egy hálóinget Bejci rekeszében, amibe ő azonnal átöltözött. Én is pizsamába öltöztem, alánk raktam a frottír törülközőt, majd lefeküdtünk.

Másnap tőlem szokatlan módon iszonyatos fejfájásra ébredtem. Első pillantásom a Hornyánszky Gyula által festett képre esett. A kisfiam, mikor egy késő este meghoztam a képet és felraktam a falra, erre az absztrakt alkotásra így reagált: „csúnya néni"!

Nos, én is így reagáltam a képre, ahogy homályosan tudatosodott agyamban, hogy hol vagyok.

Lenéztem a fal felé. Marica békésen szendergett.

Átnéztem a szoba közepén lévő másik ágyra. Itt Bejci és Tibor aludtak, a kicsi fiamat közrefogták.

Óvatosan kikászálódtam az ágyból, hogy ne zavarjam őket. Gyorsan leöblítettem a képemet a fürdőszobában, leakasztottam egy fürdőköpenyt a fogasról, és kimentem a konyhába megfőzni a feketét. Mire a kávé lefolyt, szép sorban előkerültek az imént még alvó barátaink. Utoljára Bejci került elő, a kicsi fiammal együtt.

Leültünk az étkezőszobában. A lányok a maradék kajákból reggelit csináltak, közben mindegyikünk arra panaszkodott, hogy pokolian fáj a feje.

Én hamarosan indultam a gyerekkel az iskolába. Bejcivel csak a munka után, délután találkoztam. Mikor már minden lecsendesedett körülöttünk, a gyerek is elaludt, akkor kezdett el faggatózni.

– Na, milyen volt Marica?

Ilyen direkt kérdésre nem számítottam.

– Hogyhogy milyen volt? – adtam a ma született ártatlan bárányt.

– Tibor megtalálta a földön a frottír törölközőt. Marica mindent elmondott. Nem haragszom, csak kérdem, milyen volt Maricával együtt lenni?

Nem volt mást tenni, visszagondoltam az előző éjszakára.

– A tánc jó volt – egy kicsit elakadt a szavam, amikor az ágyhoz értem. – Mikor lefeküdtünk, először jó szűk volt, de a végén, amikor törülközőre irányítottam a dolgot, már csak harangoztam.

Bejci abban a hiszemben volt, hogy Marica nekem a második nőm volt, ezért így folytatta.

– Most már megbizonyosodhattál felőle, hogy semmi különbség nincs egy másik nő között és énköztem, már megnyugodhatsz.

Ezzel napirendre tért az események felett.

– És a te éjszakád hogy alakult? – kérdeztem

– Ugyan, láttad a gyereket köztünk volt – jött a könnyed válasz.

Néhány hét múlva megkaptam a kocsit! A vadonatúj Škoda 1000 MB-t! Előre meg volt beszélve, hogy amint megjön a kocsi, Mercsényi Robi, a kiváló rali autóversenyző máris felvállalja az oktatásomat. 15 napon belül mehettem a Hungária körútra a jogosítványomért.

A főnökömmel, Z. Árpáddal, aki szintén megkapta az új Moszkvics személygépkocsiját, versenyben voltunk, ki szerzi meg előbb a jogosítványát.

– Aki előbb megszerzi a jogsit, az köteles kivinni Prágába a másikat! – szólt az egyezmény.

Végül elutaztunk – de vonattal.

Velünk utazott Sárika, a főnök második felesége.

Egy energetikai céghez mentünk, hivatalos tanulmányútra. Nem tudom, hogy a főnök honnan ismerte Prágát, de az állomáson a taxisnak a Hotel Flórát mondta be. Útközben átmentünk a Venczel téren, a piros villamoson a 9-es számot olvastam le. Lássatok csodát, a mindig zsúfolt prágai hotelek megcsúfolására a Flórában azonnal volt 2 db kétágyas szoba! Gyanítottam, hogy a főnök otthonról lefoglaltatott két szobát.

Másnap péntek volt. A hotelből felhívtam a budapesti lakásomat. Meglepetésemre Marica vette fel a telefont.

– Szia, Marica. Prágából beszélek. Hogyhogy ott vagytok?

Mikor meghallotta a hangom, éreztem rajta az örömteli felismerést.

– Bejci belázasodott, segíteni jöttünk. Egyébként nincs nagy probléma, egész éjjel „gyógyítgatták" egymást.

Mintha citromba haraptam volna, úgy préseltem ki a szavakat magamból:

– Örülök, hogy hallottam a hangodat. A többieket üdvözlöm. Most már mennem kell.

Leraktam a telefont. Egy pillanatra elfogott a bosszúvágy, de aztán elhessegettem magamtól. Nem is sejtettem, milyen közel volt a megoldás a bosszúra.

Megreggeliztünk, aztán felkerestük a cseh partnert az irodájában. Egész nap tárgyaltunk ezzel a szimpatikus cseh úriemberrel. Abban maradtunk, hogy a főnöknek ugyan vasárnap haza kell utaznia, de én még maradok keddig. Hétfőn értem jön a Flórába egy gépkocsi két kollégával, akik elvisznek Lustenicébe, a Csehszlovákiában épülő legnagyobb hűtőtorony építkezéséhez.

Szombaton egész nap szabadnapunk volt. Jártuk a várost. Sárika úgy döntött, hogy neki egy sapka kell. Bementünk az akkori legnagyobb cseh áruházba, és Sárika válogatott a sapkák közt. Végre megállapodott egy neki tetszőnél. Kérdezte Árpádot, miközben pajkosan nézett ki a sapka alól:

– Hogy nézek ki?

Árpád hosszasan nézegette a fejfedőt, majd ezt kérdezte:

– Mennyi az ára?

– 250 korona.

– Ahhoz képest elég pocsékul áll neked.

A mondat másik fele már nekem szólt:

– Menjünk, igyunk meg egy korsó sört, és majd találunk megfelelő sapkát.

Szinte leírhatatlan volt, hány korsó sört ittunk meg aznap a Sárika sapkájának ürügyén. Ahol megpróbált Sárika egy sapkát, Árpád rákérdezett az árára. Amint meghallotta azt, közölte, hogy nem áll jól, és „mehetünk meginni egy korsó sört". Amíg bejártuk Prágát, a Venczel térrel kezdve, becsatangoltuk az óvárosát, megcsodáltuk a zenélő órát, átballagtunk a Károly-hídon, ki nem hagyva a híd lábánál lévő sörözőt, ahol még látszottak a vályúk, ahova régen pisiltek az emberek. Innen felvezetett utunk a várba. Sárika közben folyamatosan próbálta a sapkákat. A várban, az aranyművesek utcájában, volt egy kis bolt, ahol ismét szerencsét próbált. Árpád megnézte, megkérdezte:

– Mennyibe kerül?

– 18,50 korona.

Árpád még egyszer megnézte.

– Ez már jól áll neked, Sárikám! Fizesd ki!

Beesteledett, mire hazaértünk a Flórába. Felmentünk a szobánkba. Mielőtt elbúcsúztam volna tőlük, Árpád így szólt:

– Tartalmas nap volt. Megéheztem. Volna kedved itt a közelben vacsorázni, és meginni egy-egy korsó sört?

Nekem már a fülemen jött ki a napközben megivott sör, de így válaszoltam:

– Szívesen veletek megyek vacsorázni.

– Akkor 30 perc múlva találkozunk a hallban.

Csak két sarokal arrébb leltünk egy éttermet. Az étteremben szolid, halk sramlizene szólt. Leültünk egy négyterítékes asztalhoz. Én természetesen egy szót sem értettem a cseh nyelven elénk rakott étlapból. Azt viszont megértettem, amit Árpád a pincérnek mondott:

– Dva bolsoj pivo, proszim! Sárikám, te mit kérsz?

– Én is egy korsó sört kérek!

A pincérhez:

– Proszim, tri bolsoj pivo.

Az étlapot rábíztam Árpádra. Amit kiválasztott, egy kellemes, szaftos, raguszerű hús volt knédlivel.

Hamarosan kellemesen eltelve az ételtől és a nélkülözhetetlen sörtől, beszélgetésbe kezdtünk egy 35-40 év körüli cseh asszonykával, aki láthatólag magányosan és unatkozva üldögélt a szomszéd asztalnál.

Látva, hogy nincs partnere, Árpád meginvitálta a mi asztalunkhoz. A zene halkan, kellemesen szólt az étteremben. Néhány párocska andalogva táncolt a kis táncparketten. Árpád és Sárika is unszolt, hogy kérjem fel a cseh leányt.

– Mi is táncolunk, hogy nézne ki, hogy itt üldögéltek árván?

Végül, engedve az unszolásnak, felkértem a lányt. Én nem beszéltem csehül, ő nem beszélt más nyelven. Jelbeszéddel megtudtam, hogy Evának hívták. Eva jól táncolt. A nyelv hiányát gyorsan áthidalta tánc közben kedves, odaadó simulásával, figyelmével, amint igyekezett megérteni, mit akarok kifejezni kézzel-lábbal mutogatva. Nem tudom, mennyi ideig táncoltunk. A végén a főnököm és a felesége hazament a szállodába, mi meg leültünk a kis téren egy padra, ami a Flóra előtt volt, és csókolóztunk. Végül az óra számlapjának mutogatásával megbeszéltünk másnap este 6 órára egy randevút ezen a kis téren, ahol csókolóztunk.

Másnap kikísértem a főmérnökéket a pályaudvarra, aztán csavarogtam a Vencel téren, bementem a felső végén álló múzeumba, ahol meglepődtem, hogy milyen üres az épület. Azért egyre-egyre elkalandoztam Evára.

Végre eljött az idő. Találkoztam Evával a kis téren. Örömmel üdvözöltük egymást. Kézen fogott, odvezetett a villamosmegállóhoz és elmentünk a város közepébe a múzeumig. Itt a Vencel tér hosszú oldalával párhuzamos kis jelentéktelen utcában található az „U Kalicha" vendéglő.

Ez állítólag valamikor a *Svejk, a derék katona* írójának, Jaroslav Hašeknek a törzshelye volt. A vendéglő úgy volt berendezve, hogy amikor egy-egy, az étlapon szereplő, Hašeknek tulajdonított kedvenc ételt vittek ki a pincérek, ez olyan felhajtással volt körítve, hogy az először ide betévedő vendég, amilyen én magam is voltam, komolyan megijedt. Ilyen ételek voltak a Lukas főhadnagyról elnevezett pecsenye, vagy a „Katz tábori lelkész tál".

Ilyenkor a pult fölött elhelyezett kolomppal egy pincér hangos kolompolással jelezte, hogy nevezetes étel kerül kivitelre, a másik pincér hangosan kikiáltotta az étel nevét, míg vagy 3-4 pincér felsorakozott az ételt kivivő mögött.

Evával leültünk egy kis, kétszemélyes bokszba. A rendelést rábíztam Evára, kivéve, amit tudtam magamtól.

– Dva pivo, proszim! – szóltam büszkén a pincérnek.

Edéd után hol táncoltunk, hol a cseh nyelv rejtelmeibe avatott be Eva. Rámutattam egy tárgyra, Eva kimondta cseh nyelven, én meg addig mondogattam, amíg rá nem bólintott. Így sikerült megtanulnom 5–6 szót csehül.

Visszamentünk a Flóra Hotelhez. Leültünk a hotel bárjában. Eva felakasztotta egy fogasra a bundáját. Lassan elkortyolgattunk egy-egy Becherovkát, aztán felajánlottam neki, hogy felviszem a szobámba a bundáját. Miután megértette és nem tiltakozott, a liften felfelé menet arra gondoltam: „ez már meglesz". A szobámba érve majd' szétvetett a férfiasságom. Tapasztalatból tudtam, az ilyen túlfűtött érzés, mint a jelen helyzet, korai magömléshez vezet.

Visszaemlékeztem annak a párizsi prostinak az esetére, akit több órányi séta után választottam ki egy kocsma üveges bejárat ablakán keresztül. Az úgy történt, hogy céltalanul sétáltam a párizsi éjszakában. Elmentem többek között a Moulin Rouge előtt. Kívülről megcsodáltam a szélmalomlapátokkal ellátott épületet. Ismertem a legendát, hogy „Gyarmati úr, aki magyar, mindenkit ingyen beenged", de én nem vágytam erre. Továbbmentem a Place Pigalle sarkán egy kis mellékutcába, amíg csak egyre sötétebb utcákban találtam magamat. Útközben több lány is leszólított, nemzetközi jelzéssel tudatva a szándékát. Ez csak arra volt jó, hogy megtudjam az árfolyamot: szűkös pénzemből még marad is, ha végre elszánom magamat egy örömlány pásztorórájának megvételére.

Visszafelé menet láttam meg azt az üveges kocsmaajtót, s benne egy lány sziluettjét. Amint közelebb jöttem, egy másik lány is megjelent az ajtóban. Félreérthetetlenül jelezték számomra a szándékukat. Egy kicsit vacilláltam, aztán az ujjaimmal jeleztem az összeget, amit az utcalányoktól hallottam, miközben egy nagy kérdőjelet írtam fel az ajtó párás üvegére. A lányok sűrű bólogatással feleltek. Most már csak ki kellett választanom azt a lányt, akit megtisztelek társaságommal. Az is sikerült.

Hamarosan egy garniszálló portáján találtam magamat. Itt lenyeltem a békát, hogy még le kellett szurkolnom 5 frankot. Ezért egy kulcsot kaptunk, egy zsebkendőnyi rongyot, és egy mini szappant, aminek a rendeltetését később ismertem meg. Miután fizettünk, a lány előrement és benyitott egy szobába. A szoba foglalt volt.

Egy termetes meztelen fekete férfi kapta maga elé a törölközőjét, mire a lány gyorsan becsukta az ajtót. A következő szoba szabad volt. A szoba bútorzata egy epedás vaságy, egy munkásszállóra emlékeztető vasszekrény, egy kissé rozsdásodó zománcozott acél tartószerkezet, benne egy közepes méretű lavórral, és egy kiöntő csap. A lány belülről gondosan bezárta az ajtót, majd vizet eresztett a lavórba. Mikor ezzel készen volt, felhúzta a szoknyáját és gondosan megmosta a lába közét, felhasználva a portán kapott mini szappant. Aztán én következtem. Miután kiöntötte a vizet és új vizet készített a kiöblített lavórba, kigombolta a sliccemet, és ugyanolyan gondosan, mint az imént a sajátját, hosszadalmasan, a szappan felhasználásával megmosta a kőkeményre meredező farkamat. Jóleső érzés volt a hideg víz hűvössége, amint a mármár kirobbanó gerjedelmemet egy kicsit visszatartotta. Még egy próbálkozása volt, mielőtt hanyatt feküdt a vaságyon. Mutatta, hogy a szoknyája levételéért még pénzt kér. Ebből nem kértem. Hanyatt feküdt az epedán, ami a súlyától megnyikordult, szétrakta a lábát, jelezvén, hogy a műveletre kész. Ráfeküdtem. Ebben a pillanatban, mielőtt behatolhattam volna, elmentem. A lány kicsit meglepődött, de aztán jelezte: ennek a menetnek vége van. Ott álltam kábán, miközben a lány akkurátusan végigcsinálta a lavórban a tisztálkodási műveleteket saját magán és rajtam. Azon gondolkodtam, hogy megkérem rá, küldje hozzám a másik lányt, de a szűkös anyagi kereteimet figyelembe véve ettől eltekintettem. A lány távozott, és én is kisomfordáltam a portán át.

Erre emlékezve úgy döntöttem, nekem nemes bosszút kell állnom, megelőzendő a csúfos kudarcot; mielőtt lementem, a fürdőszobában egyet kézimunkáztam.

Jó döntés volt.

Amikor felhoztam a szobámban Evát, fél éjszakát dolgoztam rajta, amíg nem jelezte, hogy mennie kell.

Nem értettem, hogy miért kell elmennie, mikor kialhattuk volna a fáradalmainkat, de ha nehezen is, végül beletörődtem a távozásába Megbeszéltük, hogy másnap este 6 órakor találkozunk a kis téren. Ezután lekísértem a recepcióig, ahol csókkal búcsúztunk.

Másnap reggel 7 órakor várt a cseh kolléga, aki elkísért Lustenicébe. Egy új fekete Tátra gépkocsival várt a szálloda előtt a gépkocsivezető. Ez a kocsi önmagában meglepetés volt. A Volgához, Moszkvicshoz szokott utas, mint amilyen én is voltam, meglepődött azon, amit ez a kocsi nyújtott. Nem csak a kocsi kényelmén, belső berendezésének eleganciáján, de a kormányváltó kis pöckének műszaki megoldásán is elcsodálkoztam. Lustenicében az épülő erőművi hűtőtorony olyan nagy volt, hogy az inotai 3 db hűtőtorony belefért volna, pedig ez időszakban ezek voltak Magyarország legnagyobb hűtőtornyai.

Visszafelé a kolléga megállt egy útmenti étteremben, ahol egy kellemes szelet húst ettünk „hauskova knédlivel". Hozzá kikért a kolléga egy liter tintavörös morvai bort.

A Flórába négy órára értünk vissza. Egy kicsit kótyagosan a morvai bortól úgy döntöttem, még ráérek az Evával való találkozásomig, kicsit ledőlök aludni. Hét órakor ijedtem fel. Miután megnéztem az órámat, biztos voltam benne, hogy lekéstem a randimat. Komótosan lezuhanyoztam, aztán lementem a Flóra bárjába. Az első ember, akit megláttam, Eva volt, aki rám várt a bárban!

Úgy gondolom, hogy nem bánta meg a várakozást. Azon az éjszakán a kétágyas szoba másik ágyát is rendesen felavattuk. Hajnalig dolgoztunk rajta, amíg nem jelezte, hogy neki menni kell. Ismét lekísértem a recepcióig. Megbeszéltük, hogy kikísér a pályaudvarra, aztán elbúcsúztunk.

Lementem reggelizni a Flórába. Egészen rendes svédasztalos reggeli volt. Miután megittam az ihatatlan zaccal teli kávémat, felmentem a szobámba.

Legnagyobb meglepetésemre a szobámban két szobaasszonyt találtam, akik vidáman húzták le az ágyneműket.

Jelezték, hogy még bemehetek a fürdőszobába, aztán úgy éreztem, ki vagyok rúgva. De azért még egyszer megpróbáltam hazatelefonálni. A telefon hosszan kicsengett. Senki nem vette fel a telefont, a végén csehül – amit én nem értettem – bemondták, hogy a szám pillanatnyilag nem kapcsolható, aztán megszakadt a vonal.

Eva kikísért a pályaudvarra. Sohasem fogom azt a pillanatot elfelejteni, amikor a peronon álltam. Egy gyors búcsúcsókot váltottunk, felmásztam a magas vonatlépcsőkön a vagon peronjára. A helyzet romantikáján nagyot rontott a kalauz, aki a kocsik mentén végigsétálva az én ajtómat is becsukta. Ma is ott látom a csukott ajtó mögött Eva tovatűnő, integető alakját, miközben a vonat elindult, és Eva már csak az én ködös emlékeimbe révedt vissza.

A vonat zsúfolásig megtelt. Nem volt képem, hogy reklamáljak annak az idős hölgynek, aki elfoglalta az én üléshelyemet, inkább szerencsét próbáltam a néhány kocsival előbbre levő éttermi kocsival. Szerencsém volt.

Letelepedtem ide, és amíg a pénzem el nem fogyott, söröztem.

Legközelebb, amikor a pincér arra járt megkérdezte:

– Ein bier?

Nevetve mutattam a maradék pénzemet; ez bizony nem volt elég egy sörre.

A pincér a pénzt elvette, majd térült-fordult és hozta a sört. Azt se várta meg, hogy köszönetet mondjak neki, ment a dolgára.

Végre beérkeztünk a Nyugati pályaudvarra. Senki sem várt. Eszembe jutott a Maricával lefolytatott beszélgetésem...

Attól függetlenül, hogy egy vasam se volt, beültem egy taxiba.

Amikor elérkeztünk a Lakatos úti házunk elé, megláttam, hogy Tibor éppen indul a parkolóból. Integettem neki:

– Nincs egy vasam se, légy szíves fizesd ki a taxit – kértem.

Miután a taxit elengedtük, megkérdeztem:

– Hogy van Bejci?

A kérdésemtől kissé zavarba jött.

– Már sokkal jobban – felelte, aztán beült a kocsijába és elment.

Talán jobban kellene emlékeznem ezekre az időkre, de már megkopott az emlékezetem.

Elköltöztünk a Lakatos úti lakótelepről, mielőtt még beszámozták volna az épületeket; még csak azután született meg a házunk száma – Lakatos utca 26 –, miután elköltöztünk. Nem tudom, mi történt azután Maricáékkal, remélem, jól alakult a sorsuk ezekben a változó időkben.

A Lakatos úti lakótelepről a Kelenföldi lakótelepre, a Fehérvári útra költöztünk. Ez is az én testvérem kreatív gondolkodását tükrözi. Egy hirtelen meggazdagodó építési vállalkozó, annak a sok szívességnek a fejében, amit a bátyám az évek során nyújtott, miután felépítette a saját házát, minőségi cserére felajánlotta a Fehérvári úti 3 szobás panellakását. Anyámék költözés előtt álltak – miután nagyanyám nem sokkal korábban jobblétre szenderült, nem hagyhatták egyedül nagyapámat. Így kézenfekvő volt anyámék lakásának felajánlása a minőségi csere fejében. Néhány hónap múlva, mikor a csere lebonyolódott, sajnos az építési vállalkozót lecsukták. Ekkor keresett meg a testvérem telefonon a munkahelyemen:

– Öcskös! Ha ráérsz, valahol össze kéne szaladnunk egy kis megbeszélésre.

– Az Anna presszó megfelel? – kérdeztem vissza az egyik törzshelyemet ajánlva.

– Oké – felelte –, ha ott vagyok, a portáról felszólok.

Délután felszólt a portáról. Leültünk az Anna presszó belső termébe. Ezt mondta el a bátyám:

– Tudod, hogy elcseréltem anyámék lakását egy Fehérvári úti lakásra. Az a gond, hogy az építési vállalkozót lezárták. Annak megelőzésére, hogy ebből a cseréből nekem ne legyen gondom, én elcserélném veletek a Lakatos útira.

Nem szaporítom a szót, elcseréltük. Szerencsére Bejci még csak nem is sejtette, hogy a lakás milyen úton lett a bátyám tulajdona. Ebből egyébként nem lett semmi problémánk.

A Fehérvári úton két emlékezetes esemény történt. Az egyik a mi épületünkben, csak egy másik lépcsőházban történt.

Megismerkedtünk egy MALÉV-gép pilótával, aki szintén nem régen költözött oda. Meghívott minket és még néhány társát egy kis lakásszentelő bulira. A tévében egy repülőgépes katasztrófafilm ment. A szakmabeliek lelkesen drukkoltak a filmbeli társuknak, amiből nem hiányoztak a hangos bekiáltások. A társaság másik fele a szomszéd szobában táncolt némi alkoholos befolyásoltság alatt.

Amikor a legizgalmasabb jelenet folyt a filmben, hatalmas csörömpölés hallatszott a szomszéd szobából. Berohantunk, ahonnan a zajt hallottuk. A szoba egyik falánál állt egy kis, üveglapos dohányzóasztalocska. Ebbe az asztalba botlott bele a ház asszonya. Nem csak belebotlott. Fenékkel beleült, és most beszorult a tartó fakeretek közé. Annak a csörömpölését hallottuk a szomszéd szobából.

A másik emlékezetes esetem az volt, amikor egyszer Dorogon voltam az erőműben. Egy műszaki probléma megoldására kerestek telefonon. A visszaúton olyan sűrű zápor kapott el, hogy ki kellett állnom az út szélére. Akik követték az én autóm hátsólámpa-fényeit, vagy leelőztek és sürgősen félreálltak, vagy követték az én példámat, szintén félreálltak, amíg nem csitult a vihar. Miután tudtam folytatni az utamat, úgy döntöttem, nem érdemes már visszamennem az irodába, hazamentem. Otthon bekapcsoltam a Videoton robbanó típusú színestévé készülékét. Nemrég jöttem rá, hogyan kell beállítani a színt a készüléken. Éppen egy zenekari hangverseny volt műsoron, amikor csengettek, majd hangosan, sürgetőleg megverték az ajtót, mielőtt még az ajtóhoz kiérkeztem volna. Az ajtó előtt az egyik alacsony, kis pocakos lakótársam állt, akit megismertem a ház nemrég tartott közgyűléséről, amikor az ő javaslata alapján kiutálták a hatalmas termetű folyosó- és lépcsőháztakarító embert. Időm sem volt köszönni, nekem támadt:

– Ez már disznóság, amit egyesek művelnek! Teljesen eláztatta a tapétámat a fürdőszobámban!

Mikor magamhoz tértem a nem várt támadástól, beinvitáltam a lakásba.

– Nem tudom, mivel gyanúsít, de nekem nem működik semmilyen vizet felhasználó gépem.

Kinyitottam a fürdőszobaajtót és akkor lepődtem meg én is: a fürdőszoba küszöbén, a nyitott ajtón át kiáramlott az ott felgyülemlett víz. Felnéztem a mennyezetre, ahonnan csepegett a víz! Ezt látva az emberke szó nélkül kirohant a lépcsőházba, felszaladt a felettünk lévő emeletre. Én bezártam az ajtót, megvártam a liftet, és felmentem a következő szintre. A kis emberke ott állt a felettük lévő lakás ajtaja előtt. Felváltva hol csengetett, hol dörömbölt, egyre dühösebben, amit kipirosodott arca árult el.

– Talán nincsenek itthon?! – próbálkoztam bátortalanul.

– Dehogyisnem! Az előbb mocorgást hallottam!

Néhány perc múlva belülről csakugyan kulcs csikorgott, s végre kinyílt az ajtó. Egy vakarcs kislány állt az ajtóban. A kis ember szó nélkül félrelökte a kislányt, berohant a fürdőszobába. Itt egy valamivel idősebb kisfiúval találta magát szembe. A fiú azon dolgozott, hogy eltüntesse a víznyomokat. A kis emberke körülnézett, aztán dühösen annyit mondott:

– Hiába tüntettétek el itt a nyomokat! Eleget láttam! Fel fogom jelenteni a szüleiteket! – azzal kiviharzott.

Én egyedül maradtam a megszeppent gyerekekkel. Becsuktam az ajtót, majd a két gyerekhez fordultam.

– Feri bácsi vagyok, titeket, hogy hívnak?

– Én Szilvi vagyok, a testvérem meg Józsi.

A bemutatkozás után így folytattam:

– Tudom, hogy innen áztattátok el az alsó lakásokat. Mi történt? Meséljétek el nekem.

Szilvi volt a cserfesebb, ő kezdett mesélni. A testvére kivonult a konyhába.

– Az úgy történt, hogy reggel anyu bekapcsolta a Minimat mosógépet. Aztán ő elment dolgozni és ránk bízta, hogy időnként figyeljünk a gépre. Jóska kinyitotta a fürdőszobaajtót, és kiömlött a víz. A kád széléről leugrott a mosógép kifolyója. Amikor csengettek Feri bácsiék, Jóska akkor törölte fel az utolsó cseppeket. Ez történt! A másik bácsi most fel fog jelenteni?

Megsimogattam a kis fejét, majd így szóltam:

– Nagy galibát csináltatok, de szerintem ti nem tehettek róla. Nem lesz semmi baj. A biztosító kifizeti a lakók kárát.

Elbúcsúztam. Már régen elfelejtettem az esetet, amikor egyszer hajnalban, félálomban arra ébredtem, mintha vízcsobogást hallottam volna. Addig füleltem, amíg felkeltem, kimentem a fürdőszobába. Tenger fogadott!

Amint kinyitottam az ajtót, kizúdult a víz az előszobába.

Az automata mosógép vízbekötése szétszakadt, és onnan dőlt a víz. Bekászálódtam a fürdőszobába a bokáig érő vízben gázolva, elzártam a tartalék elzárót. Sűrű káromkodások közepette megkerestem a felmosórongyot, és a kádba átmeregettem a ronggyal a vizet. Mikor végeztem, leültem és vártam az alattunk lakókat. Elég későig aludtak, mert a kis, pocakos szomszéd csak egy óra múlva csengetett. Magából kikelve üvöltözött:

– Hallatlan, hogy ebben a házban nem lehet egy perc nyugalma sem az embernek! Most maga áztatta el az alatta lakó szomszédokat! Ne is tagadja! Fentről jövök!

– Már régen vártam önre! – válaszoltam. – Meghibásodott a mosógépem. Ha esetleg a biztosító nem téríti meg minden kárát, itt van a névjegykártyám.

Azzal bevágtam az ajtót.

— •• —

Ránéztem az órára. Három óra volt. Benéztem a betegfelvevő folyosóra. A tömeg nőttön-nőtt. Giát sehol sem láttam. Gondoltam, kinézek az udvarra, hátha ott szívja el a következő cigarettáját. A tolóajtóban találkoztunk. Éppen befejezte az előző, sokadik cigijét.

– Hogy viseled? – kérdeztem tőle.

– Mindjárt a fejükre borítom a pultot, ha nem engednek el – válaszolta.

– Menjünk be, hátha attól előbb sorra kerülsz.

Bementünk a tolóablakhoz. Gia megmondta a nevét.

– Igen, tudom már, az öngyilkosjelölt, aki rendőrségi javaslatra került ide – válaszolta a nővér, majd így folytatta:

– Még egyelőre nincs pszichológusunk, türelmet kérek! – azzal becsukta az ablakot.

Leültettem Giát egy felszabaduló helyre, én pedig visszamerültem a gondolataimba.

Az emlékezetem ködéből felmerült Tábori Pista.

Én Pistát, a kiváló atlétát még az 1961-es szófiai Universiadén ismertem meg. Bejci egyre keservesebben viselte a szemüvegkereteket gyártó üzem megpróbáltatásait, főleg amikor a vidéki gyáregységeket kellett egyfolytában látogatnia. Apósom a budapesti Spartacus Sport Klub intézője volt. Abban az évben új elnököt választottak a klubnál. Meglepetésre a fiatal, tehetséges Parázs Sándort választotta meg a közgyűlés.

Új seprű jól seper, tartja a közmondás. Hamarosan kiderült, hogy a főkönyvelő és az egész könyvelési részleg távozni kényszerül.

A megüresedő könyvelésbe jelentkezett és felvételt nyert Bejci. Itt ismerkedett meg Tábori Pistával, aki szintén ott dolgozott.

Egy alkalommal, amikor belátogattam a klubba, ott találtam Pistát és a feleségét, Magdit. Négyesben beszélgettünk. Hamarosan jó baráti viszonyba kerültünk, ami abban is megmutatkozott, hogy Pista meghívott bennünket a hétvégére a Lebstück Mária honvéd hadnagy utcában lévő családi házukba, Újpestre egy partira.

A parti rendkívül jól sikerült. Nekünk egy kisfiunk volt, nekik egy kislányuk. A gyerekek is megértették egymást.

Este leraktuk a gyereket.

Magdi azt kérte, kísérjem el a boltba.

Útközben hangos zeneszóra lettünk figyelmesek. Benéztünk a táncterembe. Komoly buli volt ott.

– Nem táncolunk mi is egy kicsit? – kérdezte Magdi.

– Nincs akadálya – válaszoltam, ő pedig már hozzám is simult.

Talán egy órát töltöttünk tánccal. Amikor visszaértünk, mindkettőt alva találtuk a nagyszobában. Nem akartuk őket zavarni, hátramentünk a nyári konyhába. Itt felültem az asztalra, és Magdi beállt a lábam közé. Csókolóztunk.

Egyszerre rossz érzésem támadt. Mintha a konyhaablakon át figyelt volna valaki. Kibontakoztam Magdi öleléséből.

– Úgy hallottam, valaki járt odakinn – mondtam.

– Én nem hallottam semmit, de hogyha gondolod, most már bemehetnénk.

A szobában már mind a ketten ébren voltak. Nem sokára összeszedelőzködtünk és hazamentünk.

A nyáron még többször találkoztam Magdival.

Egy alkalommal kibumliztunk a Hűvösvölgybe. Gyönyörű tavaszias idő volt. Felsétáltunk a gyalogúton a fás, ligetes, bokros területre. Útközben csókolóztunk, amíg el nem értünk egy sűrű, bokros területre. Magdi itt behúzott a bokrok jótékony takarásába, átölelt, majd a föld felé kezdett húzni.

Én visszatartottam – nem mintha én nem akartam volna, de nem akartam, hogy lefeküdjön arra a gazos helyre. Én azt gondoltam, megoldhatjuk másképpen is, állva.

Tévedtem. Magdinak elmúlt az az ihletett pillanata, amikor bármit csinálhattam volna vele.

Kivezetett a bokrokból és visszavillamosoztunk.

Néhány hét múlva Bejci azzal az ötlettel állt elő, hogy jó lenne elutaznunk Pistával és Magdival Lengyelországba, szilveszterezni.

– Pistának van két testnevelő tanár ismerőse, a nagy Jasu és kis Jasu, ha te is benne vagy, kocsival kimehetnénk a Tátrába!

Elhatároztuk, karácsony után, a két ünnep között elindulunk. Azon a napon hajnalban leszakadt a mennyország. Hajnali 4 körül elkezdett a hó esni, és mire reggel 6 órakor elindultunk Újpestre Pistáékhoz, legalább 10 centis hó esett. Pista javasolta, hogy tartalékként tegyünk be még két 25 literes marmonkannát. Miután a csomagtartót telepakoltuk a ruhaneműkkel, oda nem fértek a kannák. Az utastérbe nem hagytam berakni a kannákat.

Elindultunk Vác irányába. Bejci ragaszkodott hozzá, hogy a magyar szakaszon ő vezessen, ezzel is segít a hosszú úton. Elhagytuk Vácot. A hó egyre sűrűbben esett.

Néhányszor megfaroltunk a Škoda 1000MB-vel, úgyhogy jobbnak láttam bekötni a kilométerórát, ami a garanciaidő meghosszabbítására ki volt kötve, hogy a vezető lássa, milyen sebességgel megy. Elhagytuk Szendehelyt, és egy hosszú, egyenes kaptatóba kezdtünk bele, a végén egy enyhe jobb kanyarulattal. Ebben a percben, amint kibukkantunk a kanyarból, messze előttünk feltűnt az út közepén egy távolsági busz.

Bejci ettől megijedt.

Rálépett a fékre. Csak annyi időm volt, hogy ezt mondjam:

– Ezt ne csináld! – és már ugrattunk is le a körülbelül 2 m mélységben lévő szántóföldre.

A busz vezetője páholyból nézte végig, ahogy a Škoda nyújtott testes szaltót csinál, majd visszazökkent a bal oldalára, összetörve azt.

– Maguk megúszták épségben? – szaladt oda a busz vezetője, aki közben a balesetünk mellé ért.

– Egyelőre próbálunk kiszállni az épen maradt jobb oldalon – mondtam, nagy nehezen kiszabadítva a jobb első ajtót a hó fogságából.

– Mindenki szálljon ki, hogy megnézhessük, senkinek sem esett baja.

A kocsi utasai kiszálltak. Mozogtunk egy kicsit a szántóföldön.

– Nem történt sebesülés – állapította meg a buszsofőr –, akkor én megyek tovább, vigyázzanak magukra!

Azzal a busz továbbment, otthagyva magunkra.

Igazán nem tudtuk, mit kell ilyenkor csinálni.

Ahogy ott szerencsétlenkedtünk, megállt mellettünk egy Trabant. A 40 év körüli, kissé kopaszodó, mackós alak lejött hozzánk az útról a szántóföldre.

– Jó napot kívánok! – mondta az idegen. – Látom, hogy mindenki egészséges, csak a kocsival kéne kezdeni valamit.

Mi is köszöntünk, aztán rátértünk a kocsi kimentésének tárgyalására. Igazából ez az idegen ember, akinek a nevét is elfelejtettük megkérdezni, magához ragadta a kezdeményezést.

– Először is azt kell eldönteni, hogy egyáltalán ki akarnak-e kecmeregni ebből a slamasztikából? Ha igen, akkor meg kell vizsgálni, mozgásképes-e a kocsi.

Meg se várta a válaszomat, így folytatta:

– Fiatalember – fordult hozzám az idegen –, üljön be a kocsi vezetőülésébe, próbáljon egy-két kormánymozdulatot tenni. Ha tudja mozgatni a kormányt, próbálja meg beindítani a kocsit.

Mindent az idegen utasításai szerint tettem. Bár a kormánykerék eredetileg vízszintes állású küllői most függőlegesen álltak, az első kerekek a hóban szabadon elmozdultak.

– Jól van – hallottam az idegentől –, most próbálja beindítani a motort!

Elfordítottam a slusszkulcsot. A motor azonnal beindult!

Az idegen odahívta az utasaimat, úgy mondta el a tanácsait.

– Nekem is volt már ilyen esetem. Fő, hogy valahogy visszajuttassuk a kocsit az aszfaltos útra. A motor jár. Vagy kétszáz méter távolságra van egy földút, ami az aszfaltos útra vezet. Itt, a szántóföldön hiába kínlódunk a motorral, meg kell tolni a kocsit!

Ő maga a kocsi jobb oldalára helyezkedett el, hogy irányíthassa a történéseket, az utasaim is összeszedték az erőiket és nekiveselkedtek. Mintegy 20 perc múlva elértük a földutat. Itt az idegen ahogy jött, olyan gyorsan el is távozott.

– Innen már maguk is boldogulnak, viszontlátásra!

Azzal elment, nemsokára meghallottuk a Trabantja jellegzetes pöfögését, amint elporoszkált Vác irányába.

Valóban, a földútnak hamarosan vége lett, kiértünk a főútra.

Hazafelé az úton számos autót láttunk árokba borulni, kicsúszni az útról. Az út tükörsima jég volt. Amíg szép lassan totyogtunk az úton, megbeszéltük, hogy otthagyjuk az autót a Pistáéknál, és mi másnap elindulunk vonaton.

Amint beérkeztünk a Pistáékhoz, Pista felhívta a kis Jasut, megbeszélte vele, hogy hogyan jártunk, és másnap érkezünk vonattal.

– Ez rendben van, most már csak vonatjegyeket kell váltani, ezt bízzátok rám.

Miután megnézte a vasúti menetrendet, közölte: másnap reggel 8-órakor találkozunk a Keletiben.

A kocsit fájó szívvel otthagytuk az udvaron, mi meg kibumliztunk Pestszentlőrincre.

Reggel a vonat időben indult. Az úton semmi említésre való nem történt. A szokásos vámvizsgálaton átestünk, de ez már rutinnak számított.

Késő este érkeztünk Gliwicébe, ahova igyekeztünk. Kimentünk a váróterembe, ahol egy kis söntés volt. Addigra már több utastársunk kikérte a maga vodkáját vagy konyakját. Kiderült, hogy Gliwicében egy szem taxi van, az már elment az előző utasokkal. Ezt a taxit kellett megvárni. A harmadik fordulóba mi is sorra kerültünk. Egy-egy forduló közben a taxi vezetője kis szünetet tartott, amíg megivott egy fél vodkát.

Némi aggodalommal töltött el a sofőr állapota, amikor már mielőttünk a harmadik vodkát megitta, de a vezetési tudományában ez egyáltalán nem zavarta. A -10 Celsius fokos hőmérsékletben, a havas, jeges úton profi módon szlalomozott. Mikor Pista közölte vele, hogy a kis Jasut keresi, felderült az arca. Pista fordítása szerint valószínűleg az iskolában lesz, ahol testnevelő tanár volt. Elsőre nem találta el. A kis Jasu kocsmázott. Mire megtaláltuk az emberünket, késő éjszaka volt. Melegen leparoláztunk, a lányok puszit kaptak. Ezenkívül csak egy dolog érdekelt bennünket: egy ágy, ahol lehajthattuk álomra a fejünket, ezt kértük, ahol kipihenhetjük az út fáradalmait. A szoba két hagyományos dupla ággyal volt berendezve. Közvetlenül a bejárati ajtó mellett állt egy vaskályha, ami most ontotta a meleget. Az odakészített fakupac alapján egyértelmű volt, hogy gondoltak ránk.

Másnap egy kiadós reggeli után elvitt bennünket síelni a nagy Jasu. Kiderült, hogy az én pulóverállományom a Magas-Tátra hidegében egyáltalán nem felel meg. Pistától kaptam egy norvégmintás pulóvert. A síelés egyetlen érdekessége a sífelvonó volt, amivel én még nem találkoztam. A beülés csak-csak sikerült, de a leszállás a sílécekkel... Ha nem állt volna ott az ember, aki segített a kiszállásban, akkor csúfos bukás lett volna.

Egész nap síeltünk. Felmentünk a felvonóval, lecsúsztunk a legenyhébb lejtőn, a lejtő alján megittunk egy-egy forralt bort, majd kezdtük elölről, amíg értünk nem jött a nagy Jasu, aki visszavitt a szállásunkra, átöltözni a szilveszteri bulira.

Ködösen emlékszem a buli helyszínére. Nemcsak amiatt, hogy az elég nagy teremben, ahol a bált rendezték, amire odaérkeztünk, vastagon lehetett vágni a dohányfüstöt. Talán azért sem, mert mindenkivel pertut kellett innom, hogy a végére kértem titokban egy üveg vizet, abból töltögettem szorgalmasan a mi társaságunkban lévőknek. Arra emlékszem, hogy a Tamási házaspárt egy külön bulira meghívták, és éjfél után jó két órát elmaradtak. Közvetlenül azelőtt kerültek elő, hogy a búcsúzás előtt egy utolsó „dugót" ittunk, valódi vodkával.

Hazaérve jóleső érzés volt a fekete kályha duruzsolása, ami ontotta a meleget. Elbúcsúztunk a két Jasutól, aztán – kifáradva az egésznapos tevékenykedéstől – hamarosan ágyba kerültünk. Én az én asszonyommal hamarosan végeztem, de Pistáék sokáig nyikorgatták az öreg ágy rugóit. A sötétben hallgatva őket az az ötletem támadt, hogy felajánljam a partner cserét. Eszembe jutott Ferdinándi Géza öttusázó barátom mondása: „Ha egy asszony már az életet is kiszívta belőled, akkor partnerként egy újabb asszonyt kell választani, azt biztos elölről tudod élvezni". Végre Pistáék is befejezték a menetet. Elhessegettem magamtól a gondolatot, és pár perc múlva az igazak álmát aludtam.

Ahogy Budapestre megérkeztünk, első dolgom volt elvinni a kocsit a javítóba.

Egyszer, amikor a Magdit hazavittem a randinkról, felém fordult az ülésben:

– Nem értem, hogy ezeknek a találkozásoknak mi értelmük van, de ha te találkozni akarsz velem, akkor ott leszek.

Kedvesen megcsókolt, búcsút intett, és kiszállt az autóból.

Ez után a beszélgetés után nemsokára találkoztam Fekete György barátommal, aki a Pápai Húsipari Vállalatnak volt a budapesti kirendeltségvezetője.

Fekete Gyuri kalandjairól egy külön könyvet lehetne írni.

Többek közt elmondtam neki a problémámat, hogy egy igen csinos asszonyt kellene megművelnem, de nincs hol!

Gyuri rám nézett, majd így válaszolt:

– Ha nekem nincs kedvem hazamenni, van itt nekem egy kis szobám, azt oda tudom adni.

Megköszöntem az ajánlatát, és a legközelebbi találkozásunk alkalmából lelkesen belekezdtem volna a Gyurival történt találkozásom eredményéről, amikor Magdi megelőzött:

– Terhes vagyok. Mire vártam volna?

Kissé lelombozódva adtam neki igazat.

Amikor elmondtam Gyurinak, miért nem jöttünk, amikor várt, csak ennyit mondott:

– Nagy marha vagy, öcsém, de te tudod. Még rizikó sem volna benne semmi – azzal részéről el volt intézve.

Évek múlva a balatonföldvári Spartacus vitorlástelepen találkoztam Magdival és a két gyönyörű kislányával. Úgy tett a fekete napszemüvege takarásában, mintha soha nem történt volna kettőnk közt semmi.

Gia kijött a folyosóra és közölte:

– Én már eleget vártam, kimegyek rágyújtani a kocsihoz. Ha nem jössz, én elindulok gyalog!

A sötétben világított a Cornavin órám számlapja. Éjjel négy óra volt. Nem akartam botrányt csinálni. Kérőre vettem a dolgot.

– Ne csináld ezt! Fel van írva a címünk, azt akarod, hogy értünk jöjjenek a rendőrök? Még bírd ki egy órahosszát, azután én is azt mondom, hogy hazamegyünk.

Ez hatott. Gia visszament a sürgősségi osztályra, én pedig ismét visszatérhettem a gondolataimhoz.

Micsú, a kedves, bohó Micsú, aki síkötések karbantartásával egészítette ki a mérnöki jövedelmét, odajött egyik nap hozzám: úgy hallotta, hogy teherautófuvarra volna szükségem a budakeszi házhoz.

– A Mata faterja fuvarokat intéz, ha gondolod, beszélek a Matával fuvarügyileg.

Megköszöntem Micsúnak, hogy szólt, és legközelebb, amikor találkoztam Matával, megbeszéltem ezt a fuvar-dolgot.

– Én nem tudok az apám nevében nyilatkozni, de ha gondolod, együtt kimehetünk hozzá megbeszélni a dolgokat.

– Úgy legyen, holnap délelőtt kocsival kiugrunk a papához.

Másnap először Budakeszire mentünk a sóderbányába, megbeszélni a bányával a szállítmányt. Meglepetésemre a bányairodán közölték, hogy a helyi fuvart ingyen megcsinálják. Csak ki kell fizetnem a sóder árát, és ők maguk lebonyolítják a fuvart. Miután fizettem, a bányamérnök még utánam szólt:

– Ne felejtse a kaput nyitva hagyni, ha nap közben nem tartózkodik otthon senki!

Megköszöntem a szívességét. Visszafelé útba ejtettem a Budakeszin lévő házat, kinyitottam a kapun lévő lakatot. A városba befelé menet meghívtam Matát egy feketére a Körszállóba.

Bár már hosszú ideje ismertem, de igazán eddig még sohasem néztem meg férfiszemmel. Matának koromfekete, félhosszú haja volt, arányos alakját kihangsúlyozta derekának karcsúsága, melyet még fiának megszületése sem tett tönkre. Nem túl nagy mellei nyúlánk termetét hangsúlyozták. Félhosszú haja pompásan keretezte ovális arcát, melyből két zöld szempár villogott a fekete szemöldök és a hosszú szempilla alatt a rátekintőre. Ha még ez sem volt elég a szexepiljének kimutatására, ott volt a mély, búgó, utánozhatatlan hangja, ami összességében rendkívül kívánatosnak mutatta ezt a pompás nőt.

Megittunk egy kávét a Budai Körszállóban, aztán visszavittem a belvárosba. Sokáig nem történt semmi.

Egy alkalommal, amikor a Duna-partra igyekeztem, a 2-es villamos vonala alatt lévő garázssorra, ahol béreltem egy helyet a parkolásra, szembetalálkoztam vele az utcán. Úgy láttam, kölcsönösen megörültünk a találkozásnak.

– Hova lesz a séta? – köszöntöttem.

– A gyerek elé, az oviba – mondta a lány.

– Elvihetlek? – kérdeztem.

– Ha engedi az időd, megköszönöm.

Kimentünk a 3-as út elejére. A végén a Toronyház bisztrónál kötöttünk ki.

– Meghívhatlak egy italra?– kérdeztem.

– Egy kávéra szívesen benéznék – volt a válasz.

Így kezdődött. Ezután egyre gyakrabban kivittem a gyerekhez az oviba, vagy csak a Torony bisztróba.

Egy este, amikor már ránk sötétedett, olyan közel ült hozzám a vékony selyemruhájában, hogy a kisugárzása már majdnem fájt. A bisztró jótékony félhomályában csókolóztunk, aztán kint a kocsiban folytattuk. Itt volt az első alkalom, amikor szeretkeztünk. A kocsi első ülésén ölembe ültettem a lányt, és hátulról behatoltam az izzó testébe. Amikor már majdnem végem volt, nagyot ugrott, kirántva magából a férfiasságomat. Úgy kilövellt a farkam, hogy a fekete kordnadrágom összevissza kenődött. Attól kezdve másra sem tudtam gondolni, mint hogy hogyan magyarázom ki ezt otthon? Szorult helyzetben végtelenül találékony az ember. Hazamentem. Hangosan beköszöntem a TV előtt ülő nejemnek, és azonnal bementem a folyosóról nyíló fürdőszobába. Miután láttam, hogy reménytelen a folt eltávolítása, úgy döntöttem, hogy lezuhanyozok és mellékesen, „véletlenül" beleejtettem a fürdőkádba a nadrágomat. Így ezt a kalandomat megúsztam.

Az öreg, csúnya, félszemű Józsi bácsi fűzögetett:

– Gyere fel a Mátrába. A sógoromék idén két disznót fognak vágni. Ha az egyik felét a disznónak én megveszem, már csak a másik felére kell vevőt találnom, hogy a disznó meg tudjon állni! Én rád gondoltam, hogy megvennéd a másik felét.

– Megbeszélem az asszonnyal, ha ő is benne van, tőlem mehetünk.

Ebben az időben a szakszervezet jóvoltából féláron kaptunk uszodabérletet. Úgy döntöttünk egyik kollégámmal, akit magunk közt Filkónak neveztünk, mert jellemző volt rá, hogy amikor nem volt igaza, annál hangosabban ismételgette a véleményét. Ugyan csak maga hitt az igazában, de általában rá szokták hagyni, csak hogy hagyja már abba.

A bérlet 4 személyre szólt, így velünk tarthatott a Filkó, a Bejci és a kicsi fiam, Zsolti is. Általában egyenesen a galériára tartottunk 8-10 kör lefutása után, Bejcit és Filkót otthagytuk a galérián pihenni, a gyerek meg én megmártóztunk a melegvizes medencében, lezuhanyoztunk, aztán indultunk a suliba.

Aznap, miután Józsi bácsinak megígértem, hogy válaszolok a kérdésére, melyet a disznóvásárlás ügyében tett fel, visszamentem a galériára. Kissé meglepett, hogy milyen bizalmas közelségben találtam őket; úgy rebbentek szét, mintha valamin rajtakaptam volna őket. Nem sok időm volt a látottak megemésztésére, miután a gyerekkel indulnom kellett, ezért csak a lényegre tértem:

– Józsi bácsival megbeszéltem, hogy egy fél disznót megvennénk, ha te is egyetértesz vele.

– Nagyon jó! – lelkendezett Bejci –, mikor nézitek meg?

– Ma este indulunk, és ha disznót is vágnak a Matildáék – Józsi bácsi húga –, akkor csak holnapután este jövünk haza. Már be is csomagoltam a pizsamámat.

– Akkor jó utat, vigyázzatok magatokra!

Elköszöntem Filkótól is, aztán a gyereket elvittem az iskolába. Napközben Józsi bácsival megbeszéltem, hogy érte megyek a Nyugati pályaudvarhoz, ahol törzshelye volt egy kis kocsmában. Felhívtam Matát:

– Nincs kedved feljönni ma este a Mátrába? – kérdeztem.

– Mikor fogunk visszajönni? – kérdezett vissza.

– Holnap estére – válaszoltam.

Rövid ideig gondolkozott, majd így válaszolt:

– Oké. Gyere a Torony bisztróhoz este 6 órára.

Mata késett. Először éreztem azt a furcsa, feszítő érzést, ami később egyre gyakrabban eluralkodott rajtam.

Még 5 percet várok, aztán lemondom Józsi bácsit és hazamegyek, gondoltam.

Indulni készültem, mikor belebegett Mata. Frissen, üdén, körbelengte az a csak őrá jellemző illatfelhő. A késésén könynyedén túltette magát.

– Mehetünk? – kérdezte.

Én is hirtelen megnyugodtam, ahogy megláttam.

– Mehetünk! – indultam ki a kocsihoz.

Közben beesteledett. Felvettük Józsi bácsit. Útközben a kocsi jó melegében Józsi bácsi a nőügyeit mesélte. Józsi bácsi egy hihetetlenül csúnya emberke volt, egy nálánál legalább 20 évvel fiatalabb feleséggel megáldva. Mindettől függetlenül Józsi bácsi fűvel-fával csalta az asszonyt. És szinte hihetetlen, ennek a jelentéktelen kis emberkének, akinek a fél szeme világát egy gyerekkorában elsülő robbanószerkezet kioltotta, hogy most a bal szeme üveg volt, szóval hihetetlen, de a nők ragadtak rá! De milyen nők! Egyik szebb volt, mint a másik! Egy kicsit politizáltunk is. Józsi bácsitól tudtam meg, hogy a *csuka* faszocskát jelent – állítólag, szlovákul.

Gyöngyöst elhagyva elértünk Mátraházáig. Feltűnt az út szélén a jellegzetes, pagodaszerű menedékház. Megálltunk a parkolóban, melyben rajtunk kívül egy Trabant árválkodott.

– A legjobb lesz, ha itt megvacsorázunk – mondta Józsi bácsi. – Muterék nem hiszem, hogy meg tudnak vendégelni.

– Természetesen, Józsikám, nem azért jöttünk ide, hogy a szüleid nyakán élősködjünk – mondtam. – Apropó, egyáltalán tudnak a mi érkezésünkről?

– Igen, telefonon beszéltem a húgommal, Matildával – válaszolt Józsi bácsi.

A választék nem volt túlságosan emlékezetes, mert csak a törkölypálinka ízére emlékeztem. Borzasztóan rossz volt!

Talán 15-20 kilométert mentünk a mátraházai menedékháztól. Elkezdett a hó szállingózni. Itt már 5-600 méter magasságon voltunk. Nemsokára egy sorompóval lezárt utat láttam az út jobb oldalán.

– Itt állj meg! Ezt az utat kerestük. Ez a magánút a legrövidebb Mátraalmásra! – mondta Józsi bácsi, miközben fürgén kiugrott a kocsiból, és máris megemelte a sorompót, amin világosan lehetett olvasni: „Magánút, idegeneknek használni tilos". Mellette a tábla: „Mátraalmás, utolsó postaállomás". Az út szélén akkurátus sorokban postaládák sorakoztak.

Mikor Józsi bácsi visszaült a kocsiba, miután leengedte mögöttünk a sorompót, megkérdeztem tőle:

– Józsi bácsi, nem fognak bennünket seggbe lőni e miatt a magánút-használat miatt?

Józsi bácsi büszkén kijelentette:

– Az én családom a Szuhahutát alapító négy családból került ki! Itt mindent és mindenkit ismerek. Nyugodtan indulj tovább! Ez az út az erdészet kezelésében van. Az erdész gyerekkori cimborám, mondhatom, sorstársam… csak neki a jobb oldalán van az üvegszeme.

Az út egészen jó volt. Hamarosan megérkeztünk Mátraalmás központjába. Ez az aprócska település akkoriban 150-160 lakost számlált. A központjában a kocsma és egy harangláb volt található, néhány ház társaságában.

Sötét éjszaka volt, amikor Józsi bácsi tanácsára a kocsma közelében hagytuk a kocsit, innen kezdve az egy szem utcai lámpa fényénél gyalogosan folytattuk az utunkat azon a kb. 200 m-es meredek kaptatón, ami Józsi bácsi szüleinek hófehér házához vezetett. Amint az édesanyja meglátta a belépő Józsi bácsit, szörnyülködve csapta össze a kezeit:

– Már azt hittem, hogy feleslegesen fűtöttünk be a tisztaszobába! Már azt hittem, nem is jöttök!

Józsi bácsi megnyugtatta a szüleit, hogy későn, de megérkeztünk. Bemutatta őket, akik már jócskán megették a kenyerük javát. Én úgy saccoltam, közelebb voltak a 80-hoz, mint a 70-hez.

– Terka mama és Jóska bácsi – mutatta be a szüleit.

Mikor ránk került a sor, így mutatott be:

– A főnököm és... a barátnője.

Röviden tájékoztatta az öregeket, hogy mi már útközben jóllaktunk Mátraházán, majd így folytatta:

– Most már búcsúzom, én leszaladok a húgomékhoz, korán reggel ott kell a segítség a disznóöléshez.

Egyedül maradtunk a két szimpatikus öreggel.

– Biztosan fáradtak, lelkecskéim, a hosszú úttól. Meg van ágyazva a tisztaszobában, ha kívánnak pihenni – így Terka néni.

Le kívántunk pihenni, úgyhogy elbúcsúztunk az öregektől, és bevonultunk a tisztaszobába. Itt hagyományos parasztágy fogadott dunyhával. A szoba sarkában kellemes meleget ontott a zománcozott kályha. Hamarosan lekapcsoltam a 25-ös villanykörtével ellátott lámpabura sejtelmes fényét.

Már csak az öregek felől az ajtó alján lévő réseken beszüremlő enyhe fény, és a kályha tüze világított sejtelmesen, mikor átöltöztünk a lefekvéshez.

Mondanom sem kell, alighogy ágyba kerültünk, egymásnak estünk.

Ekkor váratlanul kinyílt az ajtó, s Terka nénit láttam a szemem sarkából egy jókora porcelán bilivel.

– Ha szükségét éreznék, kedveskéim – letette a bilit a kályha mellé, és kihátrált a szobából.

A meglepetéstől először köpni-nyelni nem tudtunk, aztán jót kacagtunk az eseten. Majd nem utolsósorban folytattuk a félbehagyott tevékenységünket az ágyban.

A tűz kialudt, mire felébredtünk. Jólesett még egy kis lustálkodás a dunyha mélyén, miközben beszívtam Mata kellemes illatát. Nem akartam felzavarni. Halkan, óvatosan felöltöztem és kiosontam a szobából. Az előtérben csak Terka néni tartózkodott.

– Terka néni – szólítottam meg –, lemegyek, valamit vásárolok reggelire.

– Isten áldjon meg, lelkecském, addig én befűtök a tisztaszobában.

Lementem a központba, ahol a kocsit hagytam.

Már be akartam menni a vegyesboltba, amikor eszembe jutott, hogy a pénztárcámat ott felejtettem a tisztaszobában. Visszafordultam a házhoz, de szerencsére megpillantottam Jóska bácsi madárcsontú, hajlott alakját.

Örömmel üdvözöltem:

– Hál' Isten, hogy nem kell felmennem a házhoz. Jóska bácsi, kérem szépen, amíg visszamegyek a házhoz, adjon nekem kölcsön 20 Ft-ot.

Jóska bácsi huncutkásan rám nézett, mintha megfontolná a választ, aztán ezt mondta:

– Adnék, fiam, hogyne adnék, de magam sem rendelkezem ekkora nagy pénzzel! Terka nénéd 3 Ft-ot adott egy liter tejre.

Itt szembesültem az igazi szegénységgel!

Felcaplattam a házig.

Már vidáman égett a tűz. Mata is felöltözött. Elmondtam, hogy jártam az öreg Jocó bácsival.

– Ha már így jártam, nem volna kedved egy kis sétára a boltig?

Azonban ekkor belépett Józsi bácsi.

Beszámolt, hogy hajnalban a böllér lebökte a disznót, és már javában sül a vér.

– Ne egyetek a boltból, mert reggelire sokkal jobb lesz a bolti kajánál a frissen sült vér, és hamarosan elkészül a toros káposzta is. Jobb lesz, ha a kocsival együtt lejöttök a Matildáékhoz!

Összeszedtük a kis motyónkat, megköszöntük Józsi bácsi szüleinek a szíves vendéglátást.

Mindhárman felkerekedtünk, lementünk a kocsihoz, és azzal mentünk tovább Józsi bácsi húgához, ami innen kb. 2 km távolságban lakott. Egyszer én már jártam ott, amikor Józsi bácsi felcsalt gombát szedni a Gagarin Erőműtől visszautunkban. Halványan emlékeztem, hogy egy útkanyarulatban keresztül kell menni egy patakon a Matildáék házának megközelítéséhez. Most a patak szelídebb folyású volt, mint a nyáron, amikor elakadtunk a sárban, és csak keserves kínok közepette tudtunk átevickélni a túlsó partjára. Most simán átkeltünk rajta. A túlsó parton, a ház közelében messze hangzó fűrészelés zaját hozta felénk a szél.

– A Jaki be van rúgva! – állapította meg Józsi bácsi. – Ilyenkor nem bír magával, most azt találta ki, hogy ki kell vágnia egy fát.

Amint közelebb jutottunk, megláttuk az asszonyokat, akik a patakban mosták a belet, és kissé távolabb a fűrészelés zajának forrását, Jakit, amint egy hatalmas bükkfa kidöntésén mesterkedik.

– Asszonyok – szólt Józsi bácsi –, amíg nem végez Jaki, tartsunk egy kis szünetet.

Alighogy az asszonyok hátrább húzódtak, hatalmas robajjal pont ott csapódott a patakba a fa, ahol az asszonyok az imént a még a belet mosták.

A böllér, kis szikár emberke, Józsi bácsi keresztfia volt. Amikor odaérkeztünk, már csak a gőzölgő üst emlékeztetett a palackos gázzal való perzselésre, és a disznó gondos forróvizes lemosására.

Itt a nekem ismerős, orjára való disznófeldolgozási mód helyett az úgynevezett karajra bontást választották.

Az állatot állványra – rémfára – akasztották, a bontást a hason kezdték, a gerincoszlopot kétfelé hasították.

Nekem végezetül a zsír kisütése maradt, amit az enyhe hószállingózás közepette órákig tartó kevergetéssel, és némi szilvapálinkaivással abszolváltam.

A kellemes toroskáposzta vacsora után, amellyel Jaki és Matilda az összes munkáskezet megvendégelte, akik részt vettek a disznófeldolgozásában, marasztalni kezdtek, hogy maradjunk ott éjszakára. Maradtunk.

Sem én, sem Mata nem rendelkeztünk „szabad" lakással, így kijárogattunk a Hármashatár hegyre. Az intim találkozásunkat csak egyszer zavarták meg, amikor egy tag bekopogott a kocsi ablakán, de mire kikászálódtam a kocsiból, az is elfutott.

---••---

A következő héten Filkó feltűnően kerülte engem. Még a Rudasba sem tudott eljönni, valamilyen átlátszó indokot előhúzva. Teltek-múltak a napok, néha különleges szédelgés uralkodott el rajtam, de aztán pár perc múlva ez eltűnt. Ilyenkor elhessegettem magamtól a gondolatot is, hogy nekem bármi bajom lehetne.

Egy napon Filkó felhívott telefonon:

– Szeretnék neked valamit elmondani. A közlésem magánjellegű, ha ma este ráérnél, megbeszélhetnénk egy korsó sör mellett.

– Este 7-kor a „kis piszkos"-ban megfelel? – kérdeztem.

– Ott leszek.

A „kis piszkos" egy közeli késdobáló kocsma volt.

Este hétkor ott voltam a kiskocsmában. Amíg Filkó odaért, kikértem két korsó sört. Ilyenkor nemigen jártam ezen a helyen. Természetszerűleg vágni lehetett a füstöt. A közönség mintha Rejtő Jenő alakjaiból került volna elő.

Filkó nem sokáig váratott magára. Leült óvatosan szemben az asztalomhoz, mintha kiszámíthatatlan reakcióra számítana, belehörpölt a sörébe, aztán hozzákezdett a mondókájához.

– Nem kertelek, a feleségeddel szeretkeztünk. De már vége van.

Azzal, mint egy durcás gyerek, fenékig lehúzta a sörét és várta a reakciómat.

Mintha csak módot adna az imént elhangzottak megemésztésére, durván belökték az ajtót, és 5–6 rendőr furakodott nagy zajjal a kocsmába.

– Razzia van! Az ajtókat lezártuk! Mindenki maradjon a helyén, amíg nem igazolja magát! – ezt egy kis köpcös rendőr kiáltotta a terem közepére állva.

Attól a perctől, hogy elhangzott a rendőrségi felszólítás, addig a félóráig, amikor az úri közönséget, beleértve bennünket is, igazoltattak a rendőrök, nem beszéltünk egymással. Valami groteszk dolog, szürreális volt ez a jelenség. Ahogy Filkó szemrebbenés nélkül közölte, hogy szeretkezett a feleségemmel, és ahogy elözönlötték a termet a rendőrök, csak a gondolataimat próbáltam összeszedni. Amikor vége lett a razziának, én is megittam a sörömet, majd ennyit mondtam:

– Igazán nem lovagias tett, ahogy itt beárultad a nejemet, de ez a dolog innen kezdve csak a feleségemre és rám tartozik.

Elköszöntünk egymástól és hazamentünk.

Otthon Bejci fogadott.

– Már megint hol csavarogtál? – kérdezte.

– Egy kis dolgom akadt – válaszoltam.

Nem hoztam fel Filkó árulását. Minek?

Ahogy a Rudasban szétrebbentek, már tudtam az eseményekről. *Filkó egy nagy paraszt*, gondoltam, *nem érdemes olajat önteni a tűzre.*

Meglepetésemre Bejci kezdett el beszélni Filkóról.

– Mostanában elmaradtak az úszások a Rudasban – kezdte.

– Nemigen értem rá mostanság – válaszoltam óvatosan.

– Pedig Filkó is szívesen eljönne.

– Filkó többé nem jön el – kezdett felmenni a pumpa bennem. – Az imént vallotta be, hogy a szeretője voltál, de már vége van.

Nem számítottam a következő reakcióra a nejemtől.

– Ez szemenszedett hazugság! – mondta. – Parancsold meg Filkónak, hogy jöjjön el az usziba!

Nem kívántam tovább feszíteni a húrokat. Szó nélkül vettem a kabátomat és távoztam. Sokáig bolyongtam az utcákon, miután betértem a kedvenc kocsmámba, ami a lakásunkhoz legközelebb esett. Itt már ismertek, s amikor a zenészek megláttak, üdvözöltek, és a prímás odajött hozzám:

– Ismét a fia kedvenc nótáját játsszuk? – kérdezte.

– Igen, azt kérem!

A zenekar rákezdte „Az én apukám egy olyan híres bohóc volt..." kezdetű dalt. Miközben hallgattam a derengős-borongós nótaszót, bizony elszorult a szívem.

Még megittam egy korsó sört, aztán hazaindultam. Ekkor vettem észre, hogy mérgemben otthon felejtettem a kulcscsomómat. A kocsikulcsom megvolt. Úgy döntöttem, az éjszakát a kocsiban töltöm. Kinyitottam a kocsit, és meglepetésre ott találtam az első ülésen a kulcsaimat...

Innentől kezdve egyre sűrűsödtek a rosszulléteim. A kettős látással kezdődtek, majd összeszorult a mellkasom, nehezen lélegeztem, aztán minden porcikám zsibbadni kezdett. Ilyenkor ha elkezdtem sétálgatni, előbb-utóbb elmúlt a rosszullétem.

Egy alkalommal az IPARTERV pincében lévő ebédlőjében tört rám a nyavalyám.

A leves kanalazgatása közben kezdődött a szememben a felcsillanó ragyogás. Tudtam, hogy ez a kettőslátás első jele. Azután egyre jobban elhatalmasodtak rajtam az ismert tünetek.

Próbáltam erőltetni a levesfogyasztást, de egyszerűen nem tudtam lenyelni egy falatot sem.

Egyre inkább kivert a veríték, azt éreztem, megfulladok. Támolyogva felálltam. Forgott velem a világ. Kettőslátásom kiteljesedett.

Szóltam Ferinek, aki velem tartott az ebédnél:

– Feri! Nem érzem magam jól, ki kell mennem a szabadba. Lemegyek a Duna-partra, ha tudsz később, te is gyere le utánam.

Aznap bekerültem az 1-es számú belgyógyászati klinikára, Magyar professzorhoz kivizsgálásra.

A professzor az első vizitnél, amikor megállt az ágyam előtt, köszönés helyett így szólt:

– Már a műszaki értelmiség is kidől? Kérem, vegye le a pizsama felső részét, megvizsgálom.

Hosszasan kopogtatta a mellkasomat, meghallgatta a tüdőmet, majd így szólt:

– Kérem, nézzen ide a szemembe!

Farkasszemet néztünk. Sokára szólalt meg:

– Én úgy látom, a lelke mélyén zokog. Nem tisztem, hogy kiderítsem az okát, ha nem kíván erről beszélni. De közel van az idegösszeomláshoz. Ezt csak a környezetváltoztatás oldhatja meg. Mi megvizsgálhatjuk, adhatunk nyugtató gyógyszereket is, de a lelkének más gyógyszerre van szüksége: szabaduljon ki ebből a lelki krízisből!

Másnap délután bejött Bejci látogatóba. Leült az ágyam szélére, és kérdezgetett mindenféle semleges dologról. Aztán váratlanul rátért a lényegre.

– Beszéltem a doktorral. Nekem azt mondta, hogy lelki traumád van. – Itt tartott egy kis szünetet, majd így folytatta:

– Akkor talán könnyebb lesz megszabadulnod a lelki válságodtól, ha mindent elmondok?

Hallgattam. A hallgatásomat beleegyezésnek tekintette.

Mély levegőt vett, aztán így kezdett bele a mondókájába:

– Hol kezdjem? Tábori Pistával... gyakran maradtunk kettesben a munkahelyemen. Egy alkalommal csókkal indult, azután Pista összetolta a két nagy fotelt a klubhelyiségben. Mit mondjak? Meglepett, milyen kis pénisze van, de aztán másfél órán át fűrészelt vele. Ezalatt ki ne ment volna el?

Csendesen rákérdeztem: ugye azért kellett elvetetni a gyereket, mert az nem az enyém volt?

– Igen. Nem voltam benne biztos.

– De hát én sajátomként neveltem volna fel – motyogtam halkan, aztán én kérdeztem tőle:

– Akkor, amikor megérkeztem Prágából és szembetalálkoztam Tiborral, akkor együtt voltatok?

– Igen – szólt a halk válasz.

– Filkó maga mesélte el a történteket, rá jellemző rókalelkűséggel. Ez is igaz volt?

– Igen, nem hittem volna, hogy beárul.

Elbúcsúztunk. Ő elment, nekem itt hagyott egy csomó feldolgozandó kérdést.

Aznap éjszaka a kórházi ágyon feküdtem, és nem jött álom a szememre. Órákig hánykolódtam, kivert a veríték, csak nem tudtam elaludni.

Végül kimentem a folyosóra, az ütött-kopott férfivécében bevettem magamat egy zöldre festett fülkébe, és keserves kínok közt maszturbáltam. Ettől kicsit megnyugodtam. Sétáltam egy kicsit a folyosón, aztán befeküdtem az ágyamba, és mint akit fejbe vertek, elaludtam.

Másnap a vizitnél, amikor én kerültem sorra, Magyar professzor úr így szólt, miután a szokásos rutinvizsgálatokat elvégezte – nem mulasztva el a farkasszem-nézést, melynek során kutató szemmel fürkészett:

– Fiatalember, sokkal jobb lenne, ha felöltözne, és a szabad levegőn egy jó nagy sétát tenne, minthogy a kórteremben kuksol!

A vizit után felöltöztem és már kifelé indultam, amikor a nővérke szólt, hogy át kell mennem a szemészetre a Baross utcai klinikára. Egy betegtársammal együtt átballagtunk a szemészetre. Itt miután sorra kerültem, a nővér egy fiolából valamit belecseppentett mindkét szemembe, ezután vizsgált meg a szemész doktornő. A vizsgálatról nincs élményem, csak amikor visszafelé jöttem a Belgyógyászatra a ragyogó napsütésben, erre emlékszem! A szemcsepp kitágította a pupilláimat, és kibírhatatlan fényzuhatagként érkezett a szememhez. Kénytelen voltam megállni a Baross utcában, és az egyik klinika vörös téglás épülete mellett húzódó vaskerítés lábazatán leülni, amíg végre a szemem visszanyerte a fényhez való alkalmazkodóképességét. Betegtársammal együtt jó ideig üldögéltünk a kerítés lábazatán, aztán én elbúcsúztam tőle. Elhatároztam, hogy egy jót sétálok. Azon kaptam magamat, hogy az Üllői úton elhagytam a Piros Iskolát, ahol az életem első két osztályát kitűnő eredménnyel elvégeztem (megjegyzem, ilyen eredményem azóta sem volt). Elballagtam a városi házak előtt. Leültem egy gyerekkoromból jól ismert padra. Felnéztem a bérház első emeleti ablakára, ahol oly sok időt töltöttem el gyerekkoromban a nagyapáméknál.

Aztán anyámra gondoltam. Egy vacak naptár és egy golyóstoll volt a kabátom belső zsebében. Ezt írtam le azon a padon:

Anyám volt, apró, töppedt már teste,
Arcára ráncokat vont a zord idő.
Emlékszem hajdan volt szépségére,
Mikor még zöldellt a libalegelő.

Apám óriás volt, benne az őserő,
Mikor gyerekként hozzásimultam,
Ahogy felkapott vidáman, kipirultan,
Szakálla horzsolt, mint a horzsakő,

Futott az induló vonat után,
Mikor Szabadka visszatért hozzánk,
Rokonlátogatóba mentünk sután
Egy verőfényes szombat délután

Ma már csak égi tünemények,
Tán a képzetem szülöttei,
De egykor éltető remények,
Örömök, s gyűlölettel teli
Mindennapok eleven személyei.

Teltek-múltak a napok. Végre eljött a zárójelentés ideje. Írásba kaptam, hogy a magas koleszterin- és ergoszterinszintem miatt el vagyok tiltva a tojás mindenféle fajtájától, továbbá mindenféle izgalmaktól. A zárójelentés birtokában elbocsátást nyertem. Első utam a munkahelyemre vezetett.

Jelentkeztem a főnökömnél, majd végigjártam a hozzám tartozó irodákat. Mata nem volt a helyén.

Később megtudtam: kilépett a vállalattól. A naptáramban felfedeztem egy telefonszámot az ő írásával. Gondolkoztam rajta, hogy felhívom, de úgy döntöttem, mind a kettőnknek jobb lesz, ha nem hívom. Évek óta először éreztem meg a szabad levegő ízét.

———••———

Aztán jött Gia. A Vörösmarty téren igyekeztem az IPARTERV központjába, mikor szemben találtam magam 18 éves, kissé pimasz, kicsattanó egészségtől sugárzó, szőke szépségével. Találkoztam már vele.

Tudtam, hogy a cégünk műszaki osztályán végez rajztanfolyamot.

– Jó napot kívánok – köszöntött, megelőzve engem, majd így folytatta: – Tudja, miért megyek a Türrbe?

– Tudom, ha elárulja.

– Végeztem a tanfolyammal, és a személyzeti osztály magához helyezett el!

Fogalmam sem volt, milyen veszedelem közelít felém.

Ez az ártatlan, bájos, zöld szemű lány a maga hamvas üdeségével nem nézett ki veszélyesnek.

Én még nem tudtam, hogy kinézett magának prédául és csak arra várt, hogy fölfaljon testestül-lelkestül.

Így örömmel üdvözöltem.

– Nemsokára visszajövök, addig kérem, üljön le az irodámban.

Hetekig nem történt semmi. Élveztem a szabadságomat.

Giát a szobámból nyíló nagy munkateremben helyeztem el. Mikor felhasalt a rajzgépre a miniszoknyájában, ugyancsak szexis képet mutatott.

Egy alkalommal Lajos bácsi, aki a házi kivitelezőnk volt, látván Giát a fenti pózban, meg is jegyezte:

– Nem tudom, hogy hogy tudod megállni ilyen fapofával ezt a látványt.

Én csak somolyogtam a frissen megszerzett szabadságomra gondolva.

– Ha neked kell, odaadhatom! Egy kicsit rágós falat lesz!

Ettől eltekintve folyt az élet a saját medrében. Egy alkalommal Laci bácsival, a hűséges helyettesemmel elhatároztuk, hogy megiszunk egy sört az Anna presszóban. Ez közelsége miatt gyakorlatilag törzshelyünk volt. Szerencsére mielőtt leültünk, megállapítottuk, egyikünknek sincs pénze. Már vissza szerettünk volna fordulni, amikor eszembe jutott a mobilom, ez a csodálatos találmány, amely gombamód terjedt el széles e hazában.

– Várjál, Laci bácsi, megpróbálok felszólni a mobilomon, hátha valaki kisegít az átmeneti pénzzavarunkból.

Sokáig csengett, és végül Gia szólt bele a telefonba.

Nem őt vártam, de ha már így alakult, brahiból megkérdeztem:

– Kedves Gia! Itt vagyunk Laci bácsival az Anna presszóban, porzik mindkettőnk veséje, de nincs egy huncut vasunk se. Nem hívhatjuk meg magát is egy korsó sörre hozomra?

– Mindjárt ott leszek – volt a válasz.

Innen kezdve egyre többször találkozgattunk.

Hol Lacival, hol nélküle. Lassan megszoktam, hogy ebédidőben Giával találkozgattam.

Úgy éreztem, ő is ragaszkodni kezd hozzám. Szép lassan rászoktunk a „Százéves” étteremre az ebéd elfogyasztásához. Ez a patinás étterem az Erzsébet-híd lábánál nagy választékkal, és relatív olcsó árakkal tűnt ki a belvárosi éttermek közül. Egy alkalommal a mellettünk étkező külföldiek flambírozott ételt rendeltek. A két pincér megosztotta a feladatokat. Az egyik szertartásosan odatolta a tálalóasztalt, bemutatta az ínycsiklandozó húst, a másik lelocsolta tiszta szesszel, majd meggyújtotta azt.

A szesz fellángolt, ámulatba ejtve a külföldieket, no meg minket is, aztán elaludtak a lángok, és a tálalópincér szép akkurátus módon kiadagolta a tányérokra az ételt. Nemsokára mi kerültünk sorra a rendelésben.

Az iménti tálalópincér jött oda felvenni a rendelésünket. Megkérdeztem:

– Legyen szíves, árulja el, mi az előnye ennek a flambírozásnak?

A pincér meglepően őszintén válaszolt:

– Ez, kérem, kizárólag az étteremnek jó, minimális befektetéssel kétszer annyiért lehet adni az adagokat a látvány miatt.

Jót derültünk ezen, aztán egy egyszerű menüt rendeltük.

Idővel egyre intimebb dolgokról kezdtünk beszélni.

Eleinte évődve megemlítettem, hogy ilyen idős korban már biztosan elvesztette a szüzességét. Ő sejtelmesen így válaszolt:

– Biztos, nem várhatok a végtelenségig.

Egy idő után nem kerülgettem a forró kását.

– Ha volna valahol egy hely, velem is hajlandó volnál kapcsolatot létesíteni?

Tágra nyitott szemmel rám nézett:

– Csak próbáld ki!

A következő alkalommal, amikor Lajos bácsi meglátogatott, feltettem neki a kérdést:

– Lajos, nektek van egy nyaralótok az Ördög-árok mellett. Szükségem volna a kulcsára, ha ez nem túl nagy szívesség és kérés.

Lajos egy kissé hezitált, aztán így válaszolt:

– Tudod, hogy Gabi nagyon féltékeny... Neked megteszem. De ígérd meg, hogy olyan rendet raktok, hogy Gabi sasszeme nem vesz észre semmit.

– Természetesen mindent megcsinálunk, amit lehet.

– A következő héten behozom a kulcsot – búcsúzott Lajos.

Giának elmondtam, hogy megkapom Lajosék nyaralójának kulcsát, aztán így folytattam:

– Ha végleg elszántad magad, hogy az enyém leszel, akkor aznap piros szoknyát vegyél fel, hogy tudjam az elhatározásodat!

Eljött a nap. Gia piros miniszoknyában feszített.

Ebéd helyett az Ördög-árok felé vettük az utunkat.

A ház körül drótkerítés feszült, melynek a kifeszítéséhez én vittem a „lengyelkét" egyik alkalommal Lajoshoz. A házhoz enyhe emelkedőn jutottunk fel kellemes, árnyat adó fák között. Mind a kerítésajtót, mind a házat nyitotta a kulcs Lajos kulcscsomóján. Itt voltunk! Egyedül!

A házban a földszinten egy kis konyha palackos gázrezsóval, egy picike fürdőszoba és egy nappali helyezkedett el, napközbeni pihenést szolgáló sezlonnal. A hálószoba fent az emeleten volt, amihez létrán lehetett feljutni.

Mi a nappalit választottuk. A fürdőszobából hoztam egy frottír törölközőt, azt terítettem magunk alá. Giáról hamarosan lekerült a piros miniszoknya, a fehér, tenyérnyi, csipkés bugyi.

Bár hoztam óvszert, nem tudtam felhúzni. Ebben a felajzott állapotban szentségtörésnek tűnt ezzel bajmolódni.

Gia meglepetésemre szűz volt! Alig hogy áttörtem a szűzhártyáját, egy lendülettel el is mentem. A vérzés, ahogy áthatoltam a szűzhártyáján, mind a fehér frottírtörülközőre került. Ez a továbbiakban végzetes hibának bizonyult. Miután pihentünk egy kicsit, rendet raktunk a házban. A frottírtörülközőt a fürdőszobában hagytuk. Ez végzetes hibának bizonyult.

Nem tudom, hogy tudta kimagyarázni Gabinak ezt a perdöntő bizonyítékot, de tény, az összes kulcsot le kellett cserélnie, és ezentúl csak Gabival együtt mehetett fel a nyaralóba. Így aztán ebből a lehetőségből végleg kitiltottuk magunkat.

Időnként találkoztunk, de hely hiányában igazán nem tudtunk mit kezdeni magunkkal, mígnem Gia közölte, hogy összeveszett az anyjával és nem mehet haza.

Vettem egy Esti hírlapot a téren lévő újságostól, 80 fillér helyett nagyvonalúan egy forintért. Albérleti hirdetést kerestem. A sok választási lehetőség közt megakadt a szemem egy a Hegyaljai úton található ingatlan hirdetésén, ami talán megfelelő lehetett. Megbeszéltem Giával, hogy este kocsival felmegyünk a Hegyaljai útra, megnézzük ezt a lakást.

Így esett, hogy este 6 órakor Margit néni előtt álltunk, aki – mint később megtudtuk – egy budapesti nagy bank vezérigazgatójának az anyukája volt.

Miután illendően bemutatkoztunk, Margit néni vette át a szó fonalát.

– A nagy ház háta mögött, az udvarban található egy kis szoba. Ez most kihasználatlanul áll. Erre gondoltam, kiadnám albérletbe. Menjünk hátra az udvarba, és ha tetszik, megbeszélhetjük a részleteket.

A tettek mezejére léptünk. Egy kis helyes szobát találtunk, egy pindurka mellékhelyiséggel. Gia ragyogó arccal közölte:

– Ez nagyon jó lesz! Megköthetjük a szerződést!

Ezentúl ott találkozgattunk, amíg egy nap nem találtam a szokott helyén. Már éppen be akartam csengetni Margit nénihez, amikor Gia megjelent a nagy ház kapujában.

– Úgy féltem a kis szobámban, hogy Margit néni megengedte, hogy beköltözzek a házba.

Ez a szoba egy nagy, süllyesztett kád előtere volt. Mikor egy pillanatra Margit nénivel egyedül maradtunk, ő a költözés okát így magyarázta:

– Képzelje el, hogy Gia sikoltozni kezdett, amint besötétedett! Nem hagyhattam kint egymagában.

Innen kezdve lavinaként szakadtak rám az események.

Kora reggel otthon csengett a telefon. Bejci vette fel.

– Úgy látszik, téged kerestek, mert letette – szólt maró gúnnyal a hangjában.

Én nem szóltam semmit. Lehet, hogy igaza van?

Bejci nemsokára munkába indult. Én még maradtam.

Kisvártatva ismét csöngött a telefon. Felvettem.

– Na végre, nem az a görény vette fel! – hallottam Gia hangját.

– Ha így beszélsz róla, lerakom a telefont! – közöltem.

– Márpedig én azt mondom, hogy görény!

Szó nélkül leraktam a telefont, kívülről becsuktam a bejárati ajtót. Amíg a lift odaérkezett, hallottam, hogy kitartóan csöng a telefon.

A lift indulásáig hallottam a vibráló, idegesítő, rosszat sejtető csengését.

Másnap telefonált Margit néni. Így kezdte:

– Inkább leharapnám a nyelvemet, hogysem Önnek telefonáljak, de Gia csak ezt a telefonszámot hagyta meg értesítési címként.

– Meséljen, Margit néni. Mi történt már megint?

Margit néni egy nagyot sóhajtott, mielőtt hozzákezdett az éjszakai történethez, ami így szólt:

– Nem irigylem magát. Az éjszaka Gia öngyilkosságot próbált elkövetni. Megpróbálta felvágni egy zsilettpengével a csuklóját. Ki kellett hozzá hívnunk a mentőket. A mentők, miután nem hagyta abba a hisztizést, elég durván kényszerzubbonyt adtak rá.

Egy darabig szóhoz sem tudtam jutni, majd nagy nehezen ki tudtam nyögni:

– Margit néni, azt tudja, hogy hova vitték?

– A Lipótmezői Gyógyintézetbe – volt a lakonikus, rövid válasz.

– Tehát a bolondokházába! – visszhangoztam én.

Megköszöntem Margit néninek a telefont, aki még ennyit fűzött hozzá:

– Természetesen ezek után mi az albérleti viszonyt azonnali hatállyal felmondjuk – azzal letette a telefont.

Aznap bementem a „bolondokházába". A nagy sárga épület előtt számtalan alkalommal elhajtottam kocsival, mikor Pesthidegkútra a testvéremékhez vagy Solymárra mentem, így a fák között álló komor, sárga homlokzatú épületcsoport nem volt számomra ismeretlen, de még sohasem voltam benne. Némi tartózkodással, mondhatni félsszel közelítettem az épülettől különálló, nagy, rozsdás kapu és a téglakerítés ölelésében az ősfákhoz stílszerűen illeszkedő portához, miután tisztes távolban leállítottam a kocsit a Hidegkúti úton.

A portán érdeklődtem, hogy hova vihették Giát. A portás nagyon előzékenyen útba igazított: a II. épületben keressem Kóber doktornőt. Ő az illetékes „öngyilkosjelöltekben", ő a pszichológus specialista.

Kóber doktornő alacsony, élénk szemű, kissé teltkarcsú, a 30-as évei elején járó hölgy volt.

– Először szeretnék önnel beszélni, mielőtt a páciensemhez vezetném – kezdte a beszélgetést a doktornő, miután kölcsönösen bemutatkoztunk. – Gia ösztönösen kötődik magához. Nem gondolom, hogy öngyilkos típus, de most teljesen össze van zavarodva. Értse meg a helyzet komolyságát! Jelenleg az én vállamat terheli ennek a fiatal életnek a megmentésének felelősség, vagy a legrosszabb esetben a halála! Mielőtt hozzá vezetem, meg kell ígérnie, hogy gondoskodik róla! Főleg a lelki válságáról!

Az agyam eközben lázasan dolgozott.

Ebben a helyzetben vajon mi a kiút?

Vissza nem vihetem az albérletbe, magamhoz nem vehetem a családomhoz. Sakk-matt. És ez a doktornő keményen beszél az ő felelősségéről, nem hagyva nekem kibúvót.

– Doktornő! Egyelőre nem tudom, mi a megoldás – kezdtem. – Én családos ember vagyok, teljesen váratlanul ért ez a szituáció... talán beszélni kellene Giával, mi az ő elképzelése.

– Rendben van. Odavezetem hozzá, de csak akkor engedem ki, ha ön teljes felelősséget vállal érte! Hamarosan visszajövök kettőjükhöz.

Azzal magunkra hagyott.

Gia meglehetősen nyugodtan fogadott. A nyakamba ugrott, ragyogott, mintha mi sem történt volna. Nagy sokára kibontakoztam az öleléséből, majd ő kezdett beszélni:

– Nem kívánhatom, hogy ismét albérletet béreljünk ki... Telefonon beszéltem édesanyámmal, mielőtt ez történt. Kibékültünk. Ha innen kiengednek, hazamegyek az édesanyámhoz.

Az első pillanatban nem is tudtam felfogni, mit jelentett nekem ez a változás. Amikor felfogtam, én ugrottam Gia nyakába.

– Így már vállalom a teljes felelősséget érted! – mondtam.

Giát kiengedték. Hazavittem. Kívánságára, amit azzal indokolt: „Jobb, ha édesanyámmal én beszélek egyedül", az alsó kis terecskén tettem ki a kocsiból, mely talán 100 m-re esett a házuktól.

Gyorsan megpuszilt, és szaporán elindult a ház felé.

Akkor még nem gondoltam, hogy pár hónap múlva én leszek e nagy sárga ház – a budapesti bolondokháza – lakója...

———••———

A következő két hét nyugalomban telt el. Ez vihar előtti csend volt.

Mindkét nőm egyszerre közölte, hogy terhes!

Csak Gia délelőtt, Bejci délután hozakodott elő a mondókájával. Bejci gyakorlatiasabb volt, közölte: vadul szeretkezzünk, és ha vérzik, akkor el lehet vetetni.

Így tettünk. Reggelre véres lett a lepedőnk. A nőgyógyász orvosa – egy 50 körüli doktor – a II. számú nőgyógyászati klinikán dolgozott. Egyenesen oda mentünk.

Délutánra a kaparás el is készült. Bejci kívánsága, amikor már magához tért a műtétből, ez volt:

– Hozzál nekem 5–6 kis üveg családi sört!

A kis családi sör abban az időben 7 deciliter sört jelentett. A kívánság egyszerű volt, de nem a „szocializmus építésének jelen időszakában", ahogy szokta volt mondani Kádár János. Az összes KÖZÉRT-et bejártam a nagy körúttól a Múzeum körútig. Nemhogy kis családi sört nem találtam, de az eladók úgy néztek rám, mintha a kívánságommal megsértettem volna őket!

– Hetek óta nem hoztak még csak táncos lábú lengyel sört sem – világosított fel az egyik árus.

Az Üllői úton, a Vörösmarti mozihoz közel, volt egy kis preszszó. A fiatal eladónőnek félve mondtam el, mi a kívánságom.

– Itt, kérem, csak helyben lehet fogyasztani – volt a válasz.

– Nekem szülő nőhöz kellene a sör – makogtam, elhallgatva, hogy kaparáson esett át a nejem.

– Az más! – ragyogott fel a kiszolgáló arca. – Négy üveget adok, de dugja el a kabátja alá!

A kis szünetben, amikor a doktorok viziteltek, el tudtam csípni a Bejcit operáló orvost. Ennyit mondott:

– A gyereket meg lehetett volna menteni. Holnap ki lehet vinni a pácienst.

Én még akkor nem voltam biztos a beavatkozás igazi okában.

Gia sokkal nehezebb eset volt. Nem mintha feltétlenül meg akarta volna tartani, de kétségbeesett vacillálásba kezdett.

Én se tudtam határozott állásfoglalással segíteni neki. Igazából ráhagytam a döntést, mint sokszor máskor is.

Amikor némileg megkéstem a végleges döntése után a Móricz Zsigmond körtéren, odajött sápadtan, csak ennyit mondott.

– Azt hittem, már el sem búcsúzhatok a kaparásom előtt.

Megcsókolt, és emelt fővel elindult a kórház felé.

Én kínomban ezt írtam a kis noteszomba:

Amint magadra hagytalak,
Hogy döntsd életet vagy halált,
Rám tört a kínzó fájdalom,
Nyilával szívemen talált.

Nem hallott sikoltásod belém mart,
Mint koncért acsarkodó kutyák,
Sakálként tépték, marcangolták
Lelkemnek rejtett zugolyát.

Bejci, miután hazajött a klinikáról, elhatározta a Fehérvári úti lakás felújíttatását. Kinéztem egy iparost az újság apróhirdetéseiből. Fiatal, 40 év körüli ember jelent meg a megbeszélésen, és egy minimum 140 kg-os cigányember. A vállalkozóval mindenben megegyeztünk. Másnap feje tetejére állt a lakásunk, de ha lassan is, haladtak. Végre befejezték a kivitelezést. Egész tűrhető minőséget produkáltak, legalábbis ahhoz képest, mikor egy tárgyalás tanújaként be lettem idézve a Markó utcába.

Itt tudtam meg, hogy a vállalkozó több mint száz munkát vállalt el, de csak a mi Fehérvári úti lakásunkat fejezte be! Nem éppen nyugodalmas időszak volt ez az életemben. Egyre feszültebbé vált a kettőnk viszonya.

Este, amint kitakarítottuk a lakást, Bejci leültetett a konyhában. Hangja nyugodt volt, de elszánt.

– Igazán rendbe hoztuk a lakásunkat – kezdte. – Most már dönts: mész vagy maradsz!

Vártam ezt a helyzetet, de nem tudtam dönteni. Az egyik oldalon állt egy komoly, évtizedes kapcsolat, nem utolsósorban az akkor az eszét nyiladoztató gyerek, a másik oldalon egy szertelen, bizonytalan szerelmi viszony, amit sem lezárni, sem folytatni nem lehetett.

Úgy döntöttem, hogy sehogy sem döntöttem. Nagy nehezen ezt nyögtem ki:

– Fogalmam sincs, hogy mit tegyek. Az biztos, hogy az anyagi biztonságot továbbra is megteremtem nektek, de most időre van szükségem elgondolkozni a jövőnkről. Nem tudom, hova megyek, de ebből a környezetből ki kell szabadulnom. Nekem nincs másra szükségem csak a kocsira, a többi holmit tekintsd sajátodnak.

Tényleg elképzelésem sem volt, hova menjek. Egyelőre beültem a szokásos kiskocsmámba, ahol a zenész fiú kérdésére „ a fia kedvenc dala", csak legyintettem. Egy pohár sört ittam, aztán felkerekedtem a „kicsihez", a Tétényi úti kórházzal szembelévő toronyház VI. emeletére.

A „kicsi" egy volt évfolyamtársam felesége volt. Becsületes nevén Margitnak hívták, de olyan aprócska volt, ami tragikus tornászmúltjára emlékeztetett. Az ilyen lelkes, hadra fogható lányokat sportolni engedték, s később, amint megnőtt az ambíciójuk, egyre-másra befogták őket a versenysportra. Az aprócska Margitra csodálatos tornakarrier várt, míg egyszer egy gerendagyakorlaton olyan szerencsétlenül bukott, hogy megsérült a hátgerince.

Ezzel a sportkarrierjének vége lett. Bélának szült két gyereket, azokban élte ki magát.

Mindketten ott voltak, a férj, Béla, a feleség, Margit.

A gyerekek nem voltak otthon, így a konyhában zavartalanul elmondhattam a jelenlegi helyzetemet.

Azzal fejeztem be a figyelmes hallgatóimnak:

– Nem látok kiutat. Tudom, hogy ti sem tudtok tanácsot adni, de legalább elmondhattam valahol.

Béla hosszan hallgatott, majd ennyi buggyant ki a szájából:

– Unlak, Pogány! – azzal lement egy üveg borért, amit szorgalmasan elpusztítottunk ketten. Közben Margit megágyazott egy sezlonon.

– Ma éjszaka itt maradhatsz, de holnapra oldd meg a problémádat – búcsúzott Béla, miközben jó éjszakát kívánt.

Miután megjelent a színen a Gia, bármit tehettem, úgy éreztem magam, mint az az acélgolyó, ami ki van kötve két gumikötéllel két erős mágneses mezőhöz, melyek irgalmatlanul vonzzák maguk felé. Amint az egyik vonzás közelébe kerültem, a másik lazítását éreztem, és viszont. Ez egy halálos erősségű idegi tánc volt. Mindaddig tartott, ameddig Bejci meg nem unta a dolgot és nem közölte velem: többé már nem vár haza.

Másnap felhívtam a keresztanyámat, akivel nem találkoztam, amióta megözvegyült.

– Gizi, nincs szállásom. Be tudnál fogadni egy néhány napra?

– Természetesen! Este várlak – volt a válasz.

Nem tudom hány éve nem jártam itt, a Móricz Zsigmond körtéri bérházban. Egy biztos, hogy akkoriban a magas földszinttel súlyosbított, rozoga állapotában is előkelő lift köré felfűzött, spirál alakban tekergőző lépcsőn könnyedén felfutottam. Nos, most már nem vagánykodtam. Úgy emlékeztem, a házfelügyelő 1 forintért annak idején liften felvitte az öregedő utasokat. Becsengettem Laci bácsihoz, a házfelügyelőhöz. Egy vadidegen nő nyitott ajtót.

– Kérem, szeretném igénybe venni a liftet – mondtam.

A nő lesújtó pillantást vetett felém, majd ezt mondta:

– Akkor ki kell nyitni az ajtót, és be kell nyomni a megfelelő emeleti gombot! – azzal bevágta az orom előtt az ajtót.

Valóban ennyit modernizálódott a lift. Benyomtam a VI. emeleti gombot, a lift keservesen felzihált, majd elindult. A célállomáson nagy durranással kivágta az iménti gombot, majd 2 szökkenéssel megállt.

Keresztanyám jó karban lévő asszony volt, közelebb a hetvenhez, mint a hatvanhoz. Kitörő lelkesedéssel fogadott. Mindent el kellett mesélnem, miközben a konyhaasztalon speciális ételét, a csülkös bablevest fogyasztottam, olyan adagban, mintha három hete éheztem volna.

Miután röviden beszámoltam az elmúlt hetekben történtekről, keresztanyám röviden így foglalta össze a házirendet:

– Kedves Titics (ez a nevem nem tudom hogyan ragadt rám, de emberemlékezetem óta ennek a családnak Titics voltam), adok egy kulcscsomót, akkor jössz, amikor a kedved tartja. Azt eszed, amit hozol. Nőket nem fogadhatsz. A hálószobában megágyaztam. A fürdőszobában engedem a meleg vizet, ha nincs borotvád, a férjemét használhatod. Kitettem két törülközőt. Van kérdés?

Nem volt kérdésem. Eléggé fáradt voltam ahhoz, hogy a forró kádfürdő után mély álomba merüljek.

Csak másnap hajnalban, amikor atyai jó barátomnak, keresztanyám több éve halott férjének a nem éppen éles Figaró pengéjével igyekeztem megmenteni a maradék bőrömet, akkor gondolkoztam el ezeken a szabályokon.

Nekem az kell, hogy egy kicsit kiszuszogjam magamat. Nem gondolom, hogy ezek a szabályok betarthatatlanok.

Ami meg a női tilalmat jelenti? Ez a tilalom most rám fér! Így gondoltam, miközben összevissza szabdaltam a képes felemet.

– Biztos, hogy egy jó pengét kell vennem – néztem a szomorú végeredményt a tükörben. Keresztanyám is szörnyülködött a tapaszok láttán.

– Titics, látom, jól összekaszaboltad magad borotválkozás közben... Vigasztalásként sütöttem egy jó hemendegszet és egy kitűnő teát.

Megköszöntem a fáradozását, aztán elrohantam a munkahelyemre, ahonnan egy technológiai tervezőpartnerhez mentem egy új technológiát „megtanulni". Nehéz napom volt; egy svéd kooperációban megvalósuló szigetelőgyárral kapcsolatos technológiai megbeszéléssorozatban vettem részt. A gyár Tapolcán valósulna meg. Én a hűtővízellátás tervezésére voltam felkérve. A hűtővízellátásnak volt egy kényes pontja: a lávacsatorna hűtővízellátása. Ez egy forgó henger és a hozzá kapcsolódó csapágyhűtés – véleményem szerint kétséges – megoldásából állt. Az úgynevezett lávafolyam beletorkollott egy levegővel lebegtetett részbe, melynek a feladata volt a kőzetgyapot létrehozása. Ez volt szerintem az a gyenge pont, amit igazából jól nem lehetett megoldani. A lávafúvókák sorában beékelődtek a fenol-formaldehid műgyantát és olajemulziót tartalmazó vegyszerek a lávapászmák ragasztójaként. Én nem voltam meggyőződve róla, hogy a csapágy, mely a henger forgását biztosította, bármilyen jó tömítéssel volt ellátva, meggátolhatja, hogy ezek a vegyszerek ne tudjanak elszabadulni, és egyenesen a Balatonba jutni.

Sajnos később, mikor már a beruházás megvalósult – az én tiltakozásom dacára –, meggyőződhettem arról, hogy a csapágy mellett sugárban ömlik a vegyszertől szennyezett víz. Innen pár száz méterre van a Balaton. A svédek hiába ígértek környezetre veszélytelen üzemet, hiszen még egy fenolégető művet is megvalósítottak, csak a hűtővízzel került ki a szennyeződés. Hiába a korszerűsödés, olykor környezetrombolással járt. Főleg „a szocializmus építésének jelen időszakában".

Késő délután volt, mire a helyemre értem. Gia üzenete várt. „Nem vagyok jól. Találkozzunk a Móriczon 7 órakor." Gia valóban rosszul nézett ki. Megígértem neki, hogy másnap elviszem egy régi vívótársamhoz, aki szülész-nőgyógyász volt. Másnap bevittem a Baross utcai klinikára.

A barátom, akit csak Laci-Ferinek hívtunk egymás közt, megvizsgálta. Amikor meghallotta, hogy a műtétet Szatmári doktor végezte, azt tanácsolta, vigyem vissza hozzá.

– Szatmári doktor egy lelkiismeretes, jó doktor. Ismered te is. Vízilabdázó, veletek volt Porto Allegrében a '63-as Universiadén!

– Igen, már emlékszem rá! Rióban kölcsönadta az úszónadrágját, amikor a magyar válogatott a brazilok ellen kiállt barátságos meccsre. A pólósokat, akik nem akartak vízbe szállni, kiegészítettük mi, a vívók. A medencében leért a lábunk. A beceneve nem Szatyor volt?

– De igen, most már ismerősként mehetsz oda!

Gia úgy döntött, hogy egyedül keresi meg Szatmári doktor urat, így aztán a mai napig megvan a doktor úr Rióban kölcsönadott úszónadrágja.

Különben a keresztanyámnál úgy elálltam, mint a befőtt. Egy napon Bejci hívott azzal, hogy a gyereknek szülői értekezlete van. Így folytatta:

– Ez a szülői értekezlet sorsdöntő lehet a továbbtanulásával kapcsolatban, miután itt ismerteti az osztályfőnök a kísérő minősítését a gyereknek, amivel a továbbtanulását javasolják. Erre a szülői értekezletre neked kellene elmenned!

– Mikor van a szülői? – kérdeztem

– Csütörtökön, délután 6 órakor.

Még 2 nap, gondoltam, majd ezt mondtam a telefonba:

– Ott leszek az értekezleten.

Aztán elbúcsúztunk.

Csütörtökön este az izgatott szülők rajokban lepték el a végzős növendékek osztályértekezleteit. Én is megtaláltam a kissé dundi, szemüveges tanár nénit, aki azonnal mindenkinek kiosztott egy irományt, az alábbi szöveg kíséretében:

– Kérem, amíg a kedves szülők egymás után névsor szerint sorra kerülnek, olvassák el az előzetes véleményt a gyerekről, és ha valami észrevételük volna, ha sorra kerülnek, elmondhatják.

Azzal leült az íróasztala mögé, amelyhez oda volt készítve egy pótszék, és már szólította is az első szülőt.

Végigolvastam a kezembe adott véleményt. A szöveg jóindulatú volt. A gyerek bizonyítványában tiszta jeles eredmények voltak, csak a két fontos tárgy – a matek és a fizika mellett – melyek a gimnáziumi tanulmányaihoz fontosak voltak, voltak négyesek. *A gyerek rendkívül szorgalmas*, írta a véleményében a tanítónéni. Közben a szülők egymás után sorra kerültek. Én egyre jobban bedühödtem az asztal felől jövő sutyorgástól. Nagy sokára én is sorra kerültem. Ez volt a véleményem:

– Ez a fiú, ha ezt a véleményt olvasom, tök hülye! Gimnáziumba készül. A két tantárgyból, ami számít a felvételinél, csak négyes eredményt ért el, de rendkívül szorgalmas! Ezért mondom én, hogy ezen vélemény alapján a gyerek tök hülye!

Természetesen a tanár néni vérig sértődött a véleményem hallatán. Először közölte:

– Hogyha ön jobban meg tudja fogalmazni ezt a véleményt, akkor írja meg maga!

De azután visszakozott, s amint ő is, én is lehiggadtam.

– Megpróbálok másképpen fogalmazni – búcsúzott el tőlem.

Mire az iskolától a lakásunkhoz értem, sötét este volt, ráadásul eleredt az eső.

Elmondtam Bejcinek, mit intéztem. A tanár nénivel való „összeveszésem" hírére jól letolt:

– Ez hiányzott csak a szegény gyereknek! – mondta.

– Nem hiszem, hogy bármit is elrontottam volna – feleltem.

– Na mindegy, ezen már úgyse segíthetünk! Éhes vagy? Nincs itthon csak egy kis paprikás krumpli kovászolt ubival, ha ezt elfogadod.

– Köszönöm szépen, ezzel nagy jót teszel értem, mert menten éhen halok.

Vacsora közben Zsoltival beszélgettem. Aztán ő elálmosodott és elköszönt, lefeküdt. Kettesben maradtunk Bejcivel. Mikor látta, hogy készülődök elmenni, ezt a javaslatot tette:

– Késő van, és elég pocsék idő van odakint... Nincs kedved itt aludni? Hidd el, nem teszek kárt benned!

Zavartan nevettem, aztán így válaszoltam neki:

– Holnap korán kell kelnem, ha így befogadsz, megköszönöm, fárasztó napom volt.

Így aztán itt aludtam. Másnap hajnalban, mielőtt elmentem, Bejci közölte:

– Akármikor szívesen várlak vissza!

Ettől kezdve kétlaki életet éltem. Hol a keresztanyámnál aludtam, hol otthon. Azt hiszem, eléggé bohócot csináltam magamból, amikor ennek az időszaknak a vége felé megvártam, amíg Gia végre hajlandó volt elmenni egy villamossal, és a következővel utánamentem én is. Ez egészen addig tartott, amíg véletlenül összefutott az utcán Giával. Keresztanyám egyből közölte, hogy már réges-rég hazaköltöztem, nincs helye az ilyen kis kurváknak az életemben.

Már régen nem láttam a Giát, gondoltam, utánanézek. Az udvaron találtam meg. Talán a harmadik pakli cigarettát bontotta fel.

– Most már hamarosan kerülünk – kezdtem a beszélgetést.

– Mit képzelnek, mi vagyok én, hogy így megváratnak? Haza akarok menni!

– Még legyél egy kicsit türelmes! – Láttam, hogy elnyomta a cigarettát. – Gyere, visszakísérlek az ügyeletre.

Tőle váratlanul egyből beleegyezett a kíséretbe.

– Kérek egy kávét!

Kimentem az automatához, visszavittem a folyosóra, ahol még megvolt az ülőhelye.

– Valami mást nem kérsz?

– Nem, de már elegem van! Ha 6 óráig semmi sem történik, elmegyek, akár nélküled is!

Most, miután Giát némileg megnyugtattam, gondolataim a testvéremre terelődtek.

A testvérem 5 évvel idősebb volt nálam. Gyerekkorunkban én voltam a kis hülye. Kiskamasz koromban a felesleges kolonc, aki mindig a bátyja nyakán lóg. Felnőttkorunkban lassan kiegyenlítődtek az évek közti különbözések.

Úgy hiszem, ő volt a nyughatatlan, örök gyermeki szellem, én pedig a megfontolt óvatosság.

Egyszer kocsival voltunk vidéken. Veszprémben jártunk egyik rokonunknál, akiket csak ő ismert, akkor fejtette ki az életről való felfogását.

– Nagyapámék megnyomorodtak a két világháborúban, anyámék gyerekfejjel átélték az I. világháborút, a másodikból vastagon kivették a részüket. Ők semmire se tudták vinni... Én nem akarok ilyen életet élni! Megmutatom, hogy viszem valamire. Én akarom valamire vinni!

Mit tehettem volna okosabbat? Ráhagytam.

Ő a Honvéd Vasvári Pál Repülő Szakkiképző Tiszti Iskolán kezdte a repülő-hajózó szerelői tanulmányait. Addig járt a budaörsi repülőtérre, amíg ki nem tört az '56-os balhé.

Én nem kívánok állást foglalni az eseményekkel kapcsolatban. Nyilvánvaló, hogy az aktuális vezetés szempontjából ellenforradalom volt, hiszen a hatalmára törtek.

Pozsgay szerint népfelkelés volt.

Mostanában előszeretettel használják a „rendszer elleni forradalom" kifejezést.

Én 17 éves koromban átéltem az eseményeket. Én csak felidézem a saját, átélt élményeimet, nem kívánok állást foglalni. Ezek az élmények talán egy kicsit hozzájárulnak a nagy idők kisembereinek lelkében lejátszódó folyamatok megértéséhez.

Talán hozzájárulhatok egy kis morzsával ahhoz, hogy a kedves olvasó megítélje, mit érnek ezek a nem könnyen megítélhető napok az én személyes élményeim alapján.

Kissé távolabbról kezdem vissza emlékezéseimet, a jobb érthetőség kedvéért.

Anyámnak eredeti kitanult szakmája aranyművesség volt. Miután apám sokáig ragaszkodott az „a nő maradjon a fakanálnál" elvhez, sok szabadideje maradt. Anyai nagyapám a '19-es Tanácsköztársaságban szakszervezeti bizalmi volt. A család baloldalisága természetesen alakult. Anyám az '50-es évek elején belépett az MNDSZ-be. (Magyar Nők Demokratikus Szövetsége – 1945 és <u>1956</u> között működő, a 1946-ig Budapesten és vidéken a szociális-egészségügyi munkákba kapcsolódtak be. A magas csecsemőhalandóság miatt anyatejgyűjtő és -elosztó állomásokat szerveztek, vándorkelengyéket gyűjtöttek és készítettek, vándorautó-szervezettel gyógy- és tápszereket vittek a rászorulóknak. Az éhezőket mozgókonyhákkal juttatták meleg ételhez. Több településen az iskolák, óvodák, egészségházak, kórházak helyreállításába kapcsolódtak be. A járványok elleni kampányként tetvetlenítési akciókat szerveztek, a feltornyosuló szemét elszállításában is részt vettek. (Hadifogoly-szolgálatuk a vidéki pályaudvarokra érkező hadifogoly-vonatokat fogadta.)

Elnöke 1949-ig Rajk Lászlóné, főtitkára 1949 és 1952 között Jóború Magda, majd Vass Istvánné volt.

Anyám eleinte itt fejtette ki a tevékenységét, de aztán belépett a pártba. „Kívülről nem lehet semmit csinálni, nézzük meg belülről" – volt a jelszava.

Én úgy kerültem a mozgalomba, hogy anyám pártbizalmi volt a területen, ahol szét kellett hordani a pártbélyegeket. Ez természetesen az én dolgom volt.

Anyám ajánlására – '56 tavaszán – elnyertem a Magyar–Szovjet Baráti Társaság szervezőtitkári címét.

Megnyitottuk a Társaság irodahelyiségeit a volt és jelen időszakban üresen és romosan álló Pista néni vendéglőben, melyet a Tanács kiutalt a társaságnak.

Első dolgom volt az „iroda" rendbe rakása után, hogy Rózsavölgyben minden családi házba becsöngettem, melyek az Ady Endre és a Honfoglalás úton voltak találhatók.

Elmondtam: én lettem a Magyar–Szovjet Baráti Társaság szervezőtitkára, és tagokat jöttem toborozni. Egy-két házban ellenségesen fogadtak, de a házak zömében barátságosak voltak. A lényeg: a nap végére 36 új tagot toboroztam! 1956 tavaszán! A nyár elején telt házas, vetítőfilmes, zenés, tombolás rendezvényünk volt!

De akkor már rohantunk '56 végzetes ősze felé!

A gazdaság tavasszal és nyáron egyfolytában akadozott.

A vonatok szén hiányában '56 elején hol jártak, hol nem jártak. Túl voltunk a „padláslesöpréses" begyűjtésen. A forint bevezetése 1947. augusztus 1-jén igazán csodát művelt! Az értéktelen, hiperinflációs pengő után ez a pénz csodával határos volt. Egyik nap elmentem apám egy heti fizetésével Prinz Borbála vegyeskereskedésébe az Ady Endre úton, a nagy híddal szemben, anyám határozott utasításával:

– Kisfiam! Bármit vegyél erről a listáról. Azt, amire nem futja, kérd meg Borbála nénit, írja fel a füzetbe!

Volt, hogy az apám egy heti bére egy doboz gyufára volt elegendő. Az a kis füzetben írt lista egyre gyarapodott. És nem csak nekünk, ott sorakoztak a kis füzetecskében a barátaim és ismerőseim nevei.

A Borbála néni kis füzete nélkül, melyben feljegyezte a tartozásainkat, a puszta életünk lett volna veszélyben.

A forint bevezetése egy csapásra megszüntette az inflációt.

De hol volt már a kedves Prinz Borbála vegyesboltja?

A nagy államosítások során, '49-ben bezárt!

Mi már '56 nyarán tartunk.

A Magyar–Szovjet Baráti Társaság szervezése az én gimnáziumi tanulmányaim miatt megrekedt.

Egyre érdekesebb híreket hallottunk az orosztanárunktól, Szabó Gyulától egy titokzatos Bessenyei, majd később a csepeli Petőfi Körről.

Szabó Gyula tanár úr eredeti szakmája bányász volt. Állítólag az orosz nyelvet, amit oktatott, párhuzamosan tanulta az osztálynak leadandó anyaggal. Most lelkesen mesélt a Petőfi Körökben szerzett élményeiből.

Ezeket többnyire az oroszórák helyett mesélte, mi meg átszellemült arccal néztük a hős tanár urat, aki olyan bátor volt ezeknek a nagy dolgoknak az elmeséléséhez. 1956. június végén egy Petőfi Körös megbeszélést így foglalt össze:

(Ekkor 1956. június 28-át írtunk.)

– Nagy élmény volt a Petőfi Körben a sok szabadelvű értelmiségivel találkozni. Röviden összefoglalom, mit hallottam. A lengyelországi Poznańban munkásfelkelés tört ki. Mintegy százezer munkás vonult az utcára az élet- és munkakörülmények javítását, valamint szabad választásokat követelve. Miután a tömeg megkísérelte elfoglalni az államvédelmi hivatal épületét, a hatalom a tömegbe lőtt, ezért zavargások robbantak ki.

A biztonsági erők és a hadsereg délutánra megérkező alakulatai fegyverrel verték szét a tüntetést. Az összecsapásoknak több mint hetven halálos áldozata és mintegy ezer sebesültje volt, továbbá több mint ötszáz tüntetőt letartóztattak. Ezzel a nappal vette kezdetét az 1956-os lengyelországi tüntetéssorozat.*

– Most villámkérdéseket teszek fel – fejezte be a tanár úr a mondókáját. Ez rendszerint azt jelentette, hogy az osztályt ötös csoportokban kiállította a katedra elé, és aki tudta a kérdést, az továbbjutott. Aki öt kérdésre nem tudott válaszolni, azt a tanár úr egyessel „jutalmazta". Ha valaki mind az öt kérdést megválaszolta, az jelest kapott.

Emlékszem, alig vártuk az oroszórákat, s azokon Szabó tanár úr beszámolóit.

Legközelebb, 1956. augusztus 5-én így számolt be a tanár úr az eseményekről:

– A Lengyel Egyesült Munkáspárt (LEMP) megingott hatalmú sztálinista vezetését leváltották, a korábban eltávolított Władysław Gomułka visszatért a pártba, és a szovjet vezetés ellenében az akkori magyarországi átalakítások mintájára a diktatúrát enyhítő demokratikus reformok bevezetését tűzte ki célul.

Ezt Moszkva nem nézte jó szemmel, ezért fegyveres beavatkozással fenyegetőzött.*

A tanár úr ismét villámfeleltetéssel fejezte be az órát.

– No, ti zöldfülűek – kezdett bele a Petőfi Körben hallottak elmondásába a tanár úr –, ez már komoly dolog! Itt valami készül! Itt egy kis szünetet tartott, aztán így folytatta:

– 1956. október 16-án a magyarországi reformellenzék a lengyelországi tüntetőkkel rokonszenvezett, és a diákok szerveződése is felgyorsult az egész országban.

Ezen a napon alakult meg Szegeden a Magyar Egyetemisták és Főiskolások Szövetsége (MEFESZ), az első, kommunistáktól független ifjúsági szervezet. Október 17-től Budapest, Sopron, Pécs és Miskolc aktivizálódó egyetemi hallgatói is csatlakoztak a MEFESZ-hez.

Aztán így folytatta belemelegedve a tanár úr:

– 1956. október 19. A Gomułka-féle reformista szárny szándékainak megfelelően a Lengyel Egyesült Munkáspárt Központi Bizottságának október 19-én kezdődő VIII. plénumán a szovjet pártvezetés beleegyezése nélkül alapvető személyi változtatásokat kívántak végrehajtani.

A Lengyelország területén állomásozó szovjet csapatokat már előző nap harckészültségbe helyezték. A személyi változtatásokat Moszkva nyomása ellenére végrehajtották.*

Az események sodrásában el is felejtett villámkérdéseket feltenni.

1956. október 23-án az osztályfőnökünk – Mészáros Laci bácsi – másnapra, 24-ére osztálykirándulást hirdetett meg Egerbe.

– Felhívom a figyelmeteket, ha nem indul a vonat, akkor itt találkozunk az iskolában!

Ez a fránya történelem beleszólt Laci bácsi terveibe.

Az ezekben a napokban történő eseményekről részben a saját élményeimen keresztül, részben a korabeli sajtóból, részben unokanővérem elbeszéléseiből merítettem, aki ott volt a Budapesti Műszaki Egyetemen, és első kézből átélte az eseményeket.

A történet fontosságára tekintettel ezt a pár napot kronológiai sorrendben tárgyalom.

1956. október 22, hétfő.

Ezen a reggelen a történelmi események sora indult meg, s mint amikor a lavina mindent letarol, ez is mindent elsöpört az addigi világból. Erről mit sem tudva bementem a Budai Nagy Antal ÁG-ba, ahol ekkor folytattam a tanulmányaimat. Napközben az iskolában látszólag szokásos rendben folyt a tanítás. Ezalatt a mélyben már fortyogott a mindent elsöprő népharag, az éhség, a tehetetlen vergődésből való kitörési vágy. Lassan az emberek végre tettre kész emberek sokaságává váltak.

A különböző magyar egyetemek küldötteiket a Budapesti Műszaki Egyetemre irányították, ahol két kar hallgatói nagygyűlést hirdettek 15 órára, a megelőző hetek eseményeinek hatására a diákság az oktatáspolitikával szembeni elégedetlenségének az egyetem vezetősége és a diáktársak előtt kívánt hangot adni. A 4–5 ezer fő részvételével tartott gyűlés kimondta a csatlakozását a Magyar Egyetemisták és Főiskolások Szövetségéhez (MEFESZ).

Az éjszakába nyúló tanácskozáson elfogadott tizenhat pontos határozatuk többek között a szovjet csapatok kivonását követelte Magyarországról, valamint azt, hogy vizsgálják felül a magyar–szovjet kapcsolatokat az egyenrangúság és a be nem avatkozás elve alapján. Továbbá általános, titkos választásokat szorgalmazott több párt részvételével, lándzsát tört a vélemény- és szólásszabadság mellett, valamint kifejezte a magyar diákság szolidaritását a lengyel néppel. A korábbi, a hallgatók helyzetének javítását célzó intézkedések igényét ekkorra felváltották a jellegzetesen pártellenzéki, az általános demokratizálódást szolgáló, valamint a nemzeti függetlenséggel kapcsolatos követeléseik. A műegyetemi hallgatók az október 22-ről 23-ra virradó hajnalon elhatározták, hogy délután Budapest utcáin tüntetést szerveznek, amelynek célja egyrészt a lengyel nép iránti szolidaritás kinyilvánítása, másrészt követeléseik nyomatékosítása volt.

Elmondható, hogy a Budapesti Műszaki Egyetem vált a forradalom gyújtópontjává, falai közül indult útjára a forradalom.*

Ezekről az eseményekről mi a távoli budafoki gimnáziumunkban semmit sem tudtunk...

1956. október 23, kedd.

Úgy búcsúztunk, hogy másnap találkozunk a suliban az osztálykirándulás előtt, de eközben az események tovább zajlottak. Az egyetemen nem volt rendes tanítás. Mesélik, hogy „Macska bácsi" (dr. Macskásy Árpád professzor úr) – mit sem tudva az eseményekről – a Gellért téren lévő diákokat megpróbálta beküldeni az órákra.

Délutánra a hallgatóság tüntetését végül a pártvezetőség az utolsó pillanatban engedélyezte. A Műegyetem udvaráról induló felvonuláshoz egyre többen csatlakoztak, a hallgatók röplapokat osztogattak, és némán, jelszavak nélkül vonultak. A Petőfi-szobor előtt találkoztak a különböző egyetemek hallgatói, Sinkovits Imre színművész itt szavalta el a *Nemzeti dalt*, majd együtt vonultak a Bem térre, hogy kifejezzék a lengyel eseményekkel való szolidaritásukat.

15 órakor, a Bem-szobor talapzatán állva Veres Péter, a Magyar Írók Szövetségének elnöke felolvasta a szervezet kiáltványát a tömegnek, a diákok pedig a tizenhat pontot. Ezután Zbigniew Herbert lengyel író is köszöntőt mondott, majd Sinkovits Imre elszavalta a *Szózatot*, végül a diákok megkoszorúzták a szobrot. A jelenlévők létszáma ekkor már ötvenezer fő volt.

A nemzetiszínű zászló közepéből a szovjet mintájú címert kivágták. A lyukas lobogó a forradalom szimbólumává vált. A tömeg a beszédek elhangzása után nem oszlott fel, a Margit hídon át az Országházhoz indult, ahol egyes források szerint már kétszázezer főre duzzadt. A tüntetők a Kossuth téren függetlenséget követeltek.

Ezt követően ezrek vonultak tovább a Magyar Rádió épülete elé, a tizenhat pontból álló követelésük felolvasása céljából.

Az Államvédelmi Hatóság (ÁVH) azonban megakadályozta az épületbe való bejutást. Gerő Ernő pártfőtitkár este 8 órakor elmondott rádióbeszédében csőcseléknek titulálta a tüntetőket, és gyakorlatilag harcot hirdetett ellenük. A rádióbeszéd olaj volt a tűzre – felbőszítette a Sztálin-szobornál gyülekező, egyre duzzadó tömeget. A diktátor szobrát este fél 10-kor ledöntötték a tüntetők.

A Rádiónál a tüntetők ahelyett, hogy meghátráltak volna, különböző rigmusokat, jelszavakat kezdtek skandálni, mire válaszul az ÁVH a tömegbe lőtt. A fegyvertelen fiatalokra támadókkal egyet nem értő magyar katonák egy része átállt a tüntetők oldalára, és ellátták őket fegyverrel, hogy megvédhessék magukat. Számos ember vált a harcok áldozatává. A Rádió épülete 24-én hajnalban került a felkelők kezére.

Az eseményekről az unokanővérem elmondásaiból tallóztam, aki mindvégig diáktársaival tartott.

Én a délutánt a Móricz Zsigmond körtér 3/b 7. emeleti lakásában töltöttem. Estefelé szórványos puskaropogást hallottunk, mely a késő éjszakában egyre hevesebb lövöldözésekre váltott.

Én 17 évesen megpróbáltam keresztanyám felügyeletéből kiszökni, de erről komoly fenyegetések után lemondtam.

Emlékszem, késő éjszakáig nem tudtam elaludni a Pesti oldalról áthallatszó lövöldözés zajától.

1956. október 24, szerda.

Másnap korán reggel lementem a Móriczra.

Leértem a hét emeletnyi csigalépcsőzés aljára.

A lépcső aljában, a bejárati ajtón belül, a földszinti folyosón, egy kisebb tömeg fogadott. Résnyire ki volt nyitva a nehéz fakapu. Ezen a résen kilesve a tér közepe igen szokatlan képet mutatott.

A tér közepén, a maga fenyegető valóságában, három szovjet tank állt.

A bátrabbak a tömegből a Villányi út felőli oldalon gyülekeztek és – meglepő módon – a tömeg a „Russki, go home" szöveget skandálta. Mintha az oroszok egy szót is értenének belőle – villant át az agyamon, miközben kijjebb merészkedtem a térre.

Akkor láttam, hogy a Villányi út torkolatánál a bazaltkő fel volt szedve, és valakik barikádot építettek belőle. Ebben a percben a tömegből kivált egy karcsú, magas fiatalember, és nem tudom megmondani honnan, elővett egy képkeretet, és az egyik tankra macskaügyességgel felmászva a tank ágyúcsövére ráhúzta.

A tömeg tapssal és éljenzéssel fogadta a fiatalember tettét. A tank személyzete nem lelkesedett a dolog ilyetén alakulása iránt. Előbb fenyegetően pár lépéssel előbbre húzódott, majd miután a Szent Imre-szobor háta mögött lévő ház felső szintjéről szórványos puskalövések dördültek el a tank irányába, egy hosszú géppuskasorozattal válaszoltak, amely ripityára lőtte a „Kőrtér (ez a név hosszú ő-vel évekig neonbetűkkel ordított az üzlet homlokzatán) presszó" hatalmas, térre néző kirakatüvegeit. Ezután, mint akik a dolgukat jól végezték, mind a három tank hangos csörömpöléssel átvágott a Villányi út bejáratában elhelyezkedő barikádon, és eltűnt a Moszkva tér irányába.

Eközben Budapesten lázas tevékenység folyt a párt belső bugyraiban.

A Magyar Dolgozók Pártja Központi Vezetőségének (MDP KV) rendkívüli ülésén az éjszaka folyamán újjáválasztották a párt Politikai Bizottságát és Titkárságát, valamint létrehozták az MDP KV Katonai Bizottságát. Gerő Ernő maradt első titkári megbízatásában.

Reggel fél 5-kor a Minisztertanács közleményében gyülekezési, csoportosulási és felvonulási tilalmat rendelt el. Nagy Imre kinevezett miniszterelnök statáriumot léptetett életbe. A karhatalmi szervek utasítást kaptak arra, hogy a rendelet megszegőivel szemben a törvény teljes szigorával lépjenek fel. Reggel 9-kor a rádió közölte, hogy a szovjet csapatok a magyar végrehajtó hatalom kérésére részt vesznek az ún. „ellenforradalom" leverésében.

Ezen a napon alakultak ki az egyes fővárosi felkelőcsoportok központjai. Ilyen volt Pesten a Baross tér, a Corvin köz, a Tűzoltó utca, a Boráros tér, Újpest és Csepel, a budai oldalon pedig a Széna tér, valamint a Móricz Zsigmond körtér.

Dél után tíz perccel Nagy Imre a következőt közölte: „…mindazok, akik a további vérontás elkerülése érdekében ma 14 óráig megszüntetik a harcot és leteszik fegyvereiket, mentesülnek a statáriális eljárás alól." Később 18 órára módosították a határidőt.

A katonai helyőrségek parancsnokai intézkedéseket adtak ki a harckészültség fokozása és a laktanyák, raktárak őrségének megerősítése érdekében, mivel a felkelők a nap folyamán több laktanya ellen is sikeres akciókat hajtottak végre fegyverek zsákmányolása céljából.

Este háromnegyed 9-kor Kádár János, az MDP Politikai Bizottságának tagja, egyben Központi Vezetőségének titkára elítélte a történéseket, és reakciósnak titulálta a felkelőket.*

Én a Móriczon, a Népbüfével szemben lévő villanyoszlopon található „tacepaóból", a rádióból és az újságokból merítettem az ismereteimet. Ekkor még a tacepaó Nagy Imrét miniszterelnökként hirdette.

Emlékszem, hosszabb írás jelent meg a tacepaón, mely a forradalom tisztaságát hirdette, miszerint „számos helyen a lövésektől betörött kirakatokból a becsületes lakosság nem vitt el semmit!"

1956. október 25, csütörtök.

A családunk három részre oszlott. Én a Móricz Zsigmond körtéren, apámék Budafokon, nagyanyámék az Üllői úton laktak. A HÉV nem járt. Elhatároztam, hogy elgyalogolok Rózsavölgybe, ahol apámék laktak. Kigyalogoltam a Móriczról a Fehérvári útra. Mikor már Albertfalván jártam, először úgy gondoltam, hogy a Pulai tó felé kerülök, ahol elérhettem apámék kertjének végét, de aztán meggondolva magamat a kissé hosszabb utat választottam: a forgalmi telep felé vettem az irányt. Ez a választott út a barátom előtt vitt el. A forgalmi telep előtt bekanyarodtam a régi temető mellé, ahonnan feljutottam a vasúti töltésre. Megmásztam két ott álldogáló tehervonatot és máris lejutottam a György utca végére, a patak partjára, amin csak át kellett ugranom, hogy odaérjek legjobb barátom, Kiss Samu székelykapus kertjének a végére.

Itt elfütyültem a rigók füttyéhez hasonló füttyjelünket. Nem csalódtam. Rövidesen megérkezett a válasz, majd hamarosan a fütty tulajdonosa személyesen. Melegen üdvözöltük egymást.

– Ha ráérsz, elkísérhetnél anyámékhoz, útközben elmesélhetnéd, mi újság van nálatok – mondtam.

– Rendben van – válaszolta Samu, majd így folytatta: – Képzeld, Nagy őrnagy 22-étől eltűnt!

Nagy őrnagy ávós tiszt volt.

A szóbeszéd szerint, amit az utcabeli vénasszonyok pusmogtak, állítólag a Kissné, Samu mamája a kis jelentéktelen emberkéjét, a férjét lecserélte a hatalmas termetű őrnagyra. Ezt csak magamban gondoltam, hangosan mindössze ezt fűztem hozzá a barátom mondókájához:

– Nemsokára elő fog kerülni, rossz pénz nem vész el.

Két óra felé megérkeztünk a két jól ismert gesztenyefához, melyek anyámék mészhomokkő lábazatos, acél felépítménnyel rendelkező kerítése előtt nőttek.

A családom kitörő örömmel fogadott.

– Hála Isten', legalább az egyikőtök megvan! – tördelte anyám a kezét. – Képzeld, Pityuról semmi hírt nem kaptunk!

– Már azon gondolkodtunk apáddal, hogy ki kéni menni a Vasvárihoz, Budaörsre.

Alighogy belemelegedtünk a beszélgetésbe, nyílt a kertkapu és betódult rajta 5–6 egyenruhás katona, köztük a bátyám is! Volt nagy öröm, amikor anyám meglátta a fiúk közt a testvéremet. Miután kibontakozott anyám ölelő karjaiból, a testvérem így szólt:

– A fiúk vidéken laknak, nem tudnak hazamenni, gondoltam addig itt meghúzhatják magukat.

Anyám számbavette a fiúkat.

– Hat fiú, ez nekünk egy kicsi sok lesz. Fuss át, Samu – fordult Samuhoz –, kérdezd meg, három fiút be tudna-e anyád fogadni.

Samu elindult, anyám pedig így folytatta:

– Szerencsére egy jó nagy fazék krumplilevest főztem, mindannyian jól tudtok lakni! Gyorsan hozzátok ki a pincéből az asztalokat és a lócákat, terítsetek meg!

Miközben anyám kérésének tettek eleget a fiúk, apám, aki eddig a nyári konyhában a tüzet pakolta a csikó sparheltbe, előjött a konyhából és mindjárt a lényegre tért.

– Mi történt veletek, amióta nem hallottunk felőletek hírt?

Egy nagydarab fiú – mint később megtudtam, Pataki Laci – válaszolt apámnak:

– Kedves Pista bácsi, sok minden történt az utóbbi időkben. Az elmúlt egy hónapban a foglalkozások szabályosan folytak, de ami a meglepő volt, őrségben üres géppisztolyt kaptunk, töltény nélkül! Három napja még csak őrszolgálatot sem adtunk. Megbeszéltük, hogy összeállítunk egy teherautó élelmiszerrakományt, és amint lehet, lefalcolunk. Ma reggel a teherautót a rakománnyal együtt a tisztek lefoglalták és közölték, hogy bizonytalan időre eltávozást engedélyeznek. Nos, így kerültünk ide, Pista bátyám!

A végszóra anyám megjelent a nagy piros fazekával, benne a gőzölgő krumpli levessel. A fazekat lerakta az odakészített Szabad Népre, majd a fiúkhoz fordult:

– Szegényes ételt tudok kínálni, de ami van, jó szívvel kínálom! Jó étvágyat kívánok!

Mire a fiúk végeztek az evéssel, megjött Samu is a jó hírrel:

– Anyám azt üzente, hogy három fiút be tud fogadni!

A fiúk egykettőre eldöntötték, hogy melyik három fiú menjen Samuval. Ők felszedelőzködtek, majd távoztak barátommal.

Apám faggatni kezdte a bátyámat:

– Mi történt Hoffer Robival, a testi-lelki jó barátoddal, akivel együtt vonultatok be?

– Robi Pesten lakik, hazament a szüleihez.

Még sok kérdés bennünk ragadt, de már sötétedni kezdett, ideje volt, hogy a szalmazsákokba az éjjeli hálóhelyhez összegyűjtsük a szalmát. Mire az utolsó fekhely is elkészült, sötét éjszaka borult ránk. A fiúk a fáradságos nap után elköszöntek és a friss szalmazsákokra heveredtek, egy-egy lópokróccal takaródzva.

Hamarosan el is aludtunk volna, ha nem kezdődik az utcán a lövöldözés! Először az Ady Endre utca felől hangzott fel egy éles géppisztolysorozat. Aztán egyre közelebb értek a szórványos lövések. A legtapasztaltabb – 40 év katonai szolgálat után – apám volt. Látván, hogy az ifjú és forrófejű katonák ki akarnak menni az utcára, megszólította őket:

– Fiúk! Nekünk nincs fegyverünk, nekik minimum egy géppisztolyuk van! Nem érdemes provokálni őket! Ha be akarnak jönni, akkor illő fogadásban lesz részük!

Az utcáról négy-öt fiatal ordibálása hallatszott, hol közelebb, hol távolabb. Végül 2 óra körül hangos ordítozás közepette eltávoztak Budafok irányába. Miután meggyőződtünk, hogy végleg elmentek, végre elaludhattunk. Másnap reggel a kerítés tövében bóklásztam, ahol egy nyeles kézigránátot találtam. Nem csináltam vele semmit, gyorsan szóltam apámnak a leletről.

– Végig kell nézni a teljes kerítés hosszát, hátha többet is hagytak itt – szólt apám. – István, szólj a katona barátaidnak, óvatosan keressenek újabb robbanószerkezeteket!

A fiúk óvatosan megközelítették a kerítést. Elsőnek az énáltalam felfedezett gránátot vették óvatosan kézbe. Ez szerencsére nem volt kibiztosítva. A kerítés tövében még 6 darab, nem kibiztosított kézigránátot találtak. Ezeket nyilván az éjszakai látogatók hagyták hátra.

– Szaladj át, fiam, a Kiss-tanyára, szólj a fiúknak a miheztartás végett – közölte apám.

A Kiss-tanyán 5 db tojásgránátot szedtek össze a fiúk a kerítés tövében. Szerencsére ezek sem voltak kibiztosítva.

Közben eszmét cseréltünk Samuval. Ő tájékoztatott:

– István atya a katolikus templomban gyújtó hangulatú beszédeket tart, meg kellene hallgatni!

– Tőlem mehetünk – mondtam.

Útközben találkoztunk Rákosi Bélával. Béla kistermetű, sápadt emberke volt, párhuzamos osztályba járt velem.

A fiú furcsán méregetett, majd nem tudta megállni, hogy megszólítson:

– Mit szóltatok az ávós haverjaitokkal, ma éjjel milyen tűzijátékot rendeztünk?!

– Ti voltatok azok a szerencsétlen balfácánok? Honnan szedtétek, hogy ávósok vannak nálunk?

– Világos. A kék karikából a sapka tövében! Ne is tagadjátok, ez az ÁVO jelzése!

– Arra nem is gondoltatok, hogy ezek a fiúk a Honvéd Vasvári Pál Repülő Szakkiképző Tiszti Iskolából jöttek? Az ő sapkájuk szélén ugyanolyan kék csík van!

– Erre nem gondoltunk – felelte Béla –, de akárhogy is volt, jó buli volt!

Továbbmentünk a katolikus templomhoz. István atya beszédére éppen odaértünk.

Nem emlékszem rá, pontosan mit mondott István atya.

Az megmaradt bennem, hogy visszakövetelte az egyházi birtokokat.

Visszamentünk a fiúkhoz, Rózsavölgybe.

1956. október 26, péntek

Nekem nem volt időm rádiót hallgatni és bizony jól meglepődtem, amikor a fiúk közölték, hogy reggel 6 óra 23 perckor a rádió bemondta, hogy a „puccskísérletet" az éjszaka folyamán sikerült felszámolniuk, valamint hogy „az ellenforradalmi erőket szétverték". Délelőtt a honvédelmi miniszter a katonáknak azt a parancsot adta, hogy a felkelőket délig meg kell állítani. A parlament előtti tüntetőkre a szemközti Földművelésügyi Minisztérium tetejéről és a környék más épületeiről is tüzet nyitottak. A közelben lévő Jászai Mari téren eközben a felkelők negyven percig tűzharcban álltak a szovjet és magyar katonákkal.

Az MDP vezetése a 24-én Budapestre érkezett Anasztasz Mikojan szovjet miniszterelnök-helyettessel, és Mihail Szuszlov, a Szovjet Kommunista Párt Központi Bizottságának titkárával való tárgyalást követően lényegi változáson ment át. A Központi Vezetőség felmentette Gerő Ernő elnököt, helyére Kádár Jánost választotta. Utóbbi szerint az eredetileg békés tüntetés az ellenforradalmárok megjelenésével a „népi demokrácia" elleni támadássá alakult át. Nagy Imre úgy nyilatkozott, hogy ha a rend helyreáll, eljön a reformok ideje, és tárgyalások kezdődhetnek a szovjet csapatok kivonásáról.

A főleg Budapesten folyó harcok és a sztrájk átgyűrűzött az egész országra. A magyar áldozatok száma ezen a napon hozzávetőleg százhúsz fő volt.*

Akkor még nem tudtam, hogy a bátyám barátja is az áldozatok között volt, de ő nem a forradalmárok oldalán harcolt.

Egyszerű, bevonultatott sorkatonaként töltötte a szolgálati idejét.

1956. október 27, szombat

Ez a nap is rádióközleménnyel indult: reggel fél ötkor a Minisztertanács arra szólította fel a budapesti lakosságot, hogy ne hagyják el otthonaikat.

A Magyar Néphadsereg vezérkari főnöke az alábbi üzenetet juttatta el az összes katonai alakulatnak:

„A csapatok és raktárak a laktanya területén jól látható helyre tűzzék ki a nemzetiszínű zászlót, címer nélkül. A rádiókat az ablakba tegyék ki. Ha megtámadnák a laktanyát, szólítsák fel a tömeget távozásra, és csak abban az esetben lőjenek, ha a tüntetők be akarnak törni, vagyis fegyverrel támadnak." A Néphadsereg már nem volt egységesnek vagy hatékonynak mondható, mivel alakulatainak egy része átállt, vagy tétlenül nézte a laktanyák lefegyverzését.

Reggel rossz hírt kaptunk.

A testvérem barátja, a „kövér" Emilke, meglátogatott bennünket. Emlékezetes volt Emilke esete, amikor a HÉV-végállomáson hülyéskedtünk vele. Az egyik fiú ezt találta mondani:

– Gyere már, olyan lajhár vagy, mint vén Emil!

Erre az egyik idős utastársunk magából kikelve ordibálni kezdett:

– Kikérem magamnak ezt az ócsároló hangot!

A fiú félvállról odaszólt:

– Miért, ki maga?

– Én vagyok Vén Emil, Budafok híres festője!

Emilke mesélte, hogy Heffner Erik Várpalotán meghalt!

– Bevonultatott sorkatona volt Várpalotán. Egy kósza golyó a felkelők részéről eltalálta, amikor a laktanyába tartottak.

Apám jól ismerte ezt a laktanyát, hiszen évekig itt töltötte szolgálati idejét. Mindjárt megpróbálta kikérdezni Emilkét, hol történt ez a szomorú eset, de ő csak a tényt hallotta Erik családjától, semmi részletet nem tudott.

Aznap elfogyott a család kenyérkészlete. A Rózsavölgyben található Bóka péknél vettünk egy kenyeret, de az ehetetlen, keletlen, vastag szalonnás réteget tartalmazott. Samuval felkerekedtem a kelenvölgyi Barton pék irányába.

A Jobbágy utcában jártunk, amikor egy idősebb rendőrrel találkoztunk. A rendőr mintha patyolat tisztán, frissen vasalt ruhában öltözött volna. Mind a ketten meglepődtünk a találkozástól. És amitől mi a legjobban meglepődtünk: a rendőr előre köszönt! Mi is köszöntünk, és folytattuk az utunkat.

– Nem furcsa volt ennek a rendőrnek a viselkedése? – kérdeztem Samut.

Samu ezen kicsit elgondolkozott, és kisvártatva így válaszolt:

– Én is furcsának találom, de ha belegondolunk, egy néptelen utcában a mai időkben találkozik két fiatalemberrel egy egyenruhás rendőr... Ahhoz is bátorság kellett, hogy egyenruhát vegyen!

– Gondolod arra gondolt, hogy megtámadhatjuk?

– Különben mifenének köszöngetett volna?

Így meditáltunk, amíg elértük Kelenvölgybe a Barton pékhez. Hosszú sor állt a pék előtt.

Érdemes volt kiállni a sort!

Igazi ropogós, meleg, finom vekniket kaptunk.

Ahogy hazaértünk, meglepetéssel tapasztaltuk, hogy az iménti, Jobbágy utcai rendőr anyám nyári konyhájában tartózkodik. Kiderült, hogy anyám régóta ismerte... Amikor odaértünk, éppen helyzetelemzést tartottak. A rendőr vitte a szót.

– Vilma asszony, én amondó vagyok, Amerika messze van, az oroszok meg itt vannak! – kis szünetet tartott.

– Amerika semmit sem fog tenni értünk! Én pedig azért jöttem, hogy figyelmeztessem a becsületes embereket, hogy a csendőrök szervezkednek. Megtudtam, két volt horthysta csendőr halállistát kezdett összeírni. Azon a listán önök családja is szerepel!

Még sokáig beszélgettek, anyám és a rendőr. Én úgy voltam vele, hittem is meg nem is a rendőr szavait. Fiatalos hévvel azt gondoltam: Merjék csak bántani a családunkat, majd megmutatjuk nekik!

Ami pedig Amerikát illette, igazat adtam a rendőrnek.

Nem hittem, hogy egy ujjukat is megmozdítják a kedvünkért.

Sok keserűséget megtapasztalt ez a nép, hogy csak suttogva Trianont említsem, amit már nyiladozó értelmi képességem nemzeti tragédiának fogott fel.

Délután anyámék nagy, Szófia típusú rádióját hallgattam.

Negyed ötkor az MDP KV azt nyilatkozta, hogy a függetlenség és egyenjogúság alapján tárgyalás indul Moszkvával a két ország közötti viszony rendezése céljából. A helyzet normalizálásának egyik feltételeként a szovjet csapatok kivonását nevezte meg. Ezen kívül amnesztiát hirdetett a fegyveres harc minden résztvevője számára arra az esetre, ha este tízig leteszik a fegyvert.

Országszerte sortüzeket nyitottak tüntető forradalmárokra, többek között Mosonmagyaróváron, Kecskeméten és Nagykanizsán.

A rádióközleményekből nagyjából követni lehetett az eseményeket.

Negyed tizenkettőkor a közvélemény megismerhette a kormány új összetételét: Janza Károly honvédelmi, Tildy Zoltán államminiszter lett.

Előbbi még kora délután elrendelte, hogy a „fegyveres csoportok ellen bevetett katonai egységek szünet nélkül folytassák azok megsemmisítését és a rend helyreállítását". A szovjet csapatok parancsnoksága ultimátumot juttatott el a Corvin köz védőihez, megadásra szólítva fel őket. A IX. kerületi parancsnokság és a Kilián laktanya eközben közös védelmi tervet dolgozott ki, ebbe beavatták Iván Kovács Lászlót, a Corvin közi csoport parancsnokát.

Nagy Imre kezdeményezte a Corvin köz elleni támadás leállítását, emiatt különböző politikusok, értelmiségiek, és szűkebb környezetének egyes tagjai is kritizálták. Az őrzászlóalj parancsnokának a Széna téri felkelő csoport vezetőivel folytatott tárgyalása a fegyverletételről nem bizonyult sikeresnek. A híradóezred egyik alegységének sikerült elfoglalnia a Szabadság hidat, valamint az este folyamán ellenőrzése alá vonnia a Móricz Zsigmond körteret.

A változást akarók összefogása eredményeként öntevékeny nemzetőr csapatok alapítási hullámát hozta a nap. Aszódon, Debrecenben, Fertődön, Miskolcon és Sopronban is alakultak ilyen típusú egységek.

Az éjszaka folyamán a párt Politikai Bizottsága Mikojan és Szuszlov jelenlétében megtárgyalta azt a Kádár János által beterjesztett platformot, amely az „ellenforradalom" radikális átértelmezéséről (tűzszünet, a szovjet csapatok kivonása, az ÁVH feloszlatása) értekezik.*

1956. október 28, vasárnap

A reggel 6 órai rádióközleményben a katonai parancsnokság azt állította, hogy a felkelők és a hadsereg között előbbiek kérelmének megfelelően tárgyalások kezdődtek.

A szabadságharc egyik kulcsmomentumát jelenti a Kossuth Rádióban 13 óra 20 perckor elhangzó közlemény, mely szerint „A Magyar Népköztársaság kormánya a további vérontás megszüntetése és a békés kibontakozás érdekében elrendeli az általános, azonnali tűzszünetet. Utasítja a fegyveres erőket, hogy csak akkor tüzeljenek, ha őket támadják."*

Én elbúcsúztam anyáméktól, és biciklivel elindultam Kelenvölgyön át a Móriczra. Olyan szerencsém volt, hogy egy Csepel teherautó éppen kiindult a Kelenföldi pályaudvar elől, a Bartók Béla úton át a Móricz felé.

Akkor még azt gondoltam, hogy szerencsém volt. Bezzeg félórával később!

Rákapaszkodtam a platójára. Bal kézzel a kormányt fogtam, jobbal meg a teherautó egyik kiálló vasdarabját. Az autó gyorsítani kezdett. Mire elérte az őáltala megkívánt sebességet, én a macskaköves úton, fogva a teherautót, teljesen arra koncentráltam, hogy valahogy fennmaradjak a gépen.

Igen. Halálfélelmem volt. Jeges rémülettel néztem az egyre gyorsuló teherautó mellől a szembe fújó szél és porkavalkádjában a macskaköves út minden buktatóját. Az egyre gyorsuló teherautót abban a labilis állapotban nem mertem elengedni! Az után az öt perc után, amit óráknak éreztem, véget ért a száguldozás, és végre úgy éreztem, lassít a teherautó, és én elengedtem azt. Nem estem el. Miután véglegesen visszanyertem az egyensúlyomat, egy percre kilihegtem magamat, aztán továbbtekertem a Móricz felé.

Első dolgom volt, hogy megnézzem a Népbüfé előtt lévő tacepaót. Időközben sok új hírt találtam a géppel írt szövegekben. Ezeket rövidítve közlöm.

17 óra 25 perckor Nagy Imre miniszterelnök már nemzeti demokratikus mozgalomként értékelte az eseményeket. Gerő Ernő, Hegedűs András, Bata István és Piros László kommunista vezetőket családjukkal együtt a Szovjetunióba szállították. A párt Központi Vezetősége tevékenysége megszűnt, létrejött egy hat fős elnökség Kádár Jánossal az elnöki poszton. Tagnak választották még Apró Antalt, Münnich Ferencet, Kiss Károlyt, Szántó Zoltánt és Nagy Imrét.

Folytatódott a nemzetőregységek számának gyarapodása. Ebben a folyamatban segítséget nyújtottak a Néphadsereg egyre nagyobb arányban átálló tagjai.

Szimbolikusnak tűnő, ám az eseményeket megelőző években szinte elképzelhetetlen változásokat idézett elő Janza Károly altábornagy honvédelmi, és Münnich Ferenc belügyminiszter közös parancsa, mely az állami címer eltávolítására és a nemzeti szalag kitűzésére irányult. Az addigi „elvtárs" megszólítás helyett a „bajtárs" került bevezetésre, továbbá december 31-i határidővel intézkedtek a hagyományoknak megfelelő rendfokozati jelzésekhez való visszatérésről.

A nyugati nagyhatalmak kezdeményezésére összeült az ENSZ Biztonsági Tanácsa a magyarországi helyzet megvitatása céljából, a Szovjetunió tiltakozása és Jugoszlávia tartózkodása mellett.*

Kissé meglepődtem, hogy az apró betűkkel írt sorok között megjelent a „Mindszentyt miniszterelnöknek!" követelés.

Én emlékeztem rá. Egészen fiatal gyermekkoromban Mindszenty bíboros a romos Gellért Sziklakápolnában vasárnaponként nagymiséket tartott. Amikor egyszer-egyszer vasárnap arra jártam, mindig nagy tömeget láttam a Sziklakápolna előtt és a Gellért téren is. Akkor anyámék azt mondták, hogy meghallgatni veszélyes dolog. Én ehhez tartottam magam.

És most megjelent a tacepaón: „Mindszentyt miniszterelnöknek!". *Furcsa dolgok vannak*, morfondíroztam, *de majd meglátjuk, mi lesz.*

Miután elolvastam a tacepaót, már jócskán benne voltunk az időben. A kerékpárt lent hagytam a földszinten, hozzálakatolva a lépcső korlátjához, azután felmentem a 7. emeletre.

Ezen a folyosószakaszon két lakást lehetett megközelíteni. Mindkét lakáshoz volt csengő, de a keresztanyáméké rossz volt. Csengetésemre nem mozdult senki. Hosszas várakozás után úgy döntöttem, becsöngetek a Csúcskovics nénihez, a szomszéd jósnőhöz.

Ő azonnal ajtót nyitott.

Csúcskovics néni arról volt nevezetes, hogy Tarot kártyából jósolt. Most, ahogy meglátott, kikerekedett szemekkel csodálkozott.

– Ferikém, ilyen időkben lent csatangolsz? Nem félsz, hogy megtámadnak az utcán?

– Kedves Csúcskovics néni, én már megjártam Budafokot is, mégis hazajöttem! A keresztanyámék itthon vannak?

– Igen... csak a Thomán urat kellett bevinni a kórházba.

– Akkor jól jön a segítség! Köszönöm, hogy beengedett, Csúcskovics néni – búcsúztam el az idős asszonytól, miközben bekopogtam a keresztanyámék ajtaján.

Elég sok idő telt el, míg kinyílt az ajtó. Az unokatesóm nyitotta ki, bőgéstől bedagadt szemekkel. A konyhában előkerült a ház úrnője is.

– Jó, hogy jössz, Feri – fogadott az asszony. – Nem elég, hogy a férjemet be kellett vitetnem a kórházba, ez a megátalkodott kölök meg nem hajlandó tanulni!

Bizony, az öcskösöm – enyhe szavakkal – nem volt kiváló tanuló. Kettővel alattam járt a Budai Nagy Antal ÁG-ban. Amennyire tehetséges volt rajzból, annyira hanyagolta a tanulmányait. Én éppen azért költöztem hozzájuk, hogy valamiképpen átsegítsem őt a tanulási nehézségeken.

– El is felejtettem, hogy te még nem is ettél. Gyere, fiam, ülj le ülj asztalhoz. Pisti, te is vacsorázzál! – jutott eszébe az asszonynak, hogy én a budafoki túra után éhes lehetek. – Evés közben elmesélem, mi történt Pista bátyáddal.

Az asszony megterített (finom csirkepörkölt volt a vacsora). Mikor a tálalással készen volt, belefogott a férje betegségének történetébe.

– Tudod, Titics (ezt a nevet csak ebben a családban használták rám) –, Pista bátyád Maléter Pál asszisztense. Az a baj, hogy amikor legnagyobb szüksége volna a főnökének rá, tessék, 41 fokos lázzal, tüdőgyulladással vitettem be a tiszti kórházba! Semmiképpen nem akart menni, de amikor a főnöke telefonon ideszólt, hogy ilyen betegen nem lehet dolgozni, akkor végre engedett az erőszaknak. Sajnos most meg sem tudom látogatni, nem járnak a villamosok!

Megvacsoráztunk, aztán másra terelte a szót az asszony.

– Nemrég költöztünk ide a Rózsa Ferenc utcából. A tüzelőnk, amit tavasszal megvettünk, ott maradt a Rózsa Ferenc utcai háznak a pincéjében. Nem tudom, hogy egyáltalán még megvan-e? Idehozatni aztán végkép nem tudom. Volna valami ötleted ebben a helyzetben?

Kicsit elgondolkoztam, aztán így válaszoltam:

– Szerencsére itt van a kerékpárom a földszinten. Holnap átkarikázhatok a Rózsa Ferenc utcába, megnézem, megvan-e még a tüzelő. Ha megvan, elmehetek apámékhoz, hogy megbeszéljük apámmal és a bátyámmal az ideszállítmányozás lehetőségét. Laliéknak van egy négykerekű kordéja, azzal, ha kölcsönadják, legalább egy részét el tudnánk hozni a tüzelőnek.

Keresztanyám szeme felcsillant.

– Lassan november lesz, megvesz az Isten hidege a gyerekkel tüzelő nélkül.

Aznap ott aludtam a 7. emeleten a Móriczon. Az fárasztó nap után nem kellett ringatni. Majdnem 10 óra volt, mire felébredtem.

1956. október 29, hétfő

Reggeli után megkért a keresztanyám:

– Ferikém! Itt van nem messze, a Bartók Béla úton, a Gellért tér felé egy pék, hoznál nekünk egy kétkilós kenyeret, ha lehet kapni?

– Máris összekapom magamat és lemegyek.

A földszinten megnéztem a kerékpáromat. Minden rendben volt. Gyalog elindultam a kedvenc tacepaóm irányába. Új hírek voltak olvashatók.

„A szovjet csapatok megkezdték a fővárosból történő kivonulást, de a Kilián laktanya környékén még történtek összetűzések.

Münnich Ferenc belügyminiszter bejelentette az Államvédelmi Hatóság feloszlatását, és helyette egy új, demokratikus rendőrség megalapítását kezdeményezte. Elindult a tagok lefegyverzése. Az ÁVH tagjainak jelentős része menedéket kért a szovjet hadseregnél. 3200 ÁVH-s Budaörsnél, egy másik nagyobb csoport a XIII. kerületi Elektromos pályán gyűlt össze, innen indultak el a tököli szovjet bázis felé."*

Elgondolkozva az újabb fejleményeken ballagni kezdtem a Bartók Béla úton a Gellért tér irányába. Elhagytam a Borostyán éttermet, mikor hangos csörömpöléssel az út közepén egy T–34-es szovjet tank közeledett a Gellért tér irányából. A harckocsi fedele tárva-nyitva volt. Mikor közelebb jött, akkor láttam, hogy egy katona géppuskával pásztázza az én járdámat... Néhány gyalogos volt ott, főleg nők, akik szintén a páncélost nézték. Mikor a géppuska egy vonalba került velem, belenéztem a géppuska célzógömbjébe, és a hideg verejték végigszaladt a hátamon.

Ha meghúzza a ravaszt a katona, akkor nekünk végünk van, gondoltam. Mire idáig jutottam, a harckocsi eltűnt a Móricz Zsigmond körtér irányába.

Folytattam az utam, míg elértem a Bartók Béla úti pékséget. Nem könnyű feladatot bízott rám a keresztanyám. Hosszú sor kígyózott a pék előtt, és a kisbolt is tele volt emberekkel. Több órás várakozás után – ebbe beletartozott az is, hogy az éjjeli sütés kifogyott – végre sorra kerültem. Már a kis elárusítóteret is betöltötte a friss, meleg kenyér illata! Én már az illattól jóllaktam.

Amikor sorra kerültem, akkor hozta ki a pék a friss, ropogós sós stanglikat! Vettem egy kétkilós veknit és 6 db stanglit. Gondoltam, 2-2 db-ot mindnyájan elmajszolunk.

Én, amíg hazaértem, megettem mind a két stanglimat.

Azóta sem találtam ilyen kiváló sós stanglit!

Vagy csak én voltam éhes?

Mire hazaértem, nem volt értelme elindulni a Rózsa Ferenc utcába. Úgy döntöttem, tanulok az öcskössel.

Bekapcsoltuk a rádiót. Megszakítva az akkoriban szokásos komolyzenei adást, délután negyed 6-kor a Honvédelmi Minisztérium rádión keresztül arról tájékoztatott, hogy „...a budapesti ellenállási csoportok vezetőivel való megegyezés alapján az ellenállók megkezdik fegyvereik átadását a szovjet egységeket felváltó magyar csapatoknak. A fegyverek leadása után 24 órán belül megkezdődik a szovjet egységek kivonása Budapestről."

Este 8-kor a Budapesten tartózkodó szovjet csapatok tűzszüneti parancsot kaptak.*

– Na végre! – szakadt ki a keresztanyámból. – Talán nem hiába volt az a sok halálos áldozat.

Visszagondoltam a T–34-esre, amivel a pék felé vezető úton találkoztam, s még mindig jeges borzongás fogott el, de azután békésen elaludtam.

1956. október 30, kedd

Másnap korán keltem.

Elkértem a keresztanyámtól a régi lakásuk pincekulcsát. Reggeli után leoldottam a láncról a biciklimet, akkurátusan felakasztottam a láncot a lakattal a kerékpárom vázára, ahol nem volt útban, majd elindultam a belváros felé.

A budai oldalon semmi akadályba nem ütköztem. A Szabadság híd és a Kálvin tér érintésével elértem a Múzeum körút – Rákóczi út sarkát. Itt a szomszéd antikváriumokból kihajigált „szemetet" hatalmas máglyán égette néhány ember. Én mindenesetre a máglyából kimentettem Jack London Vaspata című művét, mely az akkori kedvenc regényem volt.

Nem sokat bámészkodtam itt, mert a távolból, a Keleti pályaudvar irányából lövések hallatszottak. Hamarosan az itt könyveket égető emberek is felfigyeltek a lövések zajára és elindultak a Keleti felé. Nekem a Nyugatinál volt dolgom, tehát arra indultam.

A Filmmúzeummal átellenben egy kilőtt, kirabolt kirakat éktelenkedett.

– Nesze neked, forradalom tisztasága – morfondíroztam magamban, miközben elhaladtam a Nyugati pályaudvar mellett. Hamarosan megérkeztem a Rózsa utcához. A házban ismertek. Lementem a pincébe, ahol örömmel láttam vagy 10 zsák szenet és egy kevés fát.

A visszaút a Nagykörúton, a Petőfi híd felé vezetett. Ahogy kereszteztem a Rákóczi utat, a Keleti irányából ágyúlövéseket hallottam. Továbbhaladva a körúton, majdnem a Corvin mozival szemben egy repülőgép volt az épületek felső szintjébe fúródva. A Corvin közben sok embert láttam.

Az egyik emberben Rákosi Bélát ismertem fel.

Miután köszöntöttük egymást, megkérdeztem:

– Bélám, mi történik itt?

– A Köztársaság térre, a pártház ostromához vonulunk a Falábú Jancsika vezetésével! Nem akarsz velünk jönni?

Megköszöntem az invitálást, de kimentettem magamat azzal, hogy nekem máshol van dolgom.

Átmentem a Petőfi hídon és elértem a Móriczra.

A Körtéren, a tacepaón újabb friss felirat fogadott.

„Moszkva nyilatkozatban jelezte, hogy a Szovjetunió hajlandó megvizsgálni a Varsói Szerződés értelmében Magyarországon tartózkodó szovjet haderő helyzetét. Ezen kívül úgy vélte, a magyar dolgozók jogos mozgalmához ellenforradalmi, reakciós kapitalisták is csatlakoztak. Továbbá a szovjet vezetés kijelentette, hogy a magyar kormány kérésének megfelelően hajlandóak kivonni a Budapesten lévő szovjet alakulatokat, valamint tárgyalni a Magyarország területén állomásozó haderejük teljes visszavonásáról."

Talán még normálisan meg lehet oldani ezt a helyzetet, gondoltam, miközben lelakatoltam a földszinti korláthoz a kerékpáromat, majd felmentem a hetedik emeletre.

Bekaptam valami harapnivalót a tegnapi maradékból.

A hátralévő időt az öcskössel tanulással töltöttük.

Amint végeztünk, bekapcsoltam a rádiót. Ezek a hírek hangzottak el a rádióból:

16 óra 57 perckor Nagy Imre közölte, hogy „A kormány kezdeményezésére a szovjet hadsereg csapatainak a kivonulása megkezdődött. Minden hatóság, az ország minden polgára az elvonulás teljes rendjének a biztosítása érdekében tartózkodjék minden provokatív, zavaró vagy ellenséges cselekedettől, hogy így is hozzájáruljon a szovjet hadsereg csapatainak a kivonulásához."

Fél 7-kor Janza Károly honvédelmi miniszter alábbi parancsa került beolvasásra: „A társadalmi és nemzeti megújhodásunkat kiharcoló hősi forradalmunk eredményeként megállapodtam a szovjet fegyveres erők parancsnokságával csapataik Budapestről való kivonásának rendjéről. Eszerint a Budapesten lévő összes szovjet csapatok kivonulásukat 1956. október 30-án délután 4 órakor megkezdik, és előre kidolgozott terv szerint 1956. október 31-én virradatig befejezik. A szovjet csapatok kivonulásával párhuzamosan fővárosunkban a néphadsereg egyes alakulatait vonom össze. A rend fenntartásának feladatait a néphadsereg, a rendőrség és a nemzetőrség csapatai együttesen látják el."*

Az alábbi hír hallatán kezdtem megérteni az én tacepaóm üzenetét:

„Este 10 órakor a honvédség rétsági alakulata Pálinkás (Pallavicini) Antal őrnagy vezetésével, a kormány utasítására a felsőpetényi házi őrizetéből kiszabadította Mindszenty József hercegprímást, akit Nagy Imre miniszterelnök hivatalosan is rehabilitál".

A hercegprímás még aznap éjszaka rövid rádiószózatot intézett az ország népéhez, amit én a keresztanyám lakásán hallgattam.

Ebben a beszédében lerögzítette, hogy „nem gyűlöl senkit, és hogy néhány napra van szüksége, hogy tájékozódjon".

„– Most tájékozódom, két napon belül napon belül a kibontakozás útjáról személyes szózatot intézek a nemzethez."

Így fejezte be közvetlenül a kiszabadulása utáni első beszédét Mindszenty hercegprímás.

1956. október 31, szerda

Leszaladtam egy újságért, ahol ezeket olvastam:

Felkelő csoportok körülbelül háromórányi harc után sikeresen elfoglalták a Köztársaság téri kommunista pártszékházat. A támadók közül húsz-harminc, a védők közül hozzávetőleg húsz fő esett áldozatául a harcoknak, akik közül kb. tízen népítélet, lincselés áldozatai lettek. A foglalások nem értek véget: az orvostanhallgatók a IX. kerületi pártbizottság épületét, majd a X. kerületi pártszékházat is birtokba vették.

Az újság közölte a Köztársaság téri lincselés áldozatainak szörnyű, lábbal felfelé felakasztott képét.

A továbbiakban az újság arról adott híradást, hogy „XII. Pius pápa táviratban köszöntötte Mindszenty József hercegprímást, aki reggel 9-kor érkezett a budai érseki palotába, hogy külföldi katolikus segélyszállítmányokról tárgyaljon külföldi egyházi vezetőkkel.

A Kilián laktanyában a Magyar Néphadsereg, a nemzetőrség, a fegyveres csoportok, az újjászerveződő politikai pártok és szervezetek részvételével megtartották a Forradalmi Karhatalmi Bizottság gyűlését. Itt többek között bejelentették, hogy egységes parancsnokság alá vonják a honvédség, rendőrség, határőrség és a felkelő csoportokból megalakult nemzetőrséget."

Este 8 órakor a Kossuth rádió bemondta, hogy Nagy Imre, a minisztertanács elnöke tárgyalásokat kezdeményez Moszkvával a szovjet alakulatok teljes kivonásáról.

Újjáalakult a Nemzeti Parasztpárt (Petőfi Párt néven) és a Kereszténydemokrata Néppárt, valamint a Parasztszövetség.

Washington Eisenhower elnöknek a forradalmat és a magyar nemzetet méltató nyilatkozata ellenére biztosította a Szovjetuniót arról, hogy nem tekinti potenciális szövetségesének az új magyar kormányt.*

Visszagondoltam az öreg rendőr bölcs szavaira Rózsavölgyben, anyámék házában: „Amerika messze van, az oroszok meg itt vannak".

A szovjet pártvezetésben egyre inkább nőtt a magyarországi beavatkozást pártolók befolyása. A korábban még a „virágozzék minden virág" elvét valló, intervencióellenes Pekinget is meggyőzték.

1956. november 1, csütörtök

Az aznapi újságok legfontosabb híranyagai ezek voltak:

A magyar reptereket a szovjet haderők lezárták. A Nagy-kabinet megtiltotta a magyar honvédségnek az ellenállást. Teljes harckészültségbe helyezték a jugoszláv hadsereget, melynek felvonultatása megkezdődött a magyar határ mentén.

A délelőtt folyamán Losonczy Géza államminiszter bejelentette, hogy a külügyminiszteri posztot aznap átvevő Nagy Imre miniszterelnök kormányának néhány tagjával (Kádár János, Erdei Ferenc, Losonczy Géza, Tildy Zoltán és Dobi István) fogadta Jurij Andropovot, a Szovjetunió budapesti nagykövetét, és követelte az újonnan Magyarországra érkezett szovjet csapatok azonnali kivonását.

Deklarálta, hogy országunk kilép a Varsói Szerződésből és semlegessé válik. Utóbbi szavatolásáért az ENSZ-hez és a nagyhatalmakhoz fordul.

Kádár János bejelentette a Magyar Dolgozók Pártjának megszűnését, és az új párt, a Magyar Szocialista Munkáspárt (MSZMP) megalakulását. Kádár és Münnich Ferenc belügyminiszter a nap folyamán titokban elhagyták a fővárost, és a Szovjetunióba távoztak.

Aktivizálódtak a kommunista diktatúra évei alatt elnyomott civilek és értelmiségiek. Többek között megalakult a Politikai Foglyok Országos Szövetsége (POFOSZ), a Keresztény Magyar Párt, a Keresztény Front, valamint újjáalakult a Magyar Cserkészszövetség.[*]

Késő délután felkerekedtem a biciklimmel és átkarikáztam anyámékhoz.

Itt az az újdonság várt, hogy időközben a testvérem Vasváris évfolyamtársai lassacskán hazamentek. Már csak egy fiú maradt otthon, Pataki László.

Ő is másnap készülődött hazamenni.

1956. november 2, péntek

A hajnali derengésben az ágyban fekve egy hatalmas pofont adtam magamnak annak a megkésett szúnyognak a kiirtására, amelyik oly undorítóan zümmögött, mielőtt landolt az arcomon. Elégedetten állapítottam meg, hogy a szúnyog zümmögése megszűnt, tehát remélhetőleg megöltem!

Amikor magamhoz tértem félálombeli kábultságomból, olyan érzésem támadt, hogy mintha valaki figyelne a hajnali derengésben. Megfordultam az ágyamban és akkor fedeztem fel Pataki Laciit, aki az ágyammal szemben ült egy hokedlin. Észrevette, hogy ébredezek. Így szólt hozzám suttogva:

– A szüleid és István benn alszanak a nagyszobában. Nem akarom zavarni őket. Kérlek, közöld velük, köszönöm minden jóságukat, amit értünk tettek. Aztán így folytatta:

– Istvánnak is megköszönöm, hogy idehozott bennünket. Üzenem Istvánnak, hogy a pincében, a polcon, a faragott ládikóban hagytam egy kis ajándékot. Használja egészséggel!

Laci köszönt és elment. Én azokban a zűrös időkben el is felejtettem a kis ajándékcsomagot. Csak néhány hét múlva jutott eszembe, hogy megnézzem. A csomagban 3 db kondom volt. Most nem tulajdonítottam a csomagnak jelentőséget, de később nagy hasznát vettem, amikor eszembe jutott és megtaláltam.

Amikor fölébredtek a szobában alvók, bekapcsoltam a rádiót. Az aznapi hírek nagyjából ezek voltak:

„A harcok gyakorlatilag országszerte befejeződtek. Újjáalakult a koalíciós Nagy-kormány, az új kabinet honvédelmi miniszterévé Maléter Pált nevezték ki. A kormányfő kijelölte a Varsói Szerződésből való kilépésről tárgyaló delegáció tagjait (Losonczy Géza államminisztert, id. Antall Józsefet, Farkas Ferencet, Kővágó Józsefet és Márton Andrást).

Ezt követően a rádióban a következőket mondták be: „Október 31-én és november 1-jén sajnálatos módon újabb szovjet egységek lépték át a magyar határt. A magyar kormány minden tőle telhető erőfeszítést megtett, hogy elérje a csapatok visszarendelését, lépései azonban hiábavalónak bizonyultak, sőt a szovjet csapatok tovább folytatták előnyomulásukat, egyes egységek pedig Budapest körül vonultak fel. Mindennek következtében a magyar kormány 1956. november 1-jén felmondta a Varsói Szerződést."

Kezdetét vette a békeállomány feltöltése a hadsereg egyes alakulatainál. Kaposváron és Nagyatádon hétszáz, Szekszárdon háromszáz, Hódmezővásárhelyen ezernégyszáz behívóparancs került kézbesítésre.

Megalakult a szovjet csapatkivonásról tárgyaló delegáció. Tagjait Janza Károly honvédelmi miniszter jelölte ki, a küldöttség vezetője Erdei Ferenc miniszterelnök-helyettes lett. Andropov szovjet nagykövet közölte, hogy Moszkvát Mihail Malinyin hadseregtábornok képviseli a tárgyalásokon.*

Én aznap délelőtt ismét kenyérmissziót teljesítettem.

A Pulai-tótól nem messze a bátyámék felfedeztek egy kis boltot, ahol Barton pék kenyerét árulták. Oda mentem.

Az ismerős, hosszú sor várt. De ekkor a sor közepén Rákosi Bélára találtam. Jobban mondva ő talált rám. Kilógott a sorból, úgy integetett felém.

– Gyere ide, neked tartottam egy helyet – kiabált felém, ahogy meglátott.

A sorban állók némi morgolódással, de tudomásul vették az én „befurakodásomat" a sor közepére.

Mikor elrendeződtek a sorban állás hullámai, megkérdeztem:

– Béla, mi történt tegnap a Köztársaság Téren, a párt székházánál?

– Nagy dolgok történtek ott – kezdte Béla. – Emlékszel rá, mikor elváltunk a körúton, indultunk a Corvin köz tüzérparancsnoka, „Falábú Jancsika", alias Mesz János vezetésével. Fogalmam sincs, milyen kis zegzugos utakon jutottunk a Köztársaság térre, de végül odajutottunk. Már akkor ott voltak a Baross téri osztagok, akik elmesélték, hogy lövöldözések zajára lettek figyelmesek a Köztársaság tér irányából, azért jöttek ide. A Baross tériek elmesélték, hogy délelőtt egy osztag megpróbálta lefegyverezni a pártközpontban tartózkodó ávósokat, de fegyveres ellenállásba ütköztek, több halottat és sebesültet kénytelenek voltak hátrahagyni. A Baross téri Nickelsburg László és a Corvin közi Mesz János parancsnok rövid tanácskozás után megegyezett a pártházban tartózkodó ávósok lefegyverzésében. Mi az Erkel Színházat kaptuk felvonulási terepként. Elfoglaltuk a helyünket a pártházzal szemben, a színház tetején. Egyszer csak három-négy tank vonult be a térre. A pártházzal szembekerülve szétlőtték a bejárati homlokzatát! Képzelheted a forradalmárok lelkesedését, amikor azt hittük, átálltak hozzánk a páncélosok! De rövid ágyútűz után, melyben szétlőtték a harckocsik a bejárati kaput, a tankok megfordultak és kivonultak a térről! Csend lett. Néhány perc múlva megjelent fehér zászlót lengetve három ávós tiszt.

Tisztán hallottam egy hangot „Ne lőjetek, megadják magukat". Csend lett. Aztán a csendbe belehasított egy géppuskasorozat. A három ember elbukott.

Nem vagyok benne egészen biztos, hogy ez igaz, de a gépfegyvertűz Mesz János irányából jött. A pártházban szobáról szobára ment a harc. Az előzmények után (mi történt a fehér zászlós parlamenterekkel) a bennlévők semmi jóra nem számíthattak. Végül győztek a forradalmárok. Ezután elszabadult a pokol. Tíz ávós katonát kivégeztek, és őket a lábuknál fogva felakasztották a lámpaoszlopokra!

Végre sorra kerültünk a kenyér kimérésnél. A tapasztalatok alapján mindenki csak egy kenyeret kapott, nehogy idő előtt elfogyjon. Béla megvárt, mire én is sorra kerültem, aztán elbúcsúztunk.

A kenyérkimérés után Laki felé vettem az utat. Nekik volt az a négykerekű kordéjuk, ami alkalmas volt a Rózsa Ferenc utcai pincéből a Móriczra átvinni a tüzelőt. Lakatos néni volt otthon. Mikor hallotta, milyen célból kell a kordély, azonnal odaadta.

Innen az utam a Rózsavölgyi lakásunkhoz vezetett.

Ez szólt a Kossuth rádióból:

„Késő délután Nagy Imre és környezete elkönyvelte Kádár János és Münnich Ferenc eltűnését. Apró Antal, Kiss Károly, Marosán György és Nógrádi Sándor is elhagyta a fővárost, ők a tököli szovjet bázisra távoztak.

Hruscsov és Malenkov ezen a napon Bukarestben román, csehszlovák és bolgár vezetőkkel tárgyalt, megágyazva a szovjet fegyveres beavatkozásnak. A jugoszláv vezetők nem ellenezték a szovjet beavatkozást. Hruscsov Münnich Ferencet, a keményvonalas kommunistát javasolta az új vezetés élére, de jugoszláv javaslatra végül Kádár János személyében egyeztek meg."*

1956. november 3, szombat

Öt óra körül útnak indultunk, apám, a testvérem meg én.

A kordé elején én kormányoztam, apámék tolták a kordé végét. Az út inkább unalmas volt, mint izgalmas.

Már a Nyugatinál jártunk, mikor egy kortalan kinézetű öregasszony megszólított bennünket.

– Fiatalember – szólt apámhoz, miután szemmel látható volt, hogy ő parancsol –, volna itt egy sparhelt, azt kellene átszállítani Óbudára. Jól megfizetem! – tette hozzá a néni.

– Aztán hol van a sparhelt? – kérdezte apám. A „jól megfizetem"-et eleresztette a füle mellett.

Időközben apám mellé gyülekeztünk. A hölgy így válaszolt:

– Itt van a közelben, csak el kéne vinni. Segítsenek, kérem.

Apámmal összenéztünk. Már tudtam a választ.

– Megnézzük, aztán meglátjuk – szólt apám –, vezessen oda.

A hölgy egy közeli kapualjhoz vezetett. Én maradtam a szekér őrzésére, apám, testvérem a hölgy vezetésével eltűntek a kapualjban. Hamarosan megjelentek egy közepes méretű konyhai sparheltet cipelve.

– Segíts felemelni a kordéra! – szólt rám apám.

Miközben Óbuda felé baktattunk a kordéval, nem volt tudomásuk a világ körülöttünk zajló eseményeiről.

Arról sem, hogy újabb kormányátalakítás történt. A végrehajtó hatalom testületének tagjai a következő személyek voltak: Nagy Imre miniszterelnök és külügyminiszter, Tildy Zoltán, Kovács Béla, B. Szabó István (Független Kisgazdapárt), Bibó István, Farkas Ferenc (Petőfi Párt), Kádár János, Losonczy

Géza (MSZMP), Fischer József, Kelemen Gyula, Kéthly Anna (Szociáldemokrata Párt) államminiszterek, valamint Maléter Pál honvédelmi miniszter. Kádár János rejtélyes távolléte ellenére is a kabinet tagja maradhatott.

A délelőtt megkezdődtek a magyar–szovjet katonai tárgyalások a csapatkivonások részleteiről, a hősi emlékművek megóvásáról, valamint az ünnepélyes búcsúztatásról. A szovjet delegáció megígérte, hogy több szovjet csapatszállító szerelvény a magyar határon nem érkezik be. Megállapodtak, hogy a megbeszéléseket este 10-kor folytatják. Tildy Zoltán miniszter Losonczy Géza kollégájával közösen tartott délutáni nemzetközi sajtótájékoztatóján úgy nyilatkozott, hogy a kormány mindent meg fog tenni, hogy a teljes egyenjogúság és függetlenség alapján becsületes, nyílt és jószomszédi viszonyt alakítson ki Magyarország és a Szovjetunió között. Losonczy kiemelte a nemzeti függetlenség megőrzésének fontosságát és kijelentette, hogy a kormány nem engedi, hogy visszatérjen a kapitalizmus.

Eközben Kádár János a Szovjetunió segítségét „kérte" az „ellenforradalom" leveréséhez. Vezetésével ellenkormány alakult (Forradalmi Munkás-Paraszt Kormány). Ebben Münnich Ferenc a fegyveres erőkért felelős miniszteri tárcát kapta.

Mindszenty József bíboros rádióbeszédében egyebek mellett foglalkozott a függetlenség kérdésével. A Magyarországon történteket szabadságharcként értékelte. Úgy vélte, hogy „mi, magyarok az európai népek családi, bensőséges békéjének zászlóvivőiként akarunk élni és cselekedni". A beszéd tiltólistára került a Kádár-rendszer időszaka alatt.

A szovjet csapatok lezárták a magyar–osztrák határt és a Ferihegyi repülőteret. A szovjet csapatkivonási tárgyalások második fordulójára érkezett tárgyalóküldöttség négy tagját (Erdei Ferencet, Maléter Pált, Kovács István vezérőrnagyot, Szűcs Miklós ezredest) és az őket kísérő személyeket Tökölön

Ivan Szerovnak, a KGB elnökének vezetésével letartóztatták. Az akcióban az október 28-án a Szovjetunióba távozott Piros László kommunista ex-belügyminiszter, és a korábban a szovjet hadseregnél menedéket találó volt magyar ÁVH-sok is részt vettek.*

Ezekről mindről nem volt tudomásunk, hiszen útközben nem tudtunk rádiót hallgatni.

Mikor odaértünk az óbudai bérházhoz, akkor derült ki, hogy az ötödik emeletre kell felcipelnünk a tűzhelyt egy csigalépcsőn! Első gondolatom az volt: idehoztuk, most már oldja a hölgy, de azután nekiveselkedtünk, és sűrű káromkodások közepette, a szekér tartozékát képező gurtnikkal felcipeltük az ötödikre.

– Mivel tartozom? – kérdezte a hölgy.

– Amit rászán erre a munkára – válaszolt apám.

– Egy százasra gondoltam.

– Az bőven elég lesz – így apám.

– Ha holnap is eljönnének, itt a címem, egy kis tüzelőmegbízásom volna az önök részére.

– Majd meglátjuk, mit tartogat a jövő – búcsúzott apám.

Mi meg már lent vártuk a taligánál. Kellett sietnünk, mert még Óbudáról át kellett jutnunk a Rózsa Ferenc utcára, onnan a Móriczra, aztán haza.

A Rózsa utcában a tüzelő felét tudtuk felpakolni. Pár zsák szenet, néhány zsák fát. Máris indultunk.

A Móriczon bepakoltuk a tüzelőt a pincébe. A taligát rábíztuk a mindig zsémbes Mihály bácsira, a házfelügyelőre, aztán felmentünk a VII. emeletre.

Kissé rendbe hoztuk magunkat.

Pár falatot bekaptunk, aztán lementünk a földszintre. Még egyszer lelkére kötöttük Mihály bácsinak: vigyázzon a taligánkra, reggel érte jövünk. Elköszöntünk, és gyalogosan indultunk haza, Rózsavölgybe.

Az úton igencsak elfáradtam.

Anyám nagy lavórjában megmosdottam, és lefeküdtem aludni, a holnapi nagy gyaloglásokhoz készülve.

Még hallottam a rádióban a Mindszenty hercegprímás nemzethez való szózatának elejét:

„– Igen gyakori mostanában annak a hangsúlyozása, hogy a nyilatkozó a múlttal szakítva őszintén beszél. Én ezt így nem mondhatom: nem kell szakítanom múltammal. Isten irgalmából ugyanaz vagyok, mint aki voltam bebörtönzésem előtt. Ugyanazzal a testi és szellemi épséggel állok meggyőződésem mellett, mint nyolc éve, bár a fogság megviselt..." **

Ezután mély álomba merültem.

1956. november 4, vasárnap

Vasárnap hajnalban ébredtem. Bekapcsoltam a rádiót, és félálmomban hallgattam az adást. Először fel sem fogtam, mit jelentenek ezek a mondatok:

Kádár 5.05, Nagy 5.20.

„Itt Nagy Imre beszél, a Magyar Népköztársaság minisztertanácsának elnöke. Ma hajnalban a szovjet csapatok támadást indítottak fővárosunk ellen azzal a nyilvánvaló szándékkal, hogy megdöntsék a törvényes, magyar demokratikus kormányt. Csapataink harcban állnak! A kormány a helyén van. Ezt közlöm az ország népével és a világ közvéleményével!"

Ránéztem a vekkeremre: 5 óra 23 percet mutatott.

Én a Móriczra készültem! Kiszaladtam apámékhoz, akik már anyám nyári konyhájában tartózkodtak. Röviden ismertettem az imént a rádióban hallott híreket. Éppen befejeztem a hírek közlését, amikor megérkezett Lakatos Laci, akitől kölcsönkaptuk a taligát. Laci berontott anyám nyári konyhájába, és még a köszönést is elfelejtette, rendkívül felindultan közölte:

– Árulás történt! Kádár behívta a szovjet csapatokat!

Hozzám fordult:

– Azonnal fel kell mennünk a hegyre, a Panoráma étterem romjaihoz, ott már gyülekeznek a felkelők!

Anyám megőrizte a hidegvérét.

– Azt már tudjuk, Nagy Imre mit üzent a rádión, de azt még nem tudjuk, Kádár hogy követett el árulást. Laci, mondd el, mit hallottál!

– Én éjjel-nappal bekapcsolva tartom a rádiómat. – Laci itt kis szünetet tartott, aztán folytatta: – Reggel 5 óra 5 perckor Kádár rádióüzenetére lettem figyelmes. A rádióüzenet, mely Szolnokról hangzott el, ez volt az árulás maga! Kádár közölte, hogy a Nagy Imre-kormány és az ellenforradalmi erők ellen fordul, szovjet segítséggel! *** Mi ez, ha nem árulás?

Először lebénultam a hallottaktól. Majd a bölcs, öreg rendőr szavai jutottak eszembe:

„– Vilma asszony, én amondó vagyok, Amerika messze van, az oroszok meg itt vannak! Amerika semmit sem fog tenni értünk!"

Anyámra néztem, aztán döntöttem:

– Én nem megyek! Ez már nem lehet értelmes harc a szovjet páncélosok ellen!

Laci elvörösödött, majd kifordult a konyhából.

Délelőtt lövések zajára figyeltünk fel a Panoráma irányából. Még mintha egy kisebbfajta ágyút is elsütöttek volna. Aztán a Budaörsi reptér irányából tankok össztüze hallatszott, majd nagy, néma csend. Körülbelül 1 óra múlva megjelent Laci koszosan, megtépázva, de élve!

– Ezek a disznó oroszok a reptérről ágyútüzet zúdítottak ránk. Szerencsére nem sebesült meg senki, de a fegyvereink odalettek. Mit tehettünk mást, szétszéledtünk!

Anyám, aki mindig a praktikus oldaláról fogta meg a dolgokat, így válaszolt:

– Kedves Lacikám! Mosakodj meg, addig én sütök egy rántottát neked.

A harmadik napon bemerészkedtem a városba a biciklimmel.

Közben a nagypolitikában zajlottak az események, amikről mi semmit sem tudtunk.

Éjfélkor Vaszilij Kazakov vette át a magyarországi szovjet csapatok főparancsnokságát.

Dalibor Szoldatics jugoszláv nagykövet az éjszaka folyamán Szántó Zoltán közvetítésével átadta Nagy Imrének Tito és Aleksandar Rankovic belügyminiszter üzenetét, melyben közölték, hogy a jugoszláv kormány menedéket biztosít a magyar kormányfő és társai számára. Hajnali 4 órakor megkezdődött a „Forgószél" fedőnevű hadművelet végrehajtása. Ez a forradalom szovjet csapatok általi leverését, valamint a Magyar Néphadsereg egységeinek lefegyverzését jelentette. A román határon keresztül újabb szovjet csapatok özönlöttek Magyarország területére.

5 óra 5 perckor a szolnoki rádióban elhangzóközlemény szerint a Kádár Jánoshoz köthető, moszkvai hátszéllel rendelkező Magyar Forradalmi Munkás-Paraszt Kormány szovjet katonai segítséggel megkezdte az „ellenforradalom" leverését.

Ezt a Nagy Imre-beszédet hallottam én a rádióban 5 óra 20 perckor.

„Itt Nagy Imre beszél, a Magyar Népköztársaság minisztertanácsának elnöke. Ma hajnalban a szovjet csapatok támadást indítottak fővárosunk ellen azzal a nyilvánvaló szándékkal, hogy megdöntsék a törvényes magyar demokratikus kormányt. Csapataink harcban állnak. A kormány a helyén van. Ezt közlöm az ország népével és a világ közvéleményével!"

Nagy Imre rádión visszatérésre szólította fel az előző este Tökölre távozott tárgyalódelegációt. Ezáltal a nyilvánosság előtt leleplezte a szovjet részről történt törvénytelenséget.*

Úgy hiszem, elaludtam a kórház folyosóján lévő padon. Nem csoda, immár 24 órája voltam talpon. Álmomban a napokban történt események pillanatképei villantak fel.

Pár fiúval felmentünk a hegyi homokbánya platójára.

Innen be lehetett látni Budapest látképét. A budai hegyek sziluettjét a Szabadság-szoborral, egészen a koromfekete füstöt okádó lángoló olajtartályokig a csepeli szabadkikötőben. Most egy meglepően alacsonyan szálló, szovjet sugárhajtásos gép tűnt fel a csepeli légtérben. Csepelen megszólalt egy gépágyú. Az orosz gépet találat érte!

Először megbillent, majd hosszú füstcsóvát hagyva a földre zuhant, a becsapódás helyén hatalmas tűzgömböt hagyott maga után.

Álmomban kicsit mocorogtam a kényelmetlen padon, majd új helyszínen találtam magamat: a Kilián laktanyával szemben, a Lenin körút – Üllői út sarkán.

A térnek az Üllői út sarka felőli oldala úgy nézett ki, mint a háború után. Az utca felőli falak kidőltek. A lakásokban lévő bútorok mintha kétségbeesetten kapaszkodnának, hogy ne essenek le, Arrébb mentem a Nagyvárad tér irányába. A Corvin köz és az Üllői út közti boltíves átjáróban egy szakállas orosz holttestét fedeztem fel. Az orosz mintha ki akarta volna nyitni az ott látható kisajtót, abban a pillanatban érte a halál. A katona groteszk módon félig térdelt, félig a fejével támaszkodott az ajtóra. Megborzongtam, majd kimentem a napsütötte körútra. Itt a felső villamosvezetékek le voltak szakadva. Meglepődve láttam közelről, hogy ezek a vezetékek trapéz alakú vörösréz szelvényekből készültek. A körúton, a híd felé egy kiégett harckocsit láttam. Aztán egy kivehetetlen vörös foltot. Közelebb érve akkor láttam, hogy egy széttaposott emberi maradvány borzalmas látványa tárult elém.

Ekkor Arany János halhatatlan szavai jutottak eszembe:
„Levágva népünk ezrei,
Halomba, mint kereszt,
Hogy sírva tallóz, aki él,
Király, te tetted ezt".

Aztán álmomban a keresztanyám jutott eszembe. Milyen szerencse a szerencsétlenségben, hogy a férje kórházba került! Így nem mehetett Maléterékkel.

Úgy éreztem, órákig aludtam, amikor Gia felrázott álmomból. Először azt sem tudtam hol vagyok, de aztán amikor kicsit magamhoz tértem, ránéztem az órámra. Reggel 6 óra volt. Ideje elindulni!

– Most már eleget vártunk –, hazamegyünk.

Döntöttem, Giával együtt elindultunk a kocsi felé.

Azért még kint a kocsinál elszívott egy cigarettát.

– Most már elég volt a várakozásból, menjünk haza – mondtam, azzal beültünk a kocsiba.

Körülbelül 10 napra rá megérkezett a lelet, Benedikt doktor ígérete szerint e-mailben. Én nem vagyok más tudományokban jártas. Sohasem érdekeltek az emberi test rejtélyei. Így ezen leletet sem tudtam igazán kiértékelni. Elvittem Siki doktornőhöz. A doktornő kiértékelte az eredményt és arra jutott, hogy a vészes vérszegénységem aggasztó. A doktornő felhívta a figyelmemet a hematológiai vizsgálat kontrolljának megismétlésére. Ez azután, mint általában a nem kötelező, lehetséges felvetések, elmaradt. Én sem vettem észre, hogy Benedikt doktor úr további vizsgálatok elvégzését ajánlotta fel, ez is elmaradt. Az év hátralévő részében az én állapotomban semmi említésre méltó változás nem történt. Márciusban Orosz doktor a jó PSA leleteim láttán elhagyta az ELEGARD kezelést. (Orosz doktor fogalmazása szerint „a kémiai kasztrálásom" ezzel véget ért.) Gyakorlatilag háromhavonként megismétlődött a laborvizsgálatom, és hol a körzeti orvosom, hol az urológus orvosom, hol Siki doktornő rendelte el ezeket a vizsgálatokat.

Miután a régi körzeti orvosom – a jó öreg fradista csapatorvos – nyugdíjba ment (30 évnyi hűséges szolgálat után a Fradinál még egy ingyen belépőt sem biztosítottak számára), meglepő módon egy szír bevándorló – a jelenlegi kormány legfőbb ellensége –, Musabeh Yousd lett.

Igaz, hogy a sugárkezelésemet elrendelő Kliton doktor neve sem tipikusan magyar név.

———••———

Karácsony előtt a békés életünkbe beütött a ménkű.

December 22-én nagyobbik fiam, Zsolti telefonált a kórházból: balesete volt, már meg is operálták, ha tudjuk, látogassuk meg. Csak annyit tudtunk, az Uzsoki kórház sebészeti osztályára vitték. Élettársam vitt autóval, így ráértem a múlton elmerengeni. Nagyfiamra gondoltam, ismét eszembe jutottak első házasságom eseményei.

Vasárnap volt. Egy győztes kézilabdameccs után a két csapat, a férfi- és a lánycsapat, összekötötte sörözéssel az én születésnapomat és a csapat győzelmét.

Számomra különleges nap volt ez a születésnap. Bejci megígérte, ha szerzek gumit, az ünneplés után végre odaadja magát! Emlékeztem rá, hogy '56-ban, amikor a bátyám Vasváris tiszti iskolás társai nem tudtak vidékre hazamenni, az egyik fiú elárulta, hogy egy kis csomagot rejtett a virágos faládába a pincében. Ezt ajándékba adja a bátyámnak. Jóval később eszembe jutott ez az ajándék. Egy Emergé de Luxe feliratos dobozkát találtam a ládikában. Ekkor még nem tudtam, milyen fontos feladatot fog betölteni az életemben, hogy Rózsavölgyben, a pince egyik zugában megleltem a dobozkát! Hogy a gyakorlatomat megszerezzem, amint megleltem a dobozkát, benne a 3 db becsomagolt óvszerrel, az egyiket mindjárt fel is próbáltam.

Természetesen a próba után eldobtam, mit sem törődve azokkal a kínos percekkel, melyek akkor következtek be, amikor elfogyott a maradék 2 gumim, és egy csinos patikusnő megkérdezte, hogy mit akarok? Nekem most a legfontosabb dolog volt, hogy a Bejci diszkrét kérdésére büszkén kijelenthessem: igen, megvan a gumi!

Egyébként az este vidáman telt. Valamelyik tánczenekar vidám zenével szórakoztatott bennünket, és Rácz Vali énekelt. Egészen kb. 10 óráig minden jól ment, amíg valamelyik fiú ki nem találta a „hangosabban" játékot. Ez abból állt, hogy az első a sorban álló kitalál valami disznóságot, és a következőnek meg kell ismételni hangosabban a szót. Elindult a játék, történetesen a „lófasz" szóval. A lányok hamar kiestek. Én talán a harmadik körig bírtam, aztán én is kiestem. Két fiú közt nem tudott különbséget tenni a jelenlévő publikum, csak miután a csapat kapitánya nemes egyszerűséggel kicsavarta Rácz Vali kezéből a mikrofont, és teljes hangosítással bemondta az inkriminált szót. Ekkor a vendéglő vezetője közölte, hogy fizetünk és távozunk, vagy rendőrt hív!

Miután nekem előreláthatólag egy sokkal kellemesebb program volt beígérve, nem nagyon bánkódtam a kényszerű távozásunk miatt.

Már sötét éjszaka volt mire hazaértünk a lány szüleihez. Beköszöntünk, azután kiálltunk a fedett verandára búcsúzni. Először is, a lány teljesen egyértelművé tette a második gumi értelmét, mert villámgyorsan elővette, majd felöltöztette a farkamat. Igazából ahhoz képest, hogy még csak ott vesztettem el a szüzességemet, és egész nap a beígért dolgokon járt az eszem, én meg voltam elégedve a teljesítményemmel. Először elölről próbáltam hozzáférni a leányságához, de az hamar kiderült, hogy túlságosan nehéz, nem bírom el. Végül a lány oldotta meg a feladatot. Hátat fordított. Ekkor már minden ment, mint a karikacsapás.

Másnap vacsoraidőben értem oda. Újabban szokásossá vált, hogy automatikusan kikészítettek egy terítéket nekem is. Bejci mialatt én, mint a hálás pincsikutya, megkülönböztetett figyelemmel fordultam felé, ő szokatlan módon visszahúzódó volt. Kerülte a tekintetem, és egyáltalán, kis kedveskedéseimet sem viszonozta. Alig vártam, hogy kimehessünk a teraszra, ahol végre magunkra maradhattunk. Meglepetésemre a lány könnyes szemekkel, elcsukló hangon bevallotta, hogy az bántja, hogy ő már nem szűz, és én már így biztos nem is fogom szeretni.

Utólag visszagondolva én észre sem vettem az ez irányú roppant nagy gyakorlatommal, hogy már nem volt szűz. Ezután következett a töredelmes vallomás... Egy TF-es fiú közölte vele a budai hegyekben, hogy ha kislány akar maradni, akkor menjen haza. Egy kezén meg tudja számolni, hány alkalommal voltak együtt a fiúval. Nos, ezek után én sem tudtam megállni könnyek nélkül. Addig vigasztaltam, amíg elfogyott az egy szem Emergé de Luxe gumim, és meg nem hallottam az utolsó hazafelé tartó HÉV csikorgását a Kitérőnél. Gyorsan elbúcsúztunk, a gumit a kis közi átjárónál egy bokorba eldobtam. Megjegyzem, igencsak meglepődhettek a későbbi házgyári építőmunkások, milyen halom gumit találtak ott évek múltával, amikor elkezdődött a régi kis sorházak lebontása, s az átjáró sikátorral egyetemben megkezdődött a házgyári tízemeletes épületek megépítése.

—••—

Az élettársam közölte, a kórháznál vagyunk, csak még meg kell találnunk a bejáratot.

Az is meglett.

Ez a kórház egy acéltartón elhelyezkedő fémrács járdán közelíthető meg, a Róna utca felől.

Furcsa érzés lett rajtam úrrá, amíg a két épület között elhelyezkedő fémrács járdán mentem végig. A keskeny járdán félúton járhattam a bejárati ajtó elérése előtt, amikor többen szembejöttek velem. Utat engedtem ennek a csoportnak, miközben lenéztem az alig 5 méteres mélységre, ami a talaj és köztem volt. Furcsa, lebegő érzés lett úrrá rajtam. Ebben a pillanatban egy másik fémrács járda jutott eszembe. Ez a történet a hajdani NSZK-ban játszódott. Egy kedves kollégámmal, Ádival egy német erőműlátogatáson vettünk részt. A német fiúk úgy gondolták, megtréfálják a magyar kollégákat. Az egyik, kb. 140 m magas kazán tetején nekivezettek egy kis ajtónak, kinyitották, udvariasan előreengedtek bennünket, majd becsukták az ajtót. Az ajtó mögött kiléptünk a semmibe. Legalábbis az a semmi kis fémrács úgy tűnt nekünk. Akkor volt ilyen érzésem, mint most, mintha lebegnék. Amire elértük a túloldalon az ugyanilyen magasan nyíló ajtót, már megszoktuk az irdatlan magasságot.

Az élettársam visszazökkentett a jelenbe.

– Indulj már tovább, min ábrándozol? – kérdezte.

Ekkor vettem észre, hogy a csoport régen kikerült, elindulhattam végre, miközben valami mély sóhajtást hallattam, mint aki távolról érkezik meg. Elértem a járda végén lévő lengőajtót. Bal kéz felől helyezkedett el az információs pult. Időközben a gyermekemmel megbeszéltük telefonon, hogy a 16-os szobát keressük. A pultnál elmondtam, kit keresünk. A pult mögül egy parókás férfi szólt vissza feltűnően magas hangon: szemben a hídon át kell menni, ott meglátjuk a sebészetet a III. emeleten.

Átmentünk a két épület közti hídon. Ott egy keresztfolyosón találtuk magunkat a folyosó végén, az ajtóval szemben két lifttel. A felirat tanulsága szerint a II. emeleten volt a sebészet. Kicsit furcsálltuk, mert az eunuch hangú portás a III. emeletet mondta, de az írás beszél. A II. emeleten nem találtunk 16-os számú szobát, de végre, miután bejártuk az emelet összes folyosóit, találtunk egy nővérszobát, ahol megkérdezhettük, hol található a III. emeleti sebészet?

A nővérke készségesen segített:

– Ebben az épületben nincs III. emelet. Vissza kell menni az előtérbe, és ott, a büfé melletti folyosón találják meg a jó liftet.

Ezek után leltük meg a nagyfiamat felkötött lábbal, ágyban fekve. A két unokám és a menyem már ott voltak.

Röviden elmesélte mi történt vele.

– Kint a teraszon az íves lépcső elé az előtelőről pont odacsöpögött a megolvadt hó és ráfagyott a teraszra. Megcsúsztam a lépcső előtt, magam alá gyűrődött a bal lábam, és elszakadt a térdhajlító ín. Nagy keservesen bemásztam a szobába. Megvártam, amíg a feleségem felébred. Ezalatt telefonon megpróbáltam intézkedni.

Hozzám fordult:

– Téged is hívtalak, de ki voltál kapcsolva!

– Igen, épp telefontársaságot váltok, ennek az örömeit élem át – válaszoltam.

– Szerencsére az orvos ismerőseim tudtak ajánlani egy kiváló sebész specialistát, és a szomszédom el tudott hozni ide, az Uzsoki kórházba.

– Most már működik a telefonom, ha bármikor segíthetek, szólj rám nyugodtan.

Mostanában kissé nehezemre esik a járás. Mielőtt kimentünk a hídon az utcára, a tágas kórházi előtérben egy kicsit leültem megpihenni. Unokáim kihasználva azt, hogy én leültem pihenni, vidáman nekiláttak az apjuktól visszakapott üdítőital és aprósütemények elfogyasztásához.

Tíz perc pihenés után kimentünk a kocsihoz és hazaindultunk.

⸻ •• ⸻

Visszafelé az úton a kocsiban megint ráértem töprengeni a világ dolgairól, de leginkább saját magamba tudtam ismét mélyedni.

Az esküvő után másfél évvel megszületett a nagyfiam.

A pestszentlőrinci „hatalmas" főbérletünket, melynek mérete – szoba, konyha, kamra – 20m² volt, be kellett látnom, kinőttük. Korábban írtam a legkülönbözőbb tanácsoknak, felajánlva a saját főbérleti lakásunkat minőségi cserére. Én semmit sem vártam ezektől a levelektől, de csodák csodájára két tanács is válaszolt. Az egyik a Kőbányai Tanács. Meglepő módon olvasták a Lapaly által rólam írt cikket, miszerint amíg a többiek az edzőtáborban alszanak vagy zsugáznak, addig én hatalmas rajzokat csinálok a diplomatervemhez. Az a cikk úgy látszik megtette a hatását, mert a levélből kitűnt, hogy ha e tanács műszaki dolgozója leszek, felajánlanak egy új építésű, háromszobás lakást csereként az én főbérletemért!

Roppant vonzó, csakhogy én már el voltam kötelezve az IPARTERV felé.

Telt-múlt az idő. Már félig megállapodtunk két leszbikus nagynénivel, hogy eladjuk a kis lakást. A nénik kifizették a 15 000 Ft-os vételárat, beköltöztek. Már el is költöttük a vételárat. Lelkileg már beletörődtünk, hogy anyósomék lakásába költözünk, amíg nem találunk más megoldást.

Akkor jött derült égből villámcsapásként: a 19. kerületi tanács elfogadta a jelentkezésünket a Lakatos úti lakótelep befejezéshez közel álló egyik másfélszobás, étkezőfülkés lakásába. Az írásban az állt: jövő héten, kedden megtekinti az ügyintézőjük a csereként felajánlott lakást.

Én büszkén vártam a Fonal utca 31-es szám alatti, már félig-meddig eladott lakásban a tanácsi ügyintéző megjelenését. Miközben a rokon nagynénik fantasztikus falusi kolbászát majszoltam, és a Fonal utcai lakásban eltöltött szép időkre emlékeztem.

Eleve úgy kezdődött a nászutunk, hogy az IBUSZ lemondta az NDK, Wernigerodéba tervezett utunkat. Helyette felajánlott egy ótátrafüredi utat, melyet – mit tehettünk mást – elfogadtunk.

Nem bántuk meg. Pár óra vonatút, a túravezető kétségbe vonta a mi nászutunk bejelentését, de miután büszkén igazoltuk a személyi igazolványunk friss bejegyzésével, nagy kegyesen hozzájárult, hogy egy szobában lakjunk. Poprádot elhagyva a következő állomás volt Ótátrafüred.

A tátrafüredi hotel pompás szálláshely volt. Persze a szocialista mércével mérve. Igazán ízletes kajákat főzött a szakács, amiért be is mentem egyszer a konyhába, gratuláltam neki. Fogaskerekű kisvasúttal, lanovkával, felmentünk a Csorba tóig, amit 30 cm-es hó övezett. Ez magyar szemnek szokatlan volt, de az itteniek már megszokták. Amint meghallották, hogy magyarul beszélünk, azonnal hozzánk jöttek és érdeklődtek, van-e eladó cigarettánk? Végül két doboz cigaretta vált a barterüzlet tárgyává egy *Solingen* feliratú körömreszelő ellenében. Végigbaktattuk a tó partját a magas hó ellenére, és kikötöttünk az egyetlen, viharverte kocsmában.

Igazán akkor laktuk be a hatalmas tanácsi főbérletünket, amikor visszajöttünk a nászútról.

A Fonal utca 31 eredetileg egy polgári család otthona volt. A család a nagy házban lakott. Az udvart, mintegy kerítésként, lehatárolták a gazdasági épületek. A házban az a mendemonda járta, hogy ezek a gazdasági épületek egykor istállók voltak. Ez időben az istállók helyén a tanács 4 db, egyenként kb. 20 m²-es főbérleti lakást alakított ki. A kapuval pont szemben lévő lakást cseréltem én el egy maszek házban lévő főbérleti lakásért, no meg 15 000 Ft-ért az akkori főbérlet tulajdonosával. A volt főbérlő építkezni szándékozott, addig átmeneti lakásként szolgált az én „lakásom" amiben én soha nem laktam, ezt a cserelakást a főbérlő szerezte. Szerencse, hogy amikor a tanácsnál a lakásügyi előadóval tárgyaltam az én „Székelyudvarhely utcai" lakásomat valaki besatírozta, így csak a satírozott területeket kellett elmondanom, mint a saját főbérleti lakásomat. Még amikor bizonytalankodtam, az előadó besegített a mondókámba.

De ilyen idők jártak akkor.

Ehhez a 4 lakáshoz nem volt bevezetve a víz, a csatorna.

Az udvar közepén egy nyomókút volt kialakítva, a csatornába bekötve. A WC szintén közös volt, a kaputól nem messze, talán egy istálló helyén létesítették. A WC mellett a ház lakóinak kialakított kisméretű kutricák voltak találhatók, amit a lakók általában a tüzelőanyag tárolására használtak. Nekünk is volt egy kb. 2×4m alapterületű, dróthálóval elkerített területünk. Első ténykedésem arra irányult, hogy miután nyakunkon a tél, beszerezzek valami tűzhelyet. Apósom családja 10. gyermekként befogadta a kis Bozsit, aki erre az időre már közel 60 éves volt. Az egyik családi összejövetel során – megjegyzem, apósom családja mind a 10 gyereket és még anyósom 4 testvérét is számon tartotta, így aztán legalább minden hónapra jutott egy-egy névnap vagy születésnap, amit meg kellett tartani – egy ilyen alkalommal találkoztam Bözsi nénivel és Józsi bácsival. Amint meghallották, hogy kályhára van szükségem, azonnal felajánlottak nekem egy lehetőséget.

– Ferikém – mondta a Bözsi néni –, mi ott lakunk a közeletekben, az Ady Endre úton. Nekünk van három Jancsi kályhánk. Abból választhatsz, igaz, Józsikám? – szólt a férjéhez.

– Persze – így a férje –, még talicskát is tudunk adni, ha választottál, és azon el tudod tolni hazáig.

Nemsokára felkerekedtem kályhanézőbe. Jutka néniék lakása a VÖCSI gyár háta mögött volt. A mi lakásunktól kb. 3 km távolságra. Kiválasztottam a kályhát, felraktam Józsi bácsi talicskájára és elhoztam a Fonal utcába. Útközben egy vasboltban megvettem a szükséges csöveket is.

Lajostól, aki nemzetközi tekeversenyző volt, kaptam kölcsönbe egy kis fát meg egy vödör dorogi brikettet. Egy óra múlva vígan ropogott a tűz a kályhába. Mikor leesett a hó, a szomszéd Imre bácsitól – akit egymás között csak a „boros"-nak neveztünk a tőle vehető, istentelen savanyú vinkóról, amit 10 literes demizsonokban hozott, és literenként pár forintért kimért – kölcsönkapott szánkóval elmentem a lőrinci TÜKER-hez, és hoztam szenet és fát.

Furcsa, de ehhez a kis lakáshoz számtalan szép emlék kötődik. Itt értük meg az első együtt töltött karácsonyt. Addigra már a ház lakóival kölcsönös köszönő viszonyban álltunk. Különösen megszerettem a Halasról származó öreg Papp nénit, aki még a „Kádár elvtársnak is adott ajándékba halasi csipketerítőt". Nos, a nejemtől kapott íróasztalra, amelyet karácsonyig Papp néni lakásában rejtegettek, Papp nénitől én is kaptam egy gyönyörű halasi csipketerítőt.

Egyszer testületileg meglátogattak a kézilabdacsapat férfi és női tagjai. Hogy fértek el, arról legendákat meséltek. De a kifüstölésükről is sokat meséltek később.

Az történt, hogy én egyszerre érkeztem a csapattal, így első dolgom volt begyújtani a Jancsiba. A konyha és a kamra falán átvezetett a kéménybe bekötött füstcső. Amint begyújtottam, egyre nagyobb füst keletkezett a lakásban, míg aztán kibírhatatlanná vált, és a csapat távozott. Utólag megállapítottam, hogy a kamrában kihúzódott a kéménylyukból a cső, ez okozta a fertelmes füstöt.

Tavasszal elhatároztam, hogy bevezetem a vizet és a csatornát. Megbeszéltem a két mellettem lévő szomszéddal, a tekebajnokkal és a „borossal", hogy ők is belevágnak a nagy műbe, feltéve, ha én szerelem, és családonként nem kerülhet többe 300 Ft-nál. Az utolsó szomszédunk, egy fiatal házaspár, akik még nálunk is messzebb laktak az udvarban, minden közös tevékenységünktől elzárkózott.

Anyám a Vegyesipari Javítóüzem II. számú gyáregységében dolgozott. Összeírtam neki, mire volna szükségünk. Közölte másnap a lista láttán, hogy mindent meg tudunk kapni raktárról, jó minőségű, bontott anyagokból 1200 Ft-ért, és még a szállítási költség is belefér! Nosza, csak ki kellett ásni kb. 10 méternyi árkot. A szomszédok inkább csak nézték, amint én ások. A „boros" szomszéd kínálgatta a rettenetes vinkóját, amit én már ismertem, és udvariasan visszautasítottam. A boros és a tekebajnok kellőképpen becsiccsentettek, úgyhogy rövidesen elfáradtak és lepihentek. Én nagyjából kiástam az árkot. Megbeszéltem apámmal és a kézilabdakapusunkkal, hogy vasárnap reggel 8 órára kijönnek hozzánk és megcsináljuk a szerelést.

Vasárnap 8 órakor teljes volt a csapat. Még a szomszédok is előkerültek. Számba véve a szerszámokat kiderült, hogy a cső menetmetsző hiányzott.

– Nekem a pincében van menetmetszőm – mondta apám.

– A menetmetsző nélkül nem tudjuk befejezni a munkát – közöltem én. – Próbáljátok lefektetni a csatornacsöveket, ameddig én elhozom a menetmetszőt.

Ebben maradtunk. Sajnos erre az útra ráment az egész délelőtt. Mikor megjöttem, a boros szomszéd már eltűnt, és késő estig nem került elő. Utólag közölte:

– Én elmentem.

Úgy vélte, hogy már vissza sem jövök, elment meccset nézni. Ettől függetlenül a szerelés jó ütemben haladt. Egy kisebb balesetem volt, amikor a tekebajnok szerelését elkezdtük. A betonjárdát nem akartuk feltörni, aláástunk a falig egy alagutat. Már éppen elértem a fal síkját, amikor rám omlott a felettem lévő földréteg. Szerencsére apám figyelte az eseményeket, és kihúzott a szorult helyzetemből.

Aznap elkészültünk mind a három lakás szerelésével. Mind a három lakásban folyt a víz, a csatorna működött.

Évek múlva találkoztam egy meccsen a Bp. Spartacus futballpályáján a borossal, így köszöntött:

– Képzelje el, azon a rengeteg pénzen bevezetett víznek eldugult a csatornája!

Így válaszoltam neki:

– Ha otthon lett volna Imre bácsi, elszaladhatott volna egy PVC ívért, de nem volt otthon, ezért egy könyököt voltunk kénytelenek beépíteni, ezért az eldugulhatott. Ki kell cserélni a könyököt ívre, akkor meg fog szűnni a dugulás.

Időközben Bejcinek tekintélyes pocakja nőtt. Ő Angyalföldre járt, így áttértünk a vonatra. A vonattal 4 megálló volt a Nyugati, ez sokkal kényelmesebb volt, mint a busz.

Karácsony tájékán átköltöztünk anyósomékhoz. Itt mindig kéznél volt valaki, és főleg volt telefon, ami ritka volt, mint a fehér holló. Egy taxiba belefért az összes holmink, még a „Kékes" tévénk is.

Azon a januári szombat hajnalon, amit a vasalódeszkával kiegészített sezlonon töltöttünk az anyósoméknál, a feleségem elkezdett vajúdni. Miközben mértem, hogy hány percenként jelentkeznek a tolófájások, arra a nászéjszakával felérő május 1-jei éjszakára gondoltam, amit a kézilabdakapusunknál töltöttünk a dupla franciaágyban.

Bejci már szülési szabadságon volt. Miután a törvény 3 hét szülési szabadságot írt elő, és ezt két részletben – a szülés előtt, és a szülés után – meg lehetett kezdeni, mi úgy döntöttünk, hogy már elég nagy a pocakja, maradjon otthon.

Gondolataimból 6 óra tájban az zökkentett ki, hogy az asszonyom közölte:

– Elment a fejvíz, ideje elindulni a klinikára!

Szerencsére anyósoméknál – fehér holló ritkaságszámban – volt telefon. Felhívtam a taxit és a kisasszonynak lelkére csomóztam, hogy sürgős esethez, szüléshez kérem a kocsit.

Miután felvette a rendelést, megnyugtatott, mondván, azonnal jönnek.

Azonban 20 perc elteltével nem történt semmi.

A fejvíz elment! Perces fájásai voltak az asszonynak. Én meg idegbajosan telefonáltam ismét a taxiállomásnak.

– Kisasszony, én elmondtam, hogy szüléshez sürgősen kérek egy kocsit. Még sehol sincs.

– Pár perc múlva visszaszólok – csicseregte a diszpécser.

Valóban visszaszólt.

– A budafoki kettős sorompónál elakadt, de már szabad az út, rögtön megérkezik!

Innen kezdve csak arra emlékszem, hogy az asszony kijött az „előkészítő" feliratú helyiségből, megpuszilt, odasúgta:

– Már leborotváltak! Nyugodtan menj be dolgozni, már jó kezekben vagyok.

Még láttam, ahogy a szülőszobába vitték, aztán bementem az IPARTERV-hez.

Elsőre szembetalálkoztam a szülészorvossal a folyosón.

Joviális, szemre úgy 50-es korúnak néztem. Kissé meglepett, hogy felismert. Hozzám lépett és közölte:

– Egészséges fiú! Talán Zsoltinak hívják. Gratulálok! – azzal ment a dolgára.

Nekem még fogalmam sem volt, hogy mit jelent ez a két szó: *egészséges fiú*. Akkor még természetesnek tartottam, hogy nekem csak egészséges gyermekem születhet.

A fiúcskát kérésemre egy nappal korábban engedték ki, mint ahogy a klinikán megszokott volt. Kérésem indoka az volt, hogy a hétvégén elutaztam a vívóválogatott-kerettel Linzbe, és így haza tudtam őket vinni anyósomékhoz.

A taxiban az én kisfiam mintagyerekként viselkedett.

Egész úton aludt.

Egész este 10 óráig egy hangját sem lehetett hallani.

De aztán 10 óra után mintha megcsípte volna valami, rákezdett bömbölni. Ez kitartott reggelig, amikor nekem el kellett indulnom.

Az úton, mikor megtudták a társaim, hogy fiam született, előkerült egy pálinkásüveg: ezt meg kellett ünnepelnünk.

A linzi versenyről csak annyi emlékem maradt, hogy siralmasan sikerült. Valamennyi társam a második kanyarban kiesett. Én még csak tudtam rá magyarázatot – a gyerekkel eltöltött előző éjszaka, de főleg az énáltalam egyáltalán nem megszokott pálinka, amit a vonaton megittunk. A többieknek azonban semmi okuk nem volt a rossz szereplésre. Ők csak rossz formában voltak. Mentségükre szóljon, még nem kezdődött el a versenyszezon.

Engem az is nyomasztott, amit Dodes, egy a gimiben felettünk járó, most a vámosoknál dolgozó fiú mondott nekem:

– Figyeljetek oda, mert visszafelé fokozott vámellenőrzést rendeltek el a ti csapatotokra!

Nekem az 1300 Ft-os fizetésem mellett csak ez az egy lehetőségem volt, hogy hozzam a 15 000 Ft-ot, amivel ki lehetett fizetni a nagynéniket.

Bécsben átszálltunk a Westbahnhofnál. A csatlakozó vonat hat óra múlva indult. Ezt az időt tudtam felhasználni, hogy bevásároljak. Pesten feketén, viszonylag olcsón – 5000 Ft-ért – tudtam venni 200 dollárt, amit a Jack London által írt, Martin Eden című, meglehetősen vaskos könyv kötésének a fedele és a hátlapja közti összekötő részben rejtettem el. Ezen kívül még a vívótáskám végében, ahol a tőrök hegye található, elrejtettem 2000 Ft-ot. Ebből a vagyonból reméltem meghozni a 15 000 Ft adósságot. Megjegyzem, ebben az időben 100 forintért 50 schillinget adtak! Először felmentem Ronelhez. Ő már ismerős kereskedő volt. A Ronel nevet az akkor 6 éves kisfia és a felesége nevének kombinációjából kapta. Róbert-Nelli: Ronel.

Itt elsősorban a pesti kötöttárukat áruló kiskereskedők rendelési igényeit próbáltam kielégíteni. Vettem 4 kiló fonalat. Megtetszettek a selyemsálak, elsősorban, mert kis helyen elfértek. Vettem 50 darabot. Még 3 db hófehér nejlon férfiinget is vettem, abból a fajtából, ami vakító fehérségével elkápráztatta a pesti vevőket. Azt már nem nézték, hogy viselhetetlenül befülledt hordás közben. Erre csak később jöttek rá a vevők, amikor már kifizették az ingenkénti 1000 Ft-ot, a Ronelnél fizetett 40 schilling vételár helyett.

Utána a Mariahilferstrasséra mentem, a magyarok kedvenc bevásárló-portyázó helyére. Itt egy, a honfitársainknak szóló kellemetlen tábla fogadott: „Magyar, ne lopj!". Ilyen kellemes hírünk volt Bécsben akkortájt.

A Mariahilferen megvettem egy akkor divatos Commodore komputert a számítógép nélkül, csak a monitort és a klaviatúrát. Fogalmam sem volt, mi mire való a számítógépnél. Úgy gondoltam, elég alkatrészt vettem ahhoz, hogy ezt a gépet működőképes állapotba hozzam.

Már csak arra jutott időm, hogy megvegyek 3 db Cornavin órát és a vámnyilatkozathoz tartogatott csecsebecséket, amit a vámcédulára beírni szándékoztam. Ilyeneket: 5 db golyóstoll, a lányoknak színes vattapamacs stb.

Az egész kacat nem ért 1000 Ft-ot.

Aztán indulnom kellett a pályaudvarra.

A vonatfülkében 6 fő részére volt hely, és mi pont hatan voltunk. Én a menetiránynak háttal, a harmadik helyen ültem, az ablak mellett. Először is elmondtam a fiúknak, mit mondott Dodes az idefelé úton. Aztán így folytattam:

– Nekem teljesen mindegy, hova kotorászik a vámos, én csak lebukhatok. Fiúk, ha olyan árut hoztok be, amivel lebukhattok, rakjátok az én ülésem alá.

Így aztán több magnó, rádió, és egyéb műszaki cikk került az én ülésem alá.

Elhagytuk Bécs külvárosát, elhagytuk Győrt, a vámos csak nem jött. Már a Keleti váltóinál csattogtak a vonat kerekei.

Ez részemről a lehető legrosszabbként kezdett alakulni. Ha nem ér ide menet közben a vámvizsgálat, akkor mindenkinek be kell vinnie a csomagját az állomáson kialakított vámhelyiségbe.

Az idegeim pattanásig feszültek, amikor dörrenve kinyílt a fülke ajtó.

– Jó napot kívánok. Itt a magyar vámvizsgálat. Kérem az útlevelek és a vámpapírok előkészítését!

Az első sorra kerülő delikvens az én soromban a közvetlen az ajtó mellett ülő fiú volt. Ezt a fiút és még a következőt is mindenéből kiforgatta. Kinyittatta a bőröndjét, kiforgatta a vívózsákját. Többezer forintos vámbefizetést írt elő nekik.

Én már sárga penészszínű voltam – legalábbis amikor utólag megbeszéltük a dolgokat a társaimmal –, amikor rám került a sor. Tudtam, hogyha csak a zakómat kinyittatja, az ott elrejtett sálak miatt már lebuktam.

A fiatal vámtiszt felnézett rám az útlevelemből, átnézte a vámlistámat, áthúzta a listát, visszaadta a papírokat, jó utat kívánt, majd rátért a következő kolléga kirámoltatására.

Én még amikor befutottunk a Keletibe, akkor is a hatása alatt álltam az eseményeknek. *Ekkora mázlim véletlenül nem lehet*, gondoltam. Mindenkit kirámoltak, csak engem nem! Miközben a cuccokat a srácok kiszedték az ülésem alól, arra gondoltam, hogy Dodi talán beprotezsált a vámosnál.

Sajnos Dodival többé nem találkoztam, így ez egy megfejthetetlen titok maradt.

A Bécsből hozott áru kiárusításából bőven ki tudtuk fizetni a nagynéniket, és még vissza tudtam adni atyai jótevőmnek, E. Andrásnak is a kölcsönkapott pénzt. Még a hiányosan meghozott Commodore komputert is el tudtam adni egy, a Váci utcában frissen megnyílt üzletben. Jelzem, ez az üzlet egy hónap múlva bezárt, remélem, hogy nem az én komputerem adta meg neki a kegyelemdöfést.

⚫⚫

Ezek után nem volt akadálya a „minőségi cserének". A Lakatos úti lakótelepen kaptunk egy másfél szobás, étkezőfülkés, központi fűtéses, vadonatúj lakást. A korábbi főbérletünk belefért volna a félszobába. Nem győztünk ámuldozni a hideg-meleg vizes fürdőszobán, a parkettás szobákon, a konyhai beépített bútorokon és a franciaerkélyen. Ugyan ez nem volt használható semmire, de akkor is volt.

A házak előbb voltak készen, mint a tereprendezés, így fordulhatott elő, hogy a szomszédunk, aki lovaskocsival hozta a bútorait, elakadt a sárban, és segíteni kellett a nehéz bőrfoteleket és a régimódi rekamiét felcipelni a II. emeletre. Innen az ismeretségünk a szomszéddal, aki munkásőr volt, és a poloskákkal, amelyek a bútoraikban voltak. A szomszédaink legalább úgy ragadtak ránk, mint ahogy a poloskáik.

Hamar megbarátkoztunk a teljesen új környezetünkkel.

Amikor én valahol külföldön jártam vagy edzőtáborban voltam, az én elfoglaltságom függvényében 4-5 napos távollétekkel, Bejci meg a gyerek otthon maradt a Lőrinci lakásunkban. Egy hétnél hosszabb távolmaradás esetén hazaköltöztünk az anyósomékhoz. Ha otthon maradtak a gyerekkel, mert én valahol külföldön voltam, előre betervezhető volt a gyerek 40 fokos láza, mire visszaértem.

Szerencsére a szomszéd házban lakott Vidák doktor úr, a gyermekorvos.

Nekem már szokásommá vált a repülőútjaim végén egy üveg whiskyvel vagy egy üveg ginnel visszatérni, amit a késői vizit ellenszolgáltatásaként a doktor szívesen elfogadott.

A fiam a karácsonyt a kórházban töltötte. Karácsony után az egyik kedvenc tanítványa vitte haza.

Akkor eldőlt, amikor telefonált, hogy szüksége lenne a segítségemre az „új", a Vértranszfúziós Intézet helyén kialakított, Sport Kórházban folytatott gyógytornához a szállítására, igen, akkor eldőlt: nekem sokkal fontosabb a gyermekem, mint a saját nyavalyáim.

A kezdetektől eltekintve, amikor Zsolti még mankó segítségével járt, én mentem ki Érdre az öreg Opel Merivámmal. Nem a szállítás volt a fő probléma. Amikor megérkeztünk, azután kezdődtek a gondok. A Vértranszfúziós Intézet környékén sehol sem lehetett megállni! Azt a kevés parkolóhelyet hajnalban elfoglalták az ott dolgozók és a szerencsésebb autósok, ezért a parkolóhely mindig zsúfolásig tele volt. Ilyenkor, miután Zsoltit kiraktam, addig köröztem, ameddig helyet nem leltem. Rendszerint a Hotel Flamenco előtt lévő fizetőparkolóban kötöttem ki. Itt ugyan drága volt a parkolóhely, de legalább meg lehetett állni.

Mint rendesen, megálltam a Hotel Flamenco előtt. Idelátszott a Budai Szabadtéri Park színpadi bejárata. A színház bejárata előtt, a széles köríves előtelő alatt már mozgolódni kezdtek az ott éjszakázó hajléktalanok. Gyönyörű napsütéses idő volt. Bedobtam a pénzt a parkolóautomatába és felballagtam a hotel bejáratához vezető lépcsősoron. A kettős lengőajtó mögött ott volt az ismerős bárpult, mögötte kivételesen egy fiú.

– Jó napot kívánok. Hogyhogy ma fiú a személyzet? Máskor kislányok vannak szoliban.

– Általában én délutános vagyok, de most kivételesen cseréltünk a kolléganővel – válaszolta a fiú. – Mit parancsol?

– Egy kapucsínót kérek.

– Foglaljon helyet. Kiviszem az asztalhoz.

– Legyen szíves 40 perc múlva kihozni a számlát – kértem a felszolgálófiútól –, időre kell mennem.

– Meglesz, főnök.

Miközben a kapucsínómat kavargattam, a gondolataim a kisebbik fiam születési körülményeire terelődtek. A két kislány elvesztése után elgondolkoztunk a mesterséges megtermékenyítésen is. Időközben az utcában nem messze megismertük Lócai Gyuláékat. Gyula maszek fuvaros volt, és nekem a vállalkozásomhoz fuvarokat kellett lebonyolítani. Esténként, amikor Gyula hazajött, meglátogattam egy pár üveg sörrel a nap tanulságainak kiértékelésére. Lassanként barátsággá érett a családjaink viszonya. Az idő tájban jelentkezett a törvényes feleségem, hogy el akar válni. Immár több éves különélés után a bíróság semmi akadályt nem gördített a válás elé.

Egy szombat este úgy döntöttünk, hogy Gyuláéknál a kertben flekken sütünk. Gyula egy barátja, Tibi, a sofőr is részt vett a sütésben. Tibinek két olyan tulajdonsága volt, amiről meg lehetett jegyezni. Az egyik, hogy olyan rőt szakálla volt, mint Gyulának, a másik, hogy ha elég sok sört megivott, a vékony falú üvegpoharat megette. A sütés általában nekem szokott a feladatom lenni, mert én vagyok olyan türelmes, hogy órákon át újra meg újra átrakosgatom a hagymakarikákat, miközben forgatom a húsokat. A lányok megvoltak a konyhában, a fiúk kijöttek a tűz köré, letelepedtek egy-egy fehér mészkőtömbre. Beszélgettünk, és azon kaptam magamat, hogy a szó odakeveredett az én nősülésemre. Gyula vitte a szót:

– Hidd el, ha nem is mondja, boldog lenne, ha elvennéd!

Tibi nagyot húzott a sörösüvegből, melyet most kivételesen nem harapott össze, tekintettel az üveg vastagságára, és így kontrázott:

– Úgy van. Egy asszony akkor nyugodt, ha bekötik a fejét.

Bár én meg voltam elégedve az élettársi viszonnyal, de addig duruzsoltak a fülembe, amíg azt találtam mondani: oké, rendben van. Ezt nem kellett volna. A két gépkocsivezető bevonszolt a meglepetten néző asszonyokhoz. Gyula közölte az élettársammal:

– Valamit tudatni akar veled az élettársad.

Majd hozzám fordult:

– Légy szíves, mondd el azt, amit az imént a tűznél mondtál!

Nem sokat teketóriáztam, megkértem az élettársam kezét.

Az esküvő napja egy gyönyörű májusi napra volt kitűzve.

Másnap jött az sors fintora: az első házasságom utolsó percében az IBUSZ hibájából Poprádra módosított nászút helyett most kárpótlásként egy hivatalos KGST-utat „kaptunk", a bajor ékkőbe, Wernigerodéba, melyre az esküvőnkön használt kiszolgált Mercedes gépkocsival utaztunk el, s amelyet az én kedves építész kollégám, Zsingor Ádi protekciójával bérelhettünk ki az MSZP garázsából

A násznép kitöltötte a Budafoki Esketőterem teljes befogadóképességét. A menyasszony sokkal szebb volt, mint amit én megérdemeltem. A lakodalmat a félig lebontott házunkban tartottuk. Talán egyetlen problémám akadt ezen a késő délutánon: némi erőlködés után be kellett vallanom, hogy nem bírom a menyasszonyt átvinni a küszöbön! Szégyenszemre le kellett tennem a küszöb előtt.

A násznép viszonylag hamar eloszlott, mert nekünk korán reggel el kellett indulnunk.

Az a nászéjszakám csodálatos volt. Amint lefeküdtünk, friss házasokhoz illően egymásnak estünk az ágyban. Én egy darabig kőkeményen álltam a sarat, de aztán belespricceltem a lucskos punciába. Ő azonnal válaszolt.

Legalább négyszer-ötször összerándult, megszorítva a férfiasságomat, mintha egy cseppjét sem akarná elveszteni az én nedűmnek. Bár mindig csodáltam nőm fantasztikus egybeeséseit, amikor én csúcson voltam, soha előtte egy nőnél sem éreztem ezt a valódi egyesülést, amit akkor itt átéltem.

Nem tudtam, hogy frissen elvett nőm abbahagyta a fogamzásgátló szedését. Én bizony nem azon törtem a fejem, mekkora bűnt követek el. Ez reggelre kiderült.

A büntetésem az volt, hogy egész úton nem érhettem a vadonatúj, nászutas feleségemhez!

A jutalmam viszont az volt, hogy néhány hét múlva közölte: áldott állapotban van!

Keserédes jutalom volt!

Ilyen előzmények után teljesen a kétségek és reménységek közt sodródtunk. Nem tudtuk, hogy most mitévők legyünk?

———••———

Ebben a percben felriasztott gondolataimból a pincér.

– Uram, letelt a 40 perc, hoztam a számlát!

Fizettem és siettem a fiamért, ahol néhány percre lehetett megállni, valamelyik vért szállító sürgősségi autó helyén, ahol többnyire sürgető dudaszóval jelezték a parkolóhelyek jogos tulajdonosai nemtetszésüket.

A következő alkalommal csoda történt. Amikor megérkeztünk, közvetlenül a Karolina út elején éppen kiállt egy parkoló kocsi. Zsolti kiszállt, én beparkoltam a kocsi helyére. Egy darabig ültem a Vértranszfúziós Intézet két régi szárnyát összekötő „sóhajok hídjával" szemben.

Hiszen ezt a hidat az én hőtágulási számításaim figyelembe vételével tervezték meg. Abban az időben egy másik tervezőtársaság nagy botrányt okozó, sorozatos üvegtörést szenvedő, hasonló *sóhajok hídja* kialakítása miatt fordult hozzám az építész tervezője, hogy határozzam meg az ablaktáblák szükséges mozgástereit. Azóta eltelt vagy 40 év. Szemmel láthatólag egy üveg sem tört ki.

Bementem a zsúfolt előtérbe. Nem kérdeztem, de szemmel láthatólag sportorvosi vizsgálatra vártak fiatal, erőtől duzzadó emberek. A portától nem messze felfedeztem egy kávéautomatát. Én általában kapucsínót szoktam kérni, de a kórházi automaták „minőségétől" tartva ezúttal egy forró csokoládét ittam. Ahhoz képest nem is volt olyan rossz.

Alig hogy eldobtam a műanyag poharamat, meglepetésemre Zsoltikám nem liften, hanem lépcsőn jött le.

Legközelebb 10 óra helyett 9 órára kellett érkeznünk. Hely egy szál se. Irány a Flamenco előtti parkoló. Enyhén csepeg az eső. A csövesek most ébredeznek.

Egyikük áthág a téren, egy negyvenes hölgy felé tart. Az aszszony átad neki egy ételhordót, egy kenyeret egy flakon vízzel, s máris távozik.

A csöves elosztotta a társainak az ételt.

Addig bámészkodtam a csöveseken, hogy már csak a bárpultnál volt időm egy magas bárszékre felülnöm. Lehörpintettem a kapucsínómat, és már mehettem is.

Kimentünk az érdi körforgalomig, majd áthajtottam a buszgarázs parkolóján, amíg elértem a kínai büfé-éttermet. Itt aztán feltankoltunk savanyú-erős levessel és csirkesülttel tésztával. Rendszerint a kínaihoz, vagy a Tesco éttermi részéhez vezetett az utunk. Ezután irány az érdi ház.

Rendszerint ez a program vette kezdetét, amíg nem kezdődött Zsoltinak a délutáni edzés, addig ráértünk TV-t nézni.

Ezután én hazamentem, Zsolti pedig átszállt az automata váltós autójába, mert így kímélhette a sérült bal lábát, és már az első napon elment az edzést megtartani.

———••———

Időközben Yousd doktor úr egyre erősebben kezdett érdeklődni a alfelem után. Miután kénytelen voltam bevallani a székletemben található vérnyomokat, közölte: itt a gyomor- és vastagbéltükrözés szükségessége áll fenn.

– Mit szól hozzá, ha megvizsgálom a fenekét?

– Egyáltalán nem lelkesedek érte! – válaszoltam.

– Nem baj! – kiszólt az asszisztens nőjének: – Kriszta, van egy pár gumikesztyűnk?

– Megnézem. Sajnos csak kanülünk van.

– Na, nem baj, akkor végeztetünk egy székletvizsgálatot.

Így úsztam meg a seggbe dugásom első menetét. Kizárólag a gumikesztyűhiány miatt.

Még az első nejem hívta fel a figyelmemet a vastagbéltükrözés megalázó módjára, amikor a Sport Kórház III-as belgyógyászatán dolgozott. Sohasem felejtem el, amikor egy este vacsoránál közölte, hogy a híres színész, aki az ő betegük volt, esett át ezen a macerán.

Így fejezte be az elbeszélését:

– Én láttam a procedúrát! Sose hagyd, hogy vastagbéltükrözést végezzenek nálad.

Mind ez ideig ehhez tartottam magam. Szerencsére nem is volt rá szükség.

Lassan őröltek a malmok, folydogált a víz a Dunán. Idővel Zsolti állapota olyan jelentősen javult, hogy közölte:

– Holnaptól én jövök érted reggel 9-re, én viszlek be a gyógytornára.

Másnap reggel izgatottan vártam a megérkezését. Majdnem pontosan érkezett. Beültem a Peugeot-ba. Barátkoztam az autóval. Egyszer már vezettem, amikor Zsolt megkért, hogy a feleségének karácsonyi meglepetésként vásárolt autót vállaljam, hogy az udvaromban állhasson, és vezessem át Érdre. Sok-sok éve vezettem már. Több évig vezettem az automata sebváltós Pontiacot, a hétüléses kisbuszt. De ez más volt. Amikor eljött az ideje, hogy az ajándékot átvigyem, a kisebbik fiam elkísért a kocsiig.

– Ne izgulj! Próbáld ki a világítást! Jó, rendben van, ég. Most már mehetsz! – engedett utamra.

Utólag bevallom, nem ismertem ezt a váltót, és én a kézi váltófokozatba kapcsoltam. Elég furcsa hangokat hallatott az autó, amíg a kézi váltóval egyes fokozatban végigdöcögtem az úton, de végül szerencsésen megérkeztem.

Megérkeztünk az „Új Sport Kórház"-hoz. Természetesen egy fia parkoló nem volt a környéken sem. Odafelé útközben megfigyeltem, hogy Zsolti hogyan vált. Így aztán amikor cseréltünk a zsúfolt parkoló egyik a türelmetlenül dudáló, vérkészítményt szállító kocsijával, az ellesett váltókezelői tudományom birtokában fellelkesedve elindultam a Flamenco irányába. Megálltam a parkolóban. Csepergett az eső. A csövesek betakarózva próbáltak melegedni a hűvös éjszaka után. Én majdnem elfelejtettem fizetni

a parkolóóránál, de szerencsére a Hotelhez menet szembetalál-
koztam a parkolóóra-ellenőrrel, így még időben visszafordultam,
hogy bedobáljam a pénzt. A bárban két beszédben elmélyedt
leányzót találtam, akik jöttömre szétrebbentek, mintha vala-
mi csínytevésen kaptam volna őket, pedig csak valamelyikük
fiúját beszélték ki.

– Mit parancsol, uram? – szólított meg a feltűnően magas
bártündér, miután a társa eltávozott.

– Egy kapucsínót kérek.

– Foglaljon helyet egy asztalnál, ki fogom vinni.

Helyet foglaltam az immár törzshelyemnek számító aszta-
lomnál. Beállítottam a telefonomat 35 perces csörgési időpont-
ra. Amint a kisasszony kihozta a kávét, megkértem, hogy 40
perc múlva hozza ki a számlát, amit ő készségesen megígért.
Miután láttam, hogy az iménti társalkodópartnere visszatért,
és elmélyednek az iménti csevegésükbe, éltem a gyanúperrel,
hogy esetleg elfeledkezik rólam, beállítottam a telefonomat,
hogy 45 perc múlva jelezzen. Így felvértezve az idő múlására,
elkezdhettem nyugodtan a kávém kavargatását, miközben ismét
elmerültem gondolataimba.

———••———

Wernigerode három dologról marad mindig emlékezetes nekem,
attól eltekintve, hogy valóban egy csodálatos ékszerdoboz ez a
kisváros.

A hivatalos KGST-ülésről nemigen maradt sok emlékem.

Azon vitatkoztunk, lehet-e jövője a műanyagoknak a hűtő-
torony-technológiákban, vagy sem. Megjegyzem, mi már évek
óta csak műanyag hűtőfelületeket alkalmaztunk, műanyag ví-
zosztással együtt. Nem csodálkoztam az értetlenségükön, mert
közvetlenül a mi KGST-s találkozásunk előtt megmutattam a
Nyugat-Német szakembereknek ezt a technikát és ők csak le-
gyintettek rá, közölvén, hogy ez a megoldás „drága", és macerás

a kivitelezése. Más kérdés, hogy néhány év múlva a nyugati kollégák a műanyagtechnológiát a magukénak tudták be, a mi előzményünkről teljesen elfeledkeztek.

Nem csoda, ha a KGST ülésén mereven elzárkóztak a kollégák a műanyagok alkalmazásától. Itt még az eternittábla és a facsatornás vízosztás volt a napirenden. Alig egy évvel később, talán az én érveimre reagálva, talán a józan paraszti ész diktálására, Prágában minden delegáció hangoztatta, hogy a műanyagoké a jövő.

Nem is ez volt a három fő emlékem Wernigerode-ból. Először is ifjú, haragvó tekintetű asszonyom, aki kétségek között gyötrődött, amíg meg nem bizonyosodott, hogy áldott állapotban van.

A második ilyen élményem volt a kugliparti, melyben – miután egy bábut sem tudtam eltalálni – a győztessel ellentétben, aki egy borosüveget nyert, én egy boszorkányfigurát vihettem haza.

A harmadik a visszafelé utunk volt.

Délután Wernigerode-ból indultunk és úgy döntöttünk, megszakítjuk utunkat Prágában. Az egyik csehszlovák kolléga felajánlott munkásszállást, ahol már többször aludtunk, de ahova nappal is odakísértek.

Sötét éjszaka volt, mire Prágába értünk.

Azt az éjjeli bolyongást, ameddig megtaláltuk a munkásszállást, nem kívánom senkinek sem.

Mikor már otthon voltunk, pár nap múlva az én asszonyom közölte, hogy terhes.

Ő bizony nem veteti el! Harmadszorra is megkísérti a sorsot.

Hallott róla, hogy Debrecenben van egy professzor, aki a génösszeférhetetlenséggel foglalkozik. Ő felkeresi ezt a Papp professzor urat. Én nem értem rá, úgyhogy egyedül ment le vonattal Debrecenbe. Estére kelve izgatottan mentem ki a Nyugatiba elé. Fülig ért a szája. Repesett a boldogságtól.

– A professzor úr elvállalt! – volt az első lelkendező szava, amikor leszállt a vonatról.

Amikor a hatodik hónapot betöltötte, egy nap az ebédem közben megismerkedtem egy olasz családdal, akikkel angolul meg tudtam értetni magam. Végül is megtudtam, hogy egy tanár házaspár és egy ismerős házaspár utazik együtt. Szó szót követett, mígnem az olaszokat meghívtam a családi házunkba. Kissé kétkedve gondoltam rá, mikor eljött az időpontja az érkezésüknek, de pontosan megérkeztek. Örültünk nekik. Megtudtuk, hogy egy kis faluban laknak az olasz Alpokban, nem messze Cortinótól. Úgy döntöttünk, hogy felmegyünk a várba. Nyolcan voltunk, ezért egy taxit is kellett hívnunk. Miután megmondtuk a taxi vezetőjének, hova akarunk menni, az olaszok beültek a taxiba, és az én kis nejem a gömbölyödő pocijával utána startolt a taxinak a mi kocsinkkal.

Az étteremnél a taxis csak ennyit mondott a nejemnek, amikor megállt a taxi mögött:

– Nem hittem volna, hogy követni tud engem!

Nem emlékszem vissza, hogy különösebb dolog történt volna az étteremben. Egy folyosószerű részben ültünk, ahol nem volt mód az asztalok összetolására, úgyhogy mi egy asztalhoz, az olaszok egy másik asztalhoz telepedtek le.

Miközben elbúcsúztunk, megköszönték a szíves vendéglátást, meghívtak az ő otthonukba, amit mi elfogadtunk.

Sok év telt el azóta, de még nem tudtuk viszonozni a látogatásukat. Biztos, hogy már ők is régen elfelejtették azokat a budapesti napokat, amikor egy őrült magyar vendégül látta őket.

———••———

Gondolataimból a telefonom hangos, követelődző csöngése riasztott fel. Először azt sem tudtam, hogy hol vagyok, de miután a csörgésre odajött pirongódva a bártündér, hozva a számlát, így mentegetődzött:

– Majdnem elfelejtettem szólni! Itt van a számla.

Kifizettem, de szokásomtól eltérően lemaradt a borravaló.

Időközben elkészült az újabb laborvizsgálat, és bekövetkezett a március elejei fürdőszobai esemény, úgyhogy már nem volt értelme a doktor előtti tagadásnak. Yousd doktor közölte, hogy ha aláírom az elzárkózásomat a gyomortükrözéstől, akkor békén hagy, de csak a saját felelősségemre, ő nem vállalja a felelősséget! Hozzátette:

– Még egyszer gondolja át, amikor legközelebb jön, nyilatkozzon! – azzal elbocsátott, egy újabb laborbeutalóval.

Már megszoktam, hogy Zsoltikám értem jön. Aznap, amint Zsoltival helyet cseréltünk a sofőrülésben, megszólalt a telefonom. Noémi volt, a pedikűrösnőm. Csicsergő hangon szólt bele a telefonba:

– Szííía. Megkaptad az e-mailemet?

Ez az e-mail egy különös viszonyt volt hivatva tisztázni. Évek óta jártam hozzá manikűröztetni. Elkísértem szolgalmasan a Nefelejcs úti rendelésére, a belvárosi fodrászszalonba, a Barázda utcai fodrászatba, végül az Allée Áruház közelében lévő lakásába.

Ha esetleg valaki nem olvasta a „Másik oldal" című művemet, ide idézem, hogyan jellemeztem akkor:

„Ebben az időben 40 évesnek saccoltam, mivel ettől a kortól válnak a nők kortalanná. Hosszú szőke haja volt, ovális, szabályos arca szinte megszólalásig hasonlított Rowlinghoz, és igazi tutajos szemével csábítóan tekintett a világra. Ha ez még nem lett volna elég ahhoz, hogy a férfiak hátrafordulva kéjesen füttyentsenek, ott volt a kőkemény hátsója, amit saját bevallása szerint napi 1000 felüléssel fejlesztett."

Bevallom, én sem tejesen önzetlenül jártam utána a különböző műintézetekbe.

Én is csak férfi vagyok, nem múlt hatástalanul el a jelenléte.

Feltettem neki a kérdést:

– Mi lenne, ha nem csak pedikűröztetni járnék utánad, hanem mint férfi?

Szóban semleges választ adott, valami olyasmit, hogy majd megfontolja, aztán elnevette magát.

Nemsokára megérkezett a válasz e-mailben.

„Szia!

Nem is tudom, hol kezdjem! Attila, nekem is van egy élettörténetem, mint minden embernek. Hogy tudd, azért válaszolok, mert nem akarom, hogy kételyek között legyél. Válaszom egyértelműen *nem*!

A sok hosszú sérelem, amin lelkileg keresztülmentem a könnyelműségem miatt, egy keserű élethez vezetett.

Tanultam, leérettségiztem, három szakmát tanultam.

Terápia és életmód miatt.

Segítettél, támogattál, viszont most akkora pofont kaptam tőled... Sajnos nem ismerem az embereket.

Belegázoltál a lelkembe! Emlékeztettél: *na, csak egy kis ku... vagy.*

Erre különben soha nem számítottam! Van férfim, akit szeretek, soha nem csalnám meg.

Mindegy már, mit gondolok. Jó egészséget kívánok!

Csak itt válaszolok, mert ez ingyen van (a Facebook).

Harag nincs bennem, csak magam iránt szánalom."

Ezt válaszoltam neki:

„Kedves Noémi!

Ezt a választ vártam!

Én annál jobban szeretlek, hogy megbántsalak.

Így egy igaz ember vagy. Igazán örömet okoztál nekem."

Most pedig jelentkezik telefonon!

– Igen. Megkaptam, és válaszoltam rá.

– Ugye nincs harag?

– Miért lenne?

– Szükségem lenne a te történelemtudásodra.

– Ne kímélj!

– Arról van szó, hogyan darabolták fel Magyarországot Trianon után.

– Este megírom email-ben.

Azzal elbúcsúztam.

Nem voltam megsértődve, de kimértségemmel érzékeltetni akartam egy kicsit a visszautasítást.

Tovább hajtottam a Flamenco irányába. Most is a magas, vörös hajú lány volt szolgálatban. Amikor meglátott, köszönet helyett előre kérdezte:

– Kapucsínó, három cukor, fahéj?

– Igen – nevettem el magam, és leültem a törzshelyemre. Amikor kihozta a kávémat, ismét megkértem, hogy 40 perc múlva hozza ki a számlát. És ismét beállítottam a mobilomat 45 perc elmúltával ébresztőóra funkcióra.

Lassan kavargattam a kávémat, miközben ismét megrohantak az emlékek.

----••----

December 23-án a Gagarin hőerőműben volt dolgom. Arról kellett döntenem, hogy a két sorban elrendezett keresztáramú vízfilm hűtőtorony elbír-e további, 3000 m^3/ó óra terhelést, vagy egy újabb hűtőtornyot kell felépíteni.

Ehhez pontosan ismernem kellett a hűtött vízelvezető csatorna pontos keresztmetszetét, hogy méretezni lehessen az áramló keresztmetszet áteresztőképességét.

Ezt a mérést a helybéli MHSZ búvártagozata végezte el az én irányításom mellett. Az erőmű számára a fontosságát tanúsította az előkelő résztvevők köre: az erőmű teljes vezérkara, többek közt a karbantartási igazgatója, részt vett a mérések hitelesítésében.

Az ügy fontosságára való tekintettel elárulom: egy szivattyúházzal megúsztuk a feladatot, mert a mérési eredmények olyan jók voltak – a leleményes búvárok egy alumíniumlemezre írták fel a víz mélyében ceruzával –, hogy nem kellett megnagyobbítani a keresztmetszetet.

A mérések lebonyolítása után továbbindulhattam Debrecenbe, ahol izgatottan vártam áldott állapotban lévő asszonyom helyzetjelentését.

Legnagyobb meglepetésemre a „kismama" a városban csavargott!

Megvártam, amíg jókedvűen megérkezett.

– Én halálosan aggódom érted, te meg a városban csavarogsz! Nem szép dolog – korholtam tréfásan.

– Egy kicsit hideg van – utalt a -4 C⁰-os hőmérsékletre –, de nagyon jól érzem magam!

– Akkor csak vaklárma volt a közelgő időpont – fogtam meg a gömbölyödő pociját, amire a gyerek erőteljes rugdosással felelt.

Még néhány percig beszélgettünk, főleg arról, hogy nyugodtan magára hagyhatom, „ma már úgyse történik semmi."

Úgy terveztem, átmegyek a legközelebbi városba, ahol megszállhatok éjszakára. A választásom Miskolcra esett, a sógoromékra. Ez mindössze 100 km távolságra esett; úgy gondolta, ha itt az idő, röpke egy órán belül elérhetek Debrecenbe.

Ember tervez, Isten végez, tartja a közmondás. Aznap éjszaka kiszakadtak a felhők, és vagy 15 cm-es hó esett belőlük. Ráadásul szegény embert az ág is húzza! Délután, amikor el akartam indulni, a fránya Citroën önindítója csak kerregett, de nem volt hajlandó beindítani a motort. Nagy keservesen végre utolértem az asszonyt telefonon. Éppen a városban lófrált! Végre beleszólt az ismerős hang:

– Megkívántam egy süteményt, kijöttem a városba.

Tájékoztattam, hogy nem indult be a kocsi, de betoltuk a sógor garázsába, most már előbb-utóbb be fog indulni.

– Nem kell izgulni. Most már hazafelé tartok a klinikára a cukrászdából. Majd holnap találkozunk! – zárta le a beszélgetésünket.

– Jó, hogy ezeken a mobilokon tudtok beszélgetni – közölte a sógorom. – Erre az ijedtségre egy fél konyak, vagy egy fél whisky?

– Nem, még várok úgy hat óráig, akkor még egyszer felhívom telefonon. Ha nincs semmi gond, akkor kitekerhetjük a nyakát az üvegnek.

Hét órakor ismét telefonáltam. Már békésen feküdt az ágyában.

– Már indul az autó, de ha nem muszáj, ebben a hóesésben nem indulnék el az éjszakába. Különben is, a sógor csábít egy konyakra – mondtam.

– Nyugodtan megihattok kettőt is. Ma már nem történik semmi.

– Jó éjszakát neked is – búcsúztam el tőle.

– Sógor, most már jöhet a konyak!

És jött! Kettő is.

December 24-e volt. Csendesen eleredt a hó. Este 9 óra körül jelzett a mobilom. Az ágyszomszédja volt.

– Beindult a szülés – közölte. – Azt üzeni, nem kell izgulni, ha megszületik a baba, majd tudatja valahogy! Valószínűleg én fogok ismét telefonálni.

Itt vagyunk meglőve! Most már indulna az autó, de már nem ülhetek bele! Nincs mit tenni, rábíztam magam a sógor konyakos üvegére és az ágyszomszéd telefonjára.

Fél tíz körül csöngött a mobilom. A szobatárs telefonált:

– Fiú! 3 kiló ötvenhárom deka, császárral született! – mondta egy szuszra. – Minden rendben van. Ő is meg én is jó éjszakát kívánunk – azzal letette a telefont.

Másnap a rádióban hallottam, hogy többek közt a debreceni klinika is zárva van a látogatók elől, influenzajárvány miatt!

Reggel korán egy pöccintésre indult az autó. Hiába, nincs jobb, mint egy jó meleg garázs! A Hortobágyon keresztül közelítettük meg Debrecent. Nekem is, és az asszony nővérének is eltökélt szándékunk volt, hogy ha a fene fenét eszik, akkor is megnézzük a gyereket. Nem tudom hogyan jutottunk odáig, de végül valamelyik emeleti helyiségben rájuk találtunk! És a csoda: egy nővérke megmutatta a babát! Nekem gyönyörű szép volt.

A vörös hajú kiszolgálónő tanult az elmúltakból, mert látva, hogy milyen mélyen elmerülök a gondolataimban, megérintette a bal vállamat.

– Idő van, hoztam a számlát.

Először néztem meg magamnak, mint nőt. Magas, arányos a testalkata, a miniszoknyájából nyúlánk combokat lehetett sejteni.

– Itt van 2000 Ft, a többi az öné – azzal kimentem a bárból.

Zsoltival már csak kétszer tudtam elmenni a tornára.

Ezúttal a szokásos edzőnő szabadságon volt, így egy másik helyre ajánlotta be a fiamat. Nem messze volt a vasúti töltéstől az ideiglenes tornász-edző lakása. Nem hittem a szememnek, amikor megláttam az edző lakásának a felszereléseit! A kis előszobából be lehetett látni a földszinti lakás nagyszobájába. Ott faltól falig, padlótól a mennyezetig leírhatatlan garmada sorakozott a különböző kondigépeknek. Miután kellőképpen kiámuldoztam magamat, a kortalan edző így szólt hozzám:

– Ha kedve van, beülhet az egyik székbe a konditeremben, de a kis öltözőben is helyet foglalhat.

Én a kis öltözőt választottam. Ez a hely alkalmas lesz a gondolataim szárnyalására. Így történt.

––•• ––

A kicsi fiam körül szárnyaltak a gondolataim. Az a pár nap, amit a klinikán kellett töltenie megfigyelésen az anyának és a gyereknek, azzal telt el, hogy a lakásunkba frissen bevezetett gázvezetékhez felszereltem a gáztűzhely fölé az elszívót. Ennek a pár napnak a legnagyobb teljesítménye az volt, hogy sikerült megrendelnem a nagyszobába a kandallót. Ez idő alatt Debrecenbe csak egyszer mentem le, amikor beírattam a személyimbe a gyereket. Meglepetésemre a bátyám jelentkezett:

– Én akarom a gyereket elhozni Debrecenből. Az én Volgám biztonságos a havas utakon. Nem is nyitok vitát, én megyek veled.

Karácsony és újév között eljött a lemenetel ideje. A bátyám tartotta a szavát. Kora reggel a házunk előtt indulásra készen állt a koromfekete Volga. Az út Debrecenig teljesen simán telt el. A kis batyut én kaptam meg, és én nagyon büszke voltam, hogy rám bízták a pólyás babát. Hamarosan a Hortobágyi útra tértünk rá, amikor a batyu rázendített.

– Most éhezett meg. Ilyenkor szokott szopni. Nemsokára elérünk a Hortobágyi Csárdához, ott megállunk és én megszoptatom – döntötte el az asszonyom.

A csárda személyzete kicsit meghökkenve nézett, mikor elő-álltam azzal a kívánsággal, miszerint a gyereknek átmenetileg szüksége van az irodájukra, költözzenek ki.

Nem túl sokat meditáltak, kiköltöztek, én pedig áldottam a sorsot, amiért nem nekem kell vezetni, és megihatok ennyi izgalomra egy konyakot. Aztán a válásom körülményei jutottak eszembe. Zavaros idők voltak a '90-es évek elején. Egy barátom felajánlott a fele-ségemnek havi 2000 Ft-ot, ha az ő nevében felvehet pénzeket. Nem látszott különösebben veszélyes manővernek. Az asszonyt elvitte valahova Budára egy gépműhelybe, hogy lássa, milyen famunkákat kell csinálni.

Persze az asszonynak ilyen képesítése nem volt, fogalma sem volt a gépek üzemeltetéséről.

Néhány hét múlva az asszony kapott egy idézést a rendőrség-től. Kiderült, hogy a barátom lebukott a buherált pénzekkel, és most az asszony is sorra került az elszámoltatásnál. A nyomozó megállapította, hogy a gépeket nem tudja üzemeltetni.

– Asszonyom. Én csak egy jó tanáccsal tudok szolgálni: ha elválik, akkor egyedülálló, kisgyerekes anyaként meg tudom szüntetni az önnel szembeni eljárást.

A válás tárgyalásánál kapóra jött, hogy amíg én Indiában voltam, a Németországban élő unokanővérem meglátogatta a nejemet és megbeszélték, hogy a Budakeszin lévő, lakatlan házához be kellene jelenteni valakit.

– Tudod, elég probléma, hogy a férjem disszidált, és a ház felét államosították. Jót tenne, ha valakit be tudnánk jelenteni, mert legalább lakottnak számítana a ház.

Miután az én személyi igazolványom az asszonyomnál volt, felajánlotta, hogy engem jelent be Budakeszire.

A szót tett követte. Így aztán mire én visszajöttem Indiából, budakeszi lakos voltam.

A bíróságon több év különélést tudtunk igazolni.

Amikor a bírónő rákérdezett a gyerek fiatal korára, én tö-redelmesen bevallottam, hogy egy-két hétig együtt laktunk. A bírónő hosszadalmasan ecsetelte a mai fiatalság felelőtlenségét.

– Még csak egy gyerek hiányzott – füstölgött a bírónő. Azután megítélt a jövedelmemből 15%-os tartásdíjat, amihez én ragaszkodtam, majd kihirdette az elválasztó határozatot.

Bizony, ilyen felelőtlenül élünk azóta is. Igaz a „kis" fiunk már 30 éves.

Arra lettem figyelmes, hogy egy idősebb ember benyitott az öltözőbe.

– Én vagyok a következő páciens. Ha nem zavarom, átöltöznék.

Persze hogy nem zavart. Azon nyomban helyet szabadítottam fel neki a fejem felett elhelyezkedő fogason. Nemsokára Zsolti is elkészült, már ami a tornát illette, úgyhogy elbúcsúztunk.

———••———

A következő alkalommal – csodák csodájára – éppen kiállt egy autó a parkolóhelyről a Diószegi úton! Zsolt azonnal elfoglalta a parkolóhelyet, és felment a tornaórára. Én meg ott maradtam, nézegetve a Vértranszfúziós intézet „új" épületét, mely a Diószegi út és Karolina út sarkán állt. Ez az épület Kévés Gyurinak – mi csak Kévés mesternek hívtuk – egy igazán bravúros építészeti alkotása volt. Az épület a rendelkezésre álló területet maximálisan kihasználva két meglévő épület közt lett kialakítva. Büszke voltam, hogy ebben az alkotómunkában csekély mértékben részt vehettem. Felnéztem az épület lépcsőzetesen felmagasodó, Karolina utcai homlokzatára.

Eszembe jutott az egyik egyeztetésünk a sok közül. A módszer az volt, hogy kiosztottunk minden doktornak egy kérdőívet, akik majd ott dolgoznak, az igények előzetes felmérésére. Ezeket a kérdőíveket kiértékeltük, és amennyiben maradt tisztázandó kérdésünk, azokat még egyszer leegyeztettük. Egy kedves fiatal doktornővel egyeztettünk éppen – aki arra a kérdésre, hogy mennyi megvilágítási értéket kíván az ő munkavégzése, a kérdőívre 20000 luxot válaszolt –, amikor belépett az intézet igazgatónője.

– Nem akarok zavarni, csak érdeklődöm, hogy haladnak a munkával? – kérdezte az igazgatónő.

Kévés mester röviden beszámolt az eddigi munkánkról, majd így fejezte be az összefoglalóját:

– Az épület nagy vonalakban összeállt, még részletkérdéseket kell tisztáznunk. Ez a könnyűszerkezetes építési mód viszonylag újdonság nekünk is.

Itt én vettem át a szót.

– Jó lenne, ha egy meglévő, hasonló jellegű építményt tanulmányozhatnánk.

– Köszönöm az értékes beszámolót – majd hozzám fordult –, látogasson meg holnap 10 órakor, meglátom, mit tehetek referencialátogatás ügyében – azzal kiment.

A doktornő közölte, hogy neki fogalma sincs, mi az a lux. Igyekezett jó nagy számot leírni, az a biztos. Végül megegyeztünk 500 lux megvilágítási értékben.

Másnap 10 órakor megjelentem az intézet igazgatónőjénél. Időközben megtudtam, hogy ő a párt központi bizottságának a tagja. Reméltem, hogy segítő szándék van benne. Az igazgatónő kedvesen fogadott. Hellyel és kávéval kínált, majd amikor kész volt a ceremóniával, így folytatta:

– Beszéltem az Uppsalában lévő kollégákkal. Itt van a meghívólevelük. Várják önöket egy hét időtartamra, amilyen gyorsan csak ki tudnak utazni, a világ egyik legrangosabb kutatóintézetében. Majd így folytatta:

– Egy a kérésem: semmiképpen nem mehet a határidő rovására, már döntöttek a beruházásról. Nem szeretnék szégyenben maradni a tervekkel.

Felhívtam Kévés mestert. Tájékoztattam a fejleményekről.

– Hol van az az Uppsala? – kérdezett vissza.

– Nem tudom. Talán valahol Svájcban.

Mire beértem az irodámba, addigra kiderítették, hogy Uppsala Svédországban van. Stockholmig repülővel, onnan vonattal lehet megközelíteni.

Másnap már a MALÉV gépén ültünk, amivel eljutottunk Stockholmig, majd vonattal pár óra utazás után megérkeztünk

Uppsaláig. Ennek a svéd útnak kettős célja volt. Egyrészt az uppsalai tudományos központ tanulmányozása, másrészt a stockholmi szabadidőközpontban történő, lehető legrészletesebb tapasztalatszerzés. Megérkeztünk Uppsalába. Itt majdnem vége szakadt a tudományunknak, mert mindössze egy telefonszám állt rendelkezésünkre, ahol várt ránk egy svéd kolléga. Találtunk egy telefonfülkét. Felhívtam a svéd kollégát.

Elmagyarázta nekem, hogy észak felé tartsunk, és nemsokára odaérünk.

Nagy nehezen megértettem vele, hogy felhős az ég, nekünk nincs iránytűnk, így nem tudjuk, melyik irányba menjünk.

Végül értünk jött.

Az intézet, amit megnézhettünk, valóban egyedülálló volt Európában. Később megtudtam, hogy ide koncentrálódott az bakteriális és vírusos fertőzőanyagok kísérletezésének zöme. Mi ezekből a kísérletekből csupán a patkányokból és nyulakból alkotott pirolízises fertőzési kísérleteket „élvezhettük". A kísérletek az állatok fenekéből kiálló hőmérők óránkénti leolvasásából álltak. Minden esetre Kévés mester amikor meglátta, főleg megérezte az állatok szagát, közölte, hogy ő oda be nem megy.

Végül ezt a részt nekem kellett abszolválnom.

Egyébként részletes ismertetésre kerültek az épületszerkezet részei, a klíma és egyéb épületgépészeti részletek megoldásai. Összességében hálásak lehetünk a svéd kollégáknak azért a szakmai segítségért, amit nyújtottak.

Visszafelé még egy éjszakánk és egy napunk volt Stockholmban. Egy ismerősömnek elmeséltem, hova megyünk. Az ismerős adott Stockholmban egy telefonszámot, mondván: „az én gyerekkori iskolatársam ott lakik, hátha szükségetek lesz rá".

Amint megtudtam, hogy a repülő csatlakozása úgy jön össze a vonattal, hogy Stockholmban kell eltöltenünk két éjszakát, ismeretlenül felhívtam a barátom Stockholmban élő ismerősét. Már hallott a jövetelünkről. Azt kérdeztem, hogy nem gond-e neki egy olcsó szálloda lefoglalása két éjszakára? Még aznap felhívott a szálloda nevével és címével. Úgy beszéltük meg, hogy másnap reggel 10 órára értünk jön. A vonatról taxival egyenesen a szállodába mentünk. Egy kicsit gyanús volt, hogy a szállodára előirányzott magyar szállodai költség felét sem érte el a szállásdíj. De végül a fürdőszobás, kétágyas szoba megfelelt. Kévés mester hamar elaludt, én meg a maradék üveg cseresznyepálinkával meglátogattam a folyosón egy elkerített kalitkában lévő fiatal portásfiút. Hamar rájöttem a szálloda olcsóságának titkára. Ez, kérem, egy kupleráj volt.

A portásfiú kiadta a szobakulcsokat a pároknak, és hosszabb-rövidebb idővel utána rendszerint a páros leánytagja adta vissza a kulcsot. Jól elbeszélgettünk ezzel a portásfiúval. A pálinka hatására, vagy a hajnalig tartó beszélgetésére, de úgy döntöttem, nem érdemes már lefeküdni, csak úgy végigdőltem egy kényelmes fotelben és elaludtam. Arra ébredtem, hogy egy nagy, kerek fej kitartóan néz engem. István volt az, a barátom osztálytársa, aki bevallása szerint már 20 perce ült a szemközti ágyon és szuggerált, ébredjek fel. Mire összevackolódtunk, István azt javasolta, náluk ebédeljünk meg, és majd délután megmutatja a szabadidőközpontot.

Nem sokszor láttam neves építészt nokedlit szaggatni a konyhában, de ott Stockholmban István gyönyörű szőke, sudár felesége mellett Kévés mester beállt kisinasnak. Ebéd után elindultunk a szabadidőközpont meglátogatására. Ma már ez a létesítmény bármelyik budapesti bevásárlóközpontnak megfelelne, de akkor még csak a Corvin Áruház beburkolásánál és a szemközti Lottó Áruház zöld neonos lottófigurájánál, ahogy a figura fáradhatatlanul felmászott az áruház homlokzatán, tartottunk.

Ez akkoriban egy fényesen kivilágított, hatalmas terekből és arányos üzlethelyiségekből és roskadozó árukészletekből álló komplexum volt. Az előző éjszakán elfogyasztott cseresznyepálinka fáradalmai miatt, amikor végül István felesége hazavitt a szállodánkba, még csak fel se tűnt, hogy milyen hosszadalmasan búcsúzott a svéd szőkeségtől a mi építészünk.

Még sokáig merengtem volna a régi szép időkről, de megérkezett Zsolti, ezzel vége szakadt a visszaemlékezésemnek.

Már komolyra fordult a körzeti orvosom, Musabeh Yousd fenyegetése, melyben ultimátumot adott. Vagy elmegyek gyomor- és vastagbéltükrözésre, vagy leveszi rólam a kezét.

– Adja írásba, hogy nem engedi ezeket a vizsgálatokat elvégezni, és akkor békén hagyom! – mondta a doktor.

Visszaemlékeztem, hogy egyszer már megúsztam a hátsóm megkurkászását a gumikesztyű hiányában. Végül az első nejem intő tanácsa ellenére beleegyeztem a vizsgálatok elvégzésébe.

– Fel fogom hívni, amikor egyeztetni tudok egy gastroscopia-szakorvossal, hogy mikor és hova kell mennie.

Már azt hittem, hogy elfelejtette. Amikor vagy egy hét múlva csörgött a telefonom, Musabeh doktor úr volt! Miután tisztáztuk, hogy személyesen én vagyok, közölte:

– Dr. Póth Levente urat kell keresni a hónap végén.

Úgy látszik, a magyar egészségügyet nekem találták ki. Igaz, hogy a székletem hol kevesebb, hol több vért tartalmazott, de legalább teljesíthettem Zsoltikám még egyszeri fuvarozását. Most nem volt olyan szerencsénk, mint legutóbb – nem állt ki parkoló kocsi. Kénytelen voltam a Flamenco előtti parkolóban megállni.

Gyönyörű napsütéses idő volt. A hajléktalanok valahol úton lehettek, mert csak a hálóhelyüket láttam ott. Bementem a hotel bárjába. Az ismerős vörös volt szolgálatban. Először nem ismert meg, de miután megrendeltem a kapucsínómat, azonnal rávágta:

– Három cukorral, fahéjjal?

– Igen – nyomtam el egy somolygást.

Úgy látszik, nevelhető a leányzó, gondoltam.

A szokásos helyemre ültem. Megvártam, hogy a pincérleány kihozza a feketémet.

– A szokásos 40 perc múlva szóljak? – kérdezte.

– Ha megkérhetem – válaszoltam.

Elnéztem, amint egy fiatal német pár hevesen csókolózva „megeszi" egymást.

Azután belemerültem a gondolataimba.

Talán egy hónappal a kisebbik gyermekem nevezetes debreceni megszületése után a feleségem egyre nyugtalanabb lett. Nem tudtam elképzelni, hogy mi baja van. Feltűnt, hogy amikor a postás motorozott arra, akkor vált egyre nyugtalanabbá. Egyszer éppen az emeleti félkész teraszon bóklásztam, amikor megállt a kapunk előtt a postás. Túl messze voltam, hogy megláthassam, amit átadott, de mire leértem, az asszonyom sírva-nevetve a nyakamba borult:

– Papp professzor úr táviratozott: „A gyerek makkegészséges"!

Azóta 30 év telt el. A „kisfiunk" bejárta Szibériát, a Bajkáltavat, Dél-Afrikát, ahol összemetsz az Indiai-óceán az Atlantióceánnal, 6 hetet töltött New-Yorkban és környékén.

Visszagondoltam a bírónő váláskor elmondott szavaira. Nem teljesen lett igaza a mi felelőtlenségünk megítélésében.

Zsoltival egy SMS-ben közöltem, hogy mi a bajom.

„Zsoltikám. Úgy tűnik, hogy áruló módon cserbenhagytalak. Nem így van. A székletemben vért találtak. Ezt ki kell vizsgálni, utána újra jelentkezem szolgálatra. A."

Remélem nem sértődött meg. Hiszen annak idején cserbenhagytam. Igaz, néhány év elmúltával, egyszer egy személyes találkozásunk során így foglalta össze a véleményét:

„– Már rég el kellett volna válnotok. Azóta sokkal normálisabb a viszonyotok."

———••———

Póth Levente dr. elmélyedve olvasta a körzeti orvosi beutalómat, melyet Yousd doktor írt. Elnéztem őt. Fiatalember, gondoltam. Még koromfekete haja van. *Hogy a csudába maradhatott még ilyen koromfekete?*, gondoltam.

Felnézett a papírokból.

– Itt az áll, hogy „nem szívesen állna ki egy vastagbéltükrözést". Pedig ha már elkezdtük, jó lenne a dolgok végére járni! – aztán kérdően nézett rám.

Első feleségem intő szavai lebegtek egy pillanatra felém: „sohase engedj vastagbéltükrözést ".

Aztán a fürdőszobában történtekre gondoltam. Ez erősebb benyomást tett rám. Talán mert időben közelebb volt.

– Hát ha múúúszáj? – húztam a választ, mintha számítana a beleegyező válasz kimondásánál a hangsúly.

– Akkor rendben van.

Az asszisztensnőjéhez fordult:

– Kérem, nézzünk a betegnek egy gyomor- és egy vastagbéltükrözési időpontot.

– Május 9. a gyomor, és július 6. Megfelelnek? – kérdezte az asszisztens.

– Én nyugdíjas vagyok, időm, mint a tenger – válaszoltam.

– Rendben. Akkor először találkozunk május 9-én – közölte a doktor, miközben egy másik beteg beutalóját vette a kezébe.

Máskor a budafoki laboratórium, ha reggel lementem, délután elkészült a lelettel. Én biztos ami biztos, két nappal a határidő előtt lementem a laborba. Akkor jött a meglepetés. A labor teljesen szét volt verve! Ideiglenesen két rendelőt rendeztek be az adminisztráció lebonyolításához és a vérvétel kijelölt helyének. Amikor lecsapolták a véremet, udvariasan megkérdeztem:

– Tessék mondani, mikor jöhetek a leletért?

– Szerdán délután – volt a válasz.

– Én szerdán kilenc óra harminc percre vagyok visszarendelve a Szent Imre kórházba, nem lehetne előtte kiadni?

– 10 óra előtt nem lehet!

A labor után közöltem az élettársammal, mit mondtak a laborban. Parázs vita alakult ki köztünk.

– Azt lássam csak, hogy nekem sem adják ki – közölte az élettársam –, majd én elintézem.

– Nekem pedig azt mondták, 10 előtt nem adják ki az eredményt.

Szó szót követett, végül én felvonultam az emeleti hálószobámba. Éppen felhúztam a pizsamámat, amikor benyitott a „kicsi" fiam.

– Mi ez a balhé a labor körül? – kérdezte.

Elmagyaráztam neki, mi újság van. Így fejeztem be:

– Hajlandó vagyok a lépcsőházig elkísérni anyádat, de miután megmondták, nem adják ki, én ehhez tartom magam!

Másnap reggel elég messze sikerült parkolót találnunk a kocsinak.

– Én előremegyek – közölte az asszony –, te csak gyere utánam, ahogy tudsz! Kiléptem a liftajtón, amikor – diadalmasan lobogtatva a megszerzett leletet – szembejött velem életem párja.

– Csak egy kis jóindulat, na meg a főnökasszonnyal való fenyegetés kellett hozzá, egyébként ott volt a polcon kinyomtatva, csak fel kellett nyúlni érte.

Azzal diadalmasan elindultunk a Szent Imre kórház felé. Én biztos voltam abban, hogy ha a doktor az „A" épületben rendel, akkor valahol a betegeligazító környékén kell keresni. Kis kalandozás után Mógán professzor – aki kétszer is megoperált a nyaki ütőeremmel – érsebészeti osztálya mellett találtuk meg a Póth Levente doktor osztályát.

———••———

Egy jól kivilágított, sárgásvörös színben játszó barlangban jártam. Egy pillanatra mintha a fény elhalványult volna, de már újra beragyogta a teljes kupolát. Itt most a redős fal átmenetileg sárga színezetből átcsapott mélybíbor színbe. Aztán a barlang leszűkült, mintha a hátsó kijárata egy kör alakú nyílásba ment volna át.

– Végeztünk is – hallottam doktor Póth szavait, miközben a kezelőpisztoly fogantyújából kivett valami hengeres tárgyat, és a helyére bedugott egy sodrott drótszálakból kialakított huzalt.

– Nagyon ügyes volt – hallottam a nővértől, miközben a doktor folyamatosan húzta ki a fekete csövet, aminek a végén egy zseblámpaizzó nagyságú lámpa még most is világított.

Amint a számból kijutott a fekete cső, abban a percben elöntötte a számat a sárga nyál.

– A Lidocain spray hatása a bő nyálképződés – hallottam az asszisztensnő hangját. – Itt vannak papír törlők, törölje meg a száját, majd segítek leszállni az ágyról. Lesegített a 3 fokú lépcsőn, elértem a magas infúziós állványon elhelyezett dzsekimhez.

– Lesegítsem a kabátját? Jó magasan van – állapította meg a nővérke, miközben óvón fogta a karomat, talán nehogy elszédüljek.

– Köszönöm, már jól vagyok.

Miközben az ajtóhoz mentem, eszembe jutottak az iménti események. A dolgok természeténél fogva a kilenc óra harminc perces érkezési idő helyett az élettársam fél tizenegykor már másodszor ment ki bagózni. Miután a betegek elfoglalták a helyét, úgy döntött, az előcsarnokban ül le, miután megpróbáltam türelemre inteni.

– Már megmondtam, hogy a kórház csak a türelmes várakozásból áll. Látod, én békésen szundikálok ahelyett, hogy türelmetlenkednék.

Miközben a folyosón bóbiskoltam, két ízben is kerekesszékben hoztak ki félig alélt betegeket betegszállítók. Akkor nemigen tűnt fel a dolog nekem. Gondoltam, visszaviszik a kórterembe őket. Ezzel napirendre is tértem a dolgok felett, továbbra is békésen bóbiskoltam, amikor a folyosó végén a nevemen szólítottak. Az alacsony, kissé molett nővérke a folyosón a harmadik ajtóból tessékelt be a kellemes benyomást keltő vizsgálóba.

– Kijáró műfogsora van? – kérdezte.

– Igen, de nem hoztam magammal.

– Ide lepakolhatja a kabátját – mutatott az infúziós palack-tartó állványra. – Utána üljön fel a vizsgálóágyra.

Engedelmesen felkászálódtam az odakészített háromfokú fellépőn. Az ágy szélén ülve kitűnő kilátás nyílt a sarokban lévő műszerdobozra, a nagyobb, közelebb lévő, és a kisebb, távolabbi monitorra, valamint egy szürke, permetező elosztócső jellegű, a végén fekete, hajlékony, mintegy 10 mm átmérőjű csőre. Amíg felkászálódtam az ágyra, egy pillantást vethettem a felém háttal ülő Póth doktor úrra.

– Most Lidocain sprayt fogok a torkába spriccelni, legyen szíves kitátani a száját – szólt a nővérke.

A kis, pisztoly alakú, csőben végződő szerkezetből néhányszor bespriccelt a torkom köré. Amint befejezte a bespriccelést, egy kb. 2-3 cm átmérőjű, 2 cm hosszú csövet vett a kezébe.

– Most harapjon rá erre a műanyag csőre, azután feküdjön a bal oldalára, a monitorral szembe.

Időközben Póth doktor úr – gondolom befejezte a laborleleteim tanulmányozását – most odajött az én ágyam és a nagyobbik monitor közé. A nagyobbik monitort bekapcsolta, elvette az elosztócsövet, majd az imént a nővér által a fogam közé dugott csövön keresztül könnyedén ledugta a torkomon keresztül a gyomromba a fekete cső lámpás végét. A velem szemben lévő színes monitoron megjelent egy jól kivilágított, sárgás-vöröses barlang. A saját gyomrom belülről, kivilágítva.

A doktor úr közölte:

– Készen vagyunk. A leletet megírom. Júliusban ugye a vastagbéltükrözésen találkozunk?

– Igen, doktor úr – és kimentem a vizsgálóból.

A folyosón az ott ülő betegeknek, miközben még a sárgás nyálat nyeldekeltem, annyit mondtam az élettársamhoz való elhaladtomban:

– Nagyon kellemes vizsgálaton vagyok túl!

A hátam mögött éreztem az összeborzadó, szánakozó pillantásokat, amelyek szinte égettek, miközben végigmentem a zsúfolt folyosón az élettársam felé.

Ismét Siki doktornő gondterhelt pillantása vetődött rám.

– Nem tudja, miért maradt el a Kútvölgyi rendelőjében a hematológiai kontrollvizsgálat? – kérdezte.

– Talán kellene egy beutalót kapnom – válaszoltam.

– Rendben van, írok egy beutalót.

A beutaló birtokában 2018. 05. 24-én – meglepően alig néhány nap után – már fogadott is a Kútvölgyi Rendelőintézet! Most, hogy tudtam a rendelőintézet előtt meglévő parkolóhelyről, úgy döntöttem, gépkocsival megyek oda.

Talán a nagy parkolótéren 2-3 gépkocsi állt – igaz, hét óra harminc perckor már ott voltam. Ilyen még nem volt! Bár több beteget láttam ülni a betegeknek fenntartott székeken, a 001-es sorszámot húztam! Benedikt doktor úr, mint az elmúlt évben, gondosan megvizsgált.

– A súlya semmit sem változott tavaly óta – állapította meg.

– Kérem, hogy a folyosó végén húzzon egy sorszámot a vérvételhez. Az eredményt e-mailben fogjuk közölni önnel.

A Benedikt doktor úr véleményét összefoglaló e-mailt itt közlöm:

„Dr. Siki Judit részére.

Tisztelt kolléganő!

A beteget 2017 májusában láttam először. Mérsékelt anaemia és neutropenia miatt, a gyorsult süllyedés alapján multiplex gyanúja merült fel, amelyet a csontvelőkép, ill. vérfehérje összetétel alapján nem igazoltunk.

A beteg elmondása szerint 2018. jan. óta ismételten friss vért tartalmazó székletet ürít, gastroscopia történt, negatív eredménnyel. Testsúlya változatlan, polymyalgiára utaló panasza jelenleg nincsen. Süllyedése tovább gyorsult, vvs száma határozottan csökkent. A korábban végzett csontvelővizsgálat myelodysplasia nem kórjelző mértékű és jellegű lehetőségét vetette fel. A hematológiai kép tisztázása céljából újabb haemopathológiai vizsgálatra lenne szükség, azonban először tisztázandó a hematochesia oka. Colonoscopiás lelettel jelentkezzen ismét ambulanciánkon."

A továbbiak már annyira szakmai megállapítások, hogy felesleges ide idéznem.

Elküldtem Siki doktornőhöz, aki gratulált az átadott könyvemhez, melynek ideiglenesen a „Betegségem története" címet adtam, mely az őáltala felfedezett prosztatarákom történetét írta le. Egyetértett velem, hogy a colonoscopiás vizsgálat eredményéig nem érdemes semmit sem tenni. „Találkozunk augusztus végén", fejezte be a levelét. *Íme*, gondoltam, *ezzel is meghosszabbodott az ígért élettartamom.* Hiszen augusztus végéig nem illik elpatkolnom.

Miután ez a vizsgálat még jó egy hónap múlva, pont a születésnapomat követő napon van, én úgy ítéltem meg, hogy ezt legalább kötelező megélnem.

Hogy ne unatkozzak, a Benedikt doktor úr javaslata alapján felírt 6 db. B12 injekciót Musabeh doktor asszisztensnője, Krisztina, szorgalmasan beadta a fenekembe.

Így végül nem kerülhettem el a fenekem tűpárnaként való kezelését, de átmenetileg megúsztam Musabeh doktor ármánykodását: a gumikesztyű hiányában elkerült végbélvizsgálatot...

—••—

2018. július 5. A születésnapom. Délkörül elővettem a felírt hashajtómat. *Ez a születésnapi ünnepi ebédem*, futott át a gondolataimban, miközben a használati utasítását tanulmányoztam. Legalább a szürkehályog műtétem előtt a nővér egy hét szünetet hagyott a születésnapom és a műtét között! *Na mindegy*, meditáltam magamban, miközben felkavartam a vízbe tett pornemű anyagot. Konstatáltam, valóban, a keverés közben felmelegedett. Most már le kell hűteni, majd meginni, gondoltam. Amit nem tudtam, hogy utána futás a WC-be! Épp, hogy elértem.

A használati utasítás szerint 5 órával később a hashajtó beszedését meg kellett ismételni.

Miután az előző adag hatása még nem múlt el, úgy döntöttem, nekem ez az egy adag elég lesz!

Másnap reggel, július 6-án fél tízre megjelentem a már ismerős rendelőintézet előtt. A szokásos várakozó tömeget találtam a folyosón. Egy udvarias fiatalember, aki szemmel láthatólag a barátját kísérte el, átadta nekem a helyét.

– Sándor, én várlak a lépcsőházi előtétben – azzal kivonult a folyosó végén lévő padokhoz.

Némi várakozás után előkerült a nővérke, aki szemlátomást sokkal erősebb volt, mint a múltkori nővér, aki a gyomortükrözésemen segédkezett. Beszedte több betegtől a beutaló papírokat és türelmünket kérte, amíg sorra kerülünk.

Az imént Sándornak szólított fiatalember udvariasan hozzám hajolt:

– L. Sándornak hívnak, kérem, ha nevemen szólítanának, mentsen ki a nővérnél, pár perc múlva visszajövök a mosdóból.

A fiatalember eléggé optimista volt. Miután visszajött, legalább 30 perc eltelt, mire nevén szólították.

Végre én is sorra kerültem! A nővér nevemen szólított. Némi meglepetésemre most a folyosó másik végén lévő ajtóhoz kért, majd beinvitált a szobába. Szemben, a szoba közepén egy kórházi vizsgálóágy volt fehér lepedővel letakarva, bal oldalon egy íróasztalhoz telepedve dr. Póth helyezkedett el, vagy legalábbis a szemem sarkából úgy véltem, hogy őt látom, miközben a nővérre koncentráltam.

Jobbra az ajtótól az ismerősnek vélt műszer a képernyővel.

Úgy gondoltam, az altatásban nem tudom megfigyelni ezt a tükrözést, mint a gyomrom tükrözését. A nővérke szavára rezzentem fel az iménti mélázásomból.

– Az ajtó mellett van az öltöző – közölte a nővér.

Valóban, a bal oldalon, az ajtó mellett egy állófogas és egy tenyérnyi, lefüggönyözött hely volt, öltöző – inkább vetkőzőhelynek fenntartva. A nővérke kedvesen így szólt hozzám:

– Kérem, vegye le a nadrágját, az alsóját is, és bújjon bele ebbe a zöld nadrágba!

A zöld nadrágnak az ülepén mintegy 10×10 cm-es, négyzetes lyuk volt kivágva.

– Hogy legyen hol hozzáférnem a tükrözéshez – adta meg a lyukra a magyarázatot a nővérke.

Kissé meglepődtem, hogy a nővérke csinálja a műveletet, de azért szorgalmasan, az utasítás szerint levetkőztem. Mikor már majdnem elkészültem, meghallottam a nővér hangját.

– Ha kívánja, segítek.

– Nem, köszönöm – közben felhúztam a zöld nadrágot és kiléptem a függöny mögül.

– Kérem, feküdjön fel a bal oldalára a vizsgálóágyra – szólt a nővérke. – Nem írta fel a doktor úr az altatóját?

– De igen – nyújtottam át az eddig a markomban szorongatott fiolát.

Engedelmesen felmásztam az előkészített zsámoly felhasználásával a vizsgálóágyra. Ahogy az oldalamon feküdtem kissé zsibbadtan, megadva magam a rám várakozó ismeretlennek, azon tűnődtem, hogy már nem először vesztettem el a végbelem szüzességét. Az öreg urológus doki a Szent Imre belgyógyászatán, vagy Orosz doktor úr csak a gumikesztyűs ujjával vizsgált meg, ezért ezeket nem számolom a szüzességem elvesztésének. De a Dél-pesti kórház alábbi történései már ugyancsak a szüzességem elvesztéséhez vezettek:

„A 11-es szobában egy nővérke várt. Üdvözlés helyett így szólt:

– Vegye le a nadrágját, az alsónadrágját is, és feküdjön az ágyra!

Miután teljesítettem az utasításait, lefeküdtem a sarokban lévő vizsgálóágyra.

– Nem arra az ágyra kell feküdni, hanem ide – mutatott a terem közepén lévő, általam nőgyógyászati vizsgálóágynak tekintett fekvőalkalmatosságra.

Némi nehézséggel felkapaszkodtam a két lábtartó között a fekhelyre, majd a nővérke utasításait követtem:

– Tegye fel a lábtartóra a lábait, majd a fenekével csússzon egészen előre, az ágy széléig!

Miután engedelmeskedtem a felszólításnak, egy sanda pillantást vetett az immár széttárt lábakkal feltárulkozó alfelemre. A látvánnyal elégedett lehetett, mert telefonon szólt a doktor úrnak, hogy jöhet. Így aztán 2014. augusztus 7-én a prosztatámból szövettani vizsgálathoz anyagmintát vettek a Dél-pesti kórházban. Az anyagmintát a végbélnyílásomon feldugott eszközzel dr. Orosz Zalán vette le, miközben általam csak nőgyógyászati rendelőkben látott ágyon, a combjaimat széttárva feküdtem. A mintavétel az eszköz feldugásával kezdődött, majd az érzéstelenítő injekció beadása után 12 anyagminta levételére került sor egy szellemes, rugóra járó eszközzel.

Ez már a végbelem szüzességének elvesztését jelentette, gondoltam, mialatt mozgás támadt a hátam mögött.

Az orvos vidám hangját hallottam a hátam mögül a nővérke kérdésére, hogy mit csinál a doktor úr a hétvégén.

– Én a hétvégén az Adriára utazom.

– Hosszabb időre, doktor úr? – kérdezte a nővérke.

– Á, dehogy! Csak két napra, utána Tirolba megyünk, majd Németországba, szóval lesz programunk a nyáron – nevette el magát a doktor.

Ezidáig mind a doktor, mind a nővér a hátam mögött tartózkodott, én nem láttam, mit csinálnak. Most a nővér előrejött a fejemhez, eltakarván a műszereket.

– Hány adagot adjak be az injekcióból? – kérdezte a nővér, miközben lereszelte az ampullát.

– Négy adagot.

Az injekciót a bal karomba kaptam. Az utolsó emlékem az volt, amikor közvetlen közelről a doktor megkérdezte:

– Vérhígítót szed?

– Igen, Zyllt-et – azzal álomba merültem.

Írhatnám, hogy lelkem felülemelkedett a testemen és felülről nézegettem a vastagbéltükrözésemet, de sajnos ezekben a lélekfelemelő történetekben nem hiszek.

Ezzel szemben az ittlévő történéseket megpróbálom improvizálni, részben a doktor úr ténymegállapító leiratából, részben a korábbi, saját folyosói tapasztalataimból, amikor félig alélt embereket kerekesszékeken vittek a kezelőből a folyosón valahova. Most fogtam fel, hogy ezeket a félig alélt embereket – ugyanúgy, mint engem – elaltatták, majd a vizsgálat után a vizsgálóágyról át kellett emelni a guruló kocsira, és a külön e célból tartott, ágyakkal berendezett ébredőszobában lefektették őket. Miután az élettársam volt a kísérőm, amikor már némileg magamhoz tértem, az első dolog volt, amit megkérdeztem tőle:

– Ki hozott át ide, az ébredőbe?

– A nővérke – válaszolta.

Így már megértettem a bal kezemen és a jobb lábamon keletkezett véraláfutásokat, mivel a 80 kg-os súlyomnak a nővérkének ugyancsak neki kellett gyürkőznie. Még kótyagosan az altatótól, lelki szemeim előtt lejátszódott a vastagbéltükrözésem menete.

Arra a kérdésemre, hogy milyen keményen felpuffadt a hasam, a nővérke azt válaszolta, hogy fel kellett fújni a vizsgálathoz. El tudtam képzelni, amint a nővérke egy gumimatrac-pumpával fújja az engedetlen vastagbelemet, amíg az szép lassan kitágul, miközben a doktor úr a vizsgálólámpával kivilágított járaton először a nagyobb, majd a kisebb polipnak odaköszön a monitoron keresztül.

Egyébként a nővérke a puffadásra közölte:

– Az első WC-ben ki kell engedni a szeleket, és már nem is lesz olyan kellemetlen.

Az én esetemben bennrekedt a levegő, mert a folyosó végi WC-ben ugyan kínszenvedéssel csak kieresztettem egy kevés levegőt, de még napok múlva, a legkülönbözőbb helyeken, sajnos meglehetősen zajosan jött ki belőlem a szusz.

A doktor úr utolsó kérdésére, amikor még észnél voltam, úgy válaszoltam: igen, szedek vérhígítót, Zyllt-et. Ez nagy hiba volt, vagy talán életmentő válasz, meditáltam a doktor úr következő mondatai alapján. „Nagy rizikójú páciens és polypok. Július 31-én 7:45-kor osztályunkon felvétel. Másnap ismételt colonoscopia, és a polypok eltávolítása tervezett. Ennek feltétele, hogy a Zyllt szedésével a beavatkozás előtt 5 nappal álljon le!"

Az a humoros, hogy a doktor úr elmondta, hogy a két – egy kisméretű és egy nagyméretű – polypot, a Zyllt szedésének leállításával eltávolíthatta volna! Kínomban szexuális témájú vicc jutott eszembe: Felkeresi a homoszexuális férfi az urológusát.

– Doktor úr, nekem aranyerem van.

A doktor megvizsgálja, majd megnyugtatja:

– Kérem, magának nincs aranyere!

– Örömmel hallom ezt – közli a páciens és távozik.

Egy hét múlva ismét jelentkezik vizsgálatra.

– Doktor úr! Én érzem, hogy aranyerem van, kérem, jobban vizsgáljon meg!

A doktor felhúzza a gumikesztyűjét, jó vastagon bezsírozza a kezét, hosszan vizsgálja a férfit, majd közli vele:

– Uram, magának nincs aranyere!

Erre a páciens:

– Tudom, de még hányszor kell idejönnöm, hogy a doktor úr letegezzen?

Persze az én történetemnek nincs semmi összefüggése a homoszexualitással. Én nem vagyok az, a doktor úr meg doktor úr. De talán ha a doktor úr előre megmondta volna, hogy hagyjam ki a Zyllt szedését, most talán kihagyhatnám a rám váró tortúrát.

———••———

Ezt a Szent Imre kórházat kicsit a sajátomnak tekintem. Talán szüleim jó génállományának, vagy talán saját testfelépítésemnek köszönhetően minden igazi nyavalyakórság 70 éves koromig elkerült engem. Ha néha reparálásra szorult a szervezetem, egy-két esetet kivéve, melyeket fentebbi írásomban megemlítek, néhány napra befeküdtem ide.

Akkor is megreparáltak, amikor a zsúfolt, szegényes kórtermeiben az agyonhajszolt doktorok és nővérek értünk, a betegekért, mindent elkövettek. Most már gyönyörű szépen felújítottak mindent, csak az itt dolgozók mintha semmit sem változtak volna. Ugyanolyan hajszoltak, túlterheltek, mintha mi sem történt volna ez alatt az évtized óta.

Július 31. A nagy nap – a műtét előtti nap. Kicsit előbb érkeztem, miután az élettársamnak még le kellett parkolni a kocsival, de már akkor is, mint mindig, megelőztek engem a bennfentes betegek, akik mindig mindenről tudnak, így érdeklődésemre azt közölte egy szőke hölgy:

– Üljön le a folyosói széksorra, 9 óráig itt nem történik semmi!

Miközben engedelmesen leültem, azon gondolkodtam, hogyha tudja, hogy semmi sem történik, mi a csudát keres itt? Aztán rácáfoltak a mindentudások anyjára. 8 óra körül beszedte a főnővér a betegek beutaló lapjait.

– Most fog összeülni a konzílium, ahol megkapják a betegek az ágybeosztásukat – szólt a tudós szőke hölgy.

Valóban, nemsokára visszajött a főnővér, és kiosztotta a szobák és az ágyak számát, ahol az új betegek elhelyezkedhettek. Én a 116-os szobát, és a 2-es ágyat kaptam.

Amint beléptem az ajtón, kellemes hűvös fogadott a központi klímaberendezés jóvoltából, és szemben, az 1-es ágyon „Szó nélküli" Zoli bácsi.

Igaz, csak a továbbiakban ragasztottam rá ezt a nevet, de ez volt a legjellemzőbb név rá.

Zoli bácsi hajdan délceg férfiember lehetett.

Magas, csontsovány teste most emlékeztetett a bátyámra, és az én jövőmre, ha egyáltalán lesz jövőm.

Keskeny, beesett arcából csak a világító szemei ugrottak elő. Egy pillantást vetettem reá, miután nem fogadta a köszönésemet, azután elfoglaltam az ágyamat. Miután élettársamat megnyugtattam, hogy sem éhen nem halok, sem a nővérkéket nem kezdem el hajkurászni már az első este, megnyugodva távozott, lelkemre gubancolva, hogyha hív a mobilomon, azonnal vigyázzfekvésbe vágjam magamat.

A vizit kezdődött. Póth doktor úron kívül egy idősebb – gondolom, ahogy Póth doktor úr referált neki, egy főorvosból –, és egy fiatal doktorból állt, aki miután a slepp távozóban volt, hozzám lépett és közölte:

– Uram, a vizit után szeretném megvizsgálni.

Azzal távozott, de nem véglegesen, pár perc múlva ígértének megfelelően visszatért.

– Bemutatkozom: Bélási Emil hatodéves orvostanhallgató vagyok. Uram, most meg fogom vizsgálni. Kérem, feküdjön fel az ágyra.

A következő 10–15 percben leesett az állam. A kis doktor úrnak mindenre kiterjedt a figyelme. Én még ilyen részletes vizsgálaton és környezettanulmányon orvos által nem estem át!

Az orvostanhallgató vizsgálatának végül is az vetett véget, hogy váratlanul nagy csattanással becsapódott az ajtó, és mind a ketten úgy megijedtünk, mintha egy légyotton kapott szerelmes párt kapott volna valaki rajta.

Ezen aztán úgy elkezdtünk nevetni, hogy már komoly tevékenységet lehetetlen volt lebonyolítani. Én végképp nem tudtam abbahagyni a nevetést. Így semmi értelme sem volt a további vizsgálatnak, hamarosan elbúcsúztunk.

Még búcsú közben visszaszólt:

– Azt az elfelejtett betegségét majd a műtőben közölje!

Aztán távozott.

Az utóbbi időkben, talán az öregedés következtében, úgy veszem észre, hogy szélsőségesen reagálom le az eseményeket. Mint az iménti esetben, képtelen voltam abbahagyni a nevetést. De volt már úgy, hogy látszólag jelentéktelen okból könnybe lábadt a szemem.

A vizit után a nővérkék vettek gondjukba.

A nővérkék kedvesek voltak. Azért beszélek így, többes számban, mert meglepően sok nővér jutott erre az osztályra.

Nem mertem megkérdezni, de biztos voltam benne, hogy a kis, dundus nővérke az apácáktól szegődött a kórház kebelébe. Legalábbis a fejkendője és az egész ruházata arra vallott.

A magas, középkorú ápolónő többnyire velem foglalkozott. Katonásan eligazított a napirendemről. Ezek szerint délelőtt még ehetek, úgyhogy odaadta a reggelicsomagot. Egy szelet kenyeret és egy szelet sajtot. És két doboz 2dl-es italt, melyet nem ismertem. Szerencsére a dobozokra egy-egy szívószál volt ragasztva.

Délutánra odakészítette a keserűsóval kevert vizespoharamat.

– Két óra után ezt meg kell inni, hogy kipucolódjanak a belek. Ellenőrizni fogom az eredményt! Itt hagyok még egy adagot a keserűsóból. Ezt majd csak az első adag bevétele után 5-6 óra múlva kell bevenni. Most pedig hozok egy kis húslevest, azt iszogassa meg.

Itt aztán – miután nagy keservesen lefeszegettem a doboz tetejét – mivel eltűnt az evőeszközöm, a szívószálnak nagy hasznát vettem.

A délelőtt további eseménye volt, amikor a kék kabátos fiatal ápolónővérke egy komoly apparátussal megjelent:

– Nekem, kérem, el kell végeznem az EKG vizsgálatát – közölte, azzal nekiállt kigubancolni az apparátust, melyet magával hozott. Ez komoly fejtörést okozott neki. Addig nem is sikerült neki, amíg a szobában lévő magas nővérke oda nem jött. Látva a tanácstalanságot társnője szemében, közölte:

– Majd én megcsinálom az EKG-t. Te csak fuss a véreket leadni.

Ez a kedves nővér két óra körül meglátogatott, hozott még két doboz húslevest, és érdeklődött a keserűsó hatásáról.

– Köszönöm, már nem kérek több húslevest. A hashajtó még nem hatott rám – azzal lefeküdtem az ágyamra.

Alighogy a nővérke kiment, elementáris erővel rám tört a hasmenés. Miközben kikászálódtam az ágyamból, éreztem, hogy meleg folyadék szökken be a pizsamámba. Miközben a pár métert az ágytól megtettem a tusolóhoz, egyre újabb és újabb hullámban, megállíthatatlanul tódult ki belőlem, amit aznap elfogyasztottam. Mire a WC-ig eljutottam, a pizsamám tele lett a ragadós kulimásszal.

Nem kívánom senkinek ezt az elesett élményt. A kedves olvasó el tudja képzelni, milyen lelki válságba kerültem, mire a pizsamámat le tudtam húzni, fél tekercs vécépapírral többé-kevésbé feltakarítottam magam után, miközben letusoltam, kimostam nagyjából a pizsamámat. Egy pillanatra nem tudtam, most mihez kezdjek? Aztán eszembe jutott, hogy a zuhanyozóban van egy kialakított vészcsengő.

Ez aztán vészhelyzet, gondoltam magamban, *meztelenül állok a klozetben, becsináltam a pizsamámba, kell-e még nagyobb vészhelyzet?* Megtaláltam a vészcsengőt egy damilszálon függve, mindjárt meg is húztam. Nemsokára megjelent a kék kabátos nővérke, ekkor kiderült, hogy tévedésből az ajtót bezártam belülről.

– Az ajtó be van zárva – hallottam a nővérke hangját.

– Nyitom! – azzal kinyitottam.

– Nővérke, legyen szíves az ágy végéről elhozni a törölközőmet!

A nővér hozta a törölközőmet, majd magyarázatként hozzátettem:

– A hashajtó… többé-kevésbé feltakarítottam a fürdőszobát, de nem garantálom, hogy steril!

Megjegyzem: úgy látszik jó munkát végeztem, mert másnap reggelig takarítás ügyében nem történt semmi.

Innen kezdve egy pizsamafelsőbe és egy fehér törülközőbe bugyolálva vártam az újabb rohamokat. Miután sikerült a fehér törülközőmet is összerondítanom, elfogadtam a gyomrom kitisztulási folyamatának ellenőrzését végző magas nővérke ajánlatát.

– Mindjárt hozok egy felnőtt nadrágpelenkát. Azzal sokkal jobban át tudja vészelni a következő órákat!

Hozott egy nadrágpelenkát. Én magam húztam fel. Bár még a teámba beleöntötte a maradék keserűport, azzal a megjegyzéssel:

– Ez már nem lesz olyan kegyetlen.

Valóban, innen kezdve elértem a mosdóig különösebb zűr nélkül.

Kicsit elgondolkoztam azon, hogy miután ezek a nővérkék napról napra, ha tetszik, betegről betegre átélik a keserűsó hatásmechanizmusát, nem egyszerűbb lenne eleve felajánlani a nadrágpelenkát?

Sorstársaim! Úgy mondják, más kárán tanul a magyar. Nos, én elég példával jártam elöl, hogy okuljatok belőle: ne szégyelljétek azt, amikor pelenkanadrágot kell felvenni!

Az éjszaka nyugodtan telt. Én általában mindenhol jól tudok aludni. Reggel 5 órakor felébredtem. Némileg meglepve tapasztaltam, hogy nem jár a klímaberendezés.

Pedig roppant meleg napnak ígérkezett.

Reggel megjelent a nagydarab takarítónő. Felmosta a szobánkat, a fürdőszobát is. Az asztalhoz kikészített két székecskét, melyeket én az asztalhoz illesztettem, megszokott, unott mozdulattal berakta a radiátor alá.

Így értettem meg: neki útban van a felmosásban, akárki rakja ki az asztalhoz, ő mindig visszarakja. Megpróbáltam szóba elegyedni vele.

– Szerencsére itt van elég munka – közöltem.

– Akik csak lógnak, azoknak szerencse – volt a válasza.

Egyből takarodót fújtam a szemmel láthatóan rám való célzástól.

Reggel 5 óra óta vártam a műtétet. 9 körül eljött a vizit.

Mikor rám került a sor, Póth doktor csak annyit kérdezett:

– Sikeres volt a tisztítás?

– Hajjaj! – válaszoltam én, mire általános nevetés tört ki a vizitálókból.

Vizit után jött egy nővér.

– Vérvétel lesz, mutassa a karját.

Én szokás szerint – ebben már nagy rutinom van – feltűrtem a pizsamám jobb ujját könyékig. A felkínált ér nem felelt meg neki, beleszúrt a jobb kézfejembe.

– Ezek vacak hajszálerek, mutassa a bal kezét. Itt is a kézfejemet szúrta meg. Ez már kiváltotta a megelégedését. Hevenyészve rábiggyesztett egy-egy kötést, aztán távozott. Mindenesetre amikor e sorokat írom, az események után 10 nappal, a jobb kezem még mindig véraláfutásos.

Vizit után megjött Vera néni, „Szónélküli" Zoli bácsi felesége. Ez az asszony imádhatta az urát.

Én semmit sem láttam az ágyak között a mennyezetről felfüggesztett fehér lepedőtől, csak a hangokat hallottam.

Vera néni szörnyülködéssel kezdte, mondván:

– Már megint nem csináltak semmit! Én egyedül nem tudlak rendbe hozni, papus, de legalább a kezecskéidet és az arcocskádat megtörlöm egy vizes ruhával. Aztán keresek egy nővért a tisztába rakásod miatt.

Hamarosan a kis dundus, apáca kinézésű nővér került elő.

Ezt onnan tudtam, hogy miközben az ágy körül foglalatoskodott, egy általam egyáltalán nem ismert dalt dúdolgatott kis megszakításokkal, amíg Zoli bácsinak és Vera néninek kiadta az utasításait.

– Kiönteném a katéterből kifolyó folyadékot – hallottam Vera nénitől.

– Azt nem lehet – felelte a nővérke –, azt gyűjteni kell, hogy megállapíthassuk, napjában mennyi folyadék jön le.

– Tudom én azt, hogy mennyi dolguk van maguknak, hiszen a mi lányunk is itt dolgozik a kardiológián, ugye, papus?

Ez költői kérdés volt, hiszen papus nem válaszolt, de nyilván Vera nénit megnyugtatta, hogy megkérdezhette.

Délután a klímaberendezés működésének hiányában kezdett elviselhetetlen meleg lenni.

Miután egyre csak vártam, hogy értem jöjjenek, a keserűsóval „megízesített" teámat is elszopogattam.

Igaza volt a nővérnek, ez már nem volt olyan brutális hatású. Az idő töltésére jobb híján megpróbáltam elaludni.

Arra ébredtem, hogy a dundus nővérke dúdolgatja az ismeretlen dalt, miközben tisztába teszi „Szónélküli" Zoli bácsit. *Nem volt igaza Vera néninek, gondoskodnak a bácsiról*, gondoltam.

Három óra körül egy középkorú férfi ébresztgetett a nevemen szólítva. Amint megláttam a tolószéket, tudtam, hogy végre eljött az én időm.

– Már azt hittem, elfelejtettek! – közöltem.

– Három órára volt kiírva, semmi értelme sem volt előbb magáért jönni! – válaszolta. Aztán közölte:

– Üljön be a hordszékbe! – és máris rohant velem végig a folyosón, egészen a műtőfolyosóhoz lemenő liftig, ahol megállt egy pillanatnyi szusszanásra, amíg a lift nem állt be a mi szintünkre.

Elnéztem ezt az embert. Tiszta merő verítékbe úszott!

A betegek kényelme csak még hagyján, de ez a klíma nélküli üzemmód, ez a dolgozók számára embertelen!

Lementünk a lifttel, „kiléptünk" – a toló ember lépett, én gurultam – a műtő keresztfolyosójára.

Itt leparkoltunk a folyosón, a műtőajtóval szemben. Az én tolóemberem eltűnt a műtőben.

Aztán néhány perc múlva kitolták a nőbeteget a műtőajtón, és végre én is sorra kerültem! Az ember betolt a műtőbe.

A műtős nővérke kedvesen közölte, hogy deréktól lefelé vetkőzzek le. Kiszálltam a tolókocsiból és felfedeztem Bélási Emilt, az orvostanhallgatót. Azonnal letámadtam a múltkor elfelejtett betegségemmel, miután az élettársamtól megtudtam.

– Autoimmun betegség, teljes ízületi gyulladás – mondtam.

Láttam, ahogy szép lassan leesik a tantusz.

– Oké, majd felírom – válaszolta.

Azzal indultam a sarokba az ismerős, elfüggönyözött öltözőbe. Levettem a pizsamanadrágomat, le a pelenkagatyát, és miután most zöld, kivágott farú nadrágot nem kaptam, kilépésemmel jeleztem, hogy kész vagyok.

A nővérke segített felmászni a műtőágyra.

– Most majd betakarom ezzel a zöld takaróval – közölte. Most nem volt sok időm a beszélgetésük hallgatására, mert a nővér máris karomba szúrta az orvos által előírt öt adagot. Míg azon morfondíroztam, mit jelenthet az öt adag, szép csendesen elaludtam. Arra ébredtem, hogy a doktor úr valami fényes „botokkal" áll a farom mögött, miközben a nővérke megfelelő helyzetbe állítgatja a testemet. Közbe biztatóan szólítgat:

– Nagyon jól viseli magát! Mindjárt végzünk!

Nemsokára a doktor úr eltávolította a testemből a fényes „botokat".

– Végeztünk – közölte –, lehet öltöztetni.

Az öltöztetést enyhe kábulatba éltem át. Arra emlékeztem, hogy a műtőágyról félig lelógva valaki rám adta a pelenkanadrágot, de a pizsamám feladását már nem tudtam megfigyelni. Amint arra sem emlékszem, hogyan kerültem vissza az ágyamra.

Arra ébredtem, hogy „Szónélküli" Zoli bácsi rekedt, kétségbeesett hangon megszólalt!

– Vera, pisi... Vera, pisi... – hallottam.

Arra gondoltam, mi történhet a katéterbe bekötött vizelettel? Odaszóltam Zoli bácsinak:

– Zoli bácsi, nyugodtan pisilhet!

Ettől megnyugodott, és ismételten szónélkülivé vált. Lelki szemeim előtt megjelent „Szónélküli" Zoli bácsi izzó tekintete, katéterbe bekötött, üvegedényben végződő hólyagja, pelenkája. Egész magatehetetlensége... Megborzongtam. Én nem akarom ezt az életet!

Akkor inkább a kegyes halál, az eutanázia.

---••---

Az élettársam délután jött értem.

Még maradt egy kis pénzem a hó végén, azt kértem, vegye ki a kártyámból és adja oda a doktor úrnak. Az élettársam kicsit alkudozni szertett volna az összegből, de én hajthatatlan voltam. Idéztem volt vívótársamat, most a bukott köztársasági elnököt: „Ami jár, az jár".

Nekem elveim vannak. A jó munkát tisztességesen meg kell fizetni. Én ezt a műtétet túléltem, tehát a doktor úr jó munkát végzett, ergo az én lehetőségemhez képest igyekeztem megfizetni, függetlenül a sok hálapénzellenzőtől. A doktor úr sem előre, sem utólag nem kért semmit. Az az én lelkiismeretemen múlt, hogy adok vagy nem adok, én pedig úgy döntöttem, hogy adok. A doktor úr 13 óra körül hozta az összefoglaló jelentését. Én éppen az altató hatása alatt szenderegtem. Elmagyarázta, hogy ne emelgessek nehéz dolgokat.

– Kád van otthon vagy tusoló? – kérdezte.

– Ez is van, meg az is – válaszoltam.

– Akkor a tust javaslom, nehogy az erőlködéstől valami belső vérzés történjen. A következő javallatokat a körzeti orvosának is felírtam.

A doktor így fejezte be:

– Jó egészséget kívánok, a zárójelentésben megírt módon találkozunk! A viszontlátásra!

Az élettársam 14 óra körül jött.

– Találkoztál a doktor úrral?

– Igen. Mondta, hogy a zárójelentést már ideadta.

– A pénzt oda tudtad adni neki?

Az SMS-ből tudtam, hogy kivette.

– Igen – nyugtatott meg –, ahogy megbeszéltük, odaadtam.

Legszívesebben visszafeküdtem volna, de tudtam, hogy az ágyam már ki van adva a következő betegnek. Megembereltem magamat. Felöltöztem. Szégyenszemre a párommal cipeltettem a cuccomat, kivonultunk a szobából.

Még egyszer egy pillantást vetettem „Szónélküli" Zoli bácsira. Úgy láttam, megkedvelt, mert mintha egy pillanatra intett volna a nagy, égő szemeivel.

Azon a folyosón mentünk végig, amelyiken egy nappal korábban „taxival" tettem meg. Most a helyzethez mérten lassan vánszorogtam a folyosó közepén elhelyezett pult előtt.

Lelkiismeret-furdalásom volt, hogy a pultok mögött ülő nővér-
kéknek nem tudtam pénzt adni. Azzal nyugtattam meg maga-
mat, miközben köszöngettem a hölgyeknek: „az egészségügy
maradjon az Orbán fejfájása".

Lementünk a lifttel. Az élettársam a kórház belső udvarán
állt meg az autóval, a lehető legközelebb, így is mire leértünk a
lift alján lévő váróba, nekem le kellett ülnöm pihenni. Az élet-
társam nem volt türelmetlen, legalább volt ideje rágyújtani.
Láncdohányos volt.

Kb. 10 napig lábadoztam. Ezalatt a párom beszerzett egy
vér- és egy székletvizsgálatra szóló beutalót. Nekem sohasem
okozott gondot a koránkelés. Másnap 6 óra 30 perckor ott vol-
tam a laborban. Miközben várakoztam, csöngött a telefonom.
Noémi volt, a pedikűrösnőm.

Ahogy felvettem, azonnal letámadott.

– Szia! Az még csak hagyján, hogy nem jössz, de hogy se te-
lefon, se e-mail... én meg csak aggódhatok érted!

– Mentségemre legyen mondva, nemrégen megműtöttek,
tulajdonképpen ez az első önállóan megtett utam.

– Mesélj, mi van veled!

– Most ráérsz egy körmözésre? Akkor inkább személyesen
elmondok mindent – mondtam én.

– Nagyszerű! Mikor tudsz jönni?

– Holnap reggel 9 órára, ha megfelel.

– Jó. Akkor várlak – és azzal lerakta.

Azon az éjszakán összevissza álmodtam mindenféle sületlen
dolgot. Talán még az altatók utóhatását érzékeltem, amikor
mélyen elaludtam.

Álmomban a Savoya parkban jártam.

Mikor megérkeztem a Savoya Park bevásárlóközpontba, fel-
hívtam az élettársamat, hogy ne várjon a közeljövőben, mert
elmegyek a körmösömhöz. Először jól letolt, de aztán belenyu-
godott, hallván, hogy már úton is vagyok.

Szokás szerint egy kis csokoládét szoktam venni Noéminek.

Bementem a bevásárlóközpontba.

Vásároltam egy csokoládét a páromnak, egyet a Noéminek, és magamnak egy Negrót.

Amikor fizettem, egy csinos, szőke, 30–40 év közötti nő állt mögöttem, aki furcsa módon nézegetett felém, mintha nem lenne biztos a dolgában, de végül vette a bátorságot és megszólított.

– Elnézést kérek, de véletlenül nem te vagy Feri bácsi, aki sok évvel ezelőtt a Fehérvári út 149/a lépcsőház 8. emeletén laktál?

Meglepődtem, mert nekem semmi sem derengett a nő láttán. A jelzett helyen valamikor laktam, de már ki emlékezhet arra?

– Én valamikor laktam ott, de te, lányom, hol találkoztál velem?

– Most már biztos, hogy jól emlékezem rád, és biztos, hogy te is emlékezni fogsz!

Nagy levegőt vett és elkezdett mesélni:

– Azon a reggelen az öcsém és én voltunk a 9-dik emeleten, a fölötted lévő lakásban. Bekapcsoltam a mosógépet a fürdőszobában, és elkezdtünk játszani az öcsémmel. Ez nagy hiba volt, mert a mosógép leeresztő csöve kiugrott a kádból, és csak akkor vettük észre, amikor a 6. emeletről feljöttek, hogy áznak a falak. Na, most már megismersz? Az a kis csutka lány – Szilvia – vagyok a 9. emeletről!

– Én azért jegyeztelek meg magamnak, mert miközben a ház lakói ott üvöltöztek, te közölted: mit tegyünk, a biztosító minden kárt kifizet, mindenki menjen haza.

Halványan emlékeztem erre a beázási eseményre, és hogy egy kisfiút és egy kislányt találtunk a 9. emeleti lakásban tettesként.

– Ne haragudj, a beázásra emlékszem, de te nem mondasz semmit sem nekem, még csak halvány rémlésem sincs felőled!

– Nahát, én voltam az a kicsi lány, akit akkor megvédtél!

A lányon érződött némi akcentus, mintha hosszabb ideig külföldön élt volna. Az áruházból kifelé menet megkérdeztem:

– Meghívhatlak egy feketére?

– Feri bácsi, te merrefelé mész? – kérdezte.

– Én befelé a városba.

– Én is.

Kissé elgondolkozott, utána így folytatta:

– Ma bérlek itt utoljára a Fehérvári úton egy garzont a Kondorosi lakótelepen, délután visszautazok Angliába. Nincs kedved felugrani hozzám egy feketére?

– Mikor indul a géped?

– 4 órakor. Most már össze vagyok pakolva, csak a taxinak kell értem jönnie. – Ismét éreztem azt a kicsi akcentust.

– A pedikűrösömhöz indultam, de megpróbálom későbbre halasztani a körmözést.

Felhívtam Noémit, kértem, hogy ha ráér holnap, akkor 9 órára mennék, mert egy kedves ismerősömmel találkoztam. Noémi válasza:

– Rendben van, holnap délelőtt szabad vagyok, jöhetsz, amikor akarsz.

– Ez is el van intézve, most már mehetünk!

A ház alatt boltok voltak. Szilvia egy vegyesbolt előtt megállt.

– Légy szíves várj meg itt, valamit vásárolnom kell.

Ahol vártam rá, a nap oda tűzött, már izzadni kezdtem, amikor megérkezett.

– Itt vagyok, előremegyek, mert én tudom a járást.

A következő kapualj alatt befordult. Megnyomogatta a kódokat. A kapu elektromos zárja hangos kattanással kinyílt. Bevezetett a liftig.

– A 6. emeletet nyomd meg, légy szíves!

A hatodikon olyan számozás volt, hogy saját magam a 23-mat sosem találtam volna meg. Elkezdődött 42-vel, fokozatosan csökkent 30-ig, majd folytatódott 60-nal. Látva a csodálkozásomat, elnevette magát.

– Ezekkel a számokkal egyáltalán nem kell törődni. Összevissza vannak.

Az egyik folyosó végén kulcsot vett elő.

– Itt vagyunk, fáradj be, Feri bácsi!

Kellemes garzonlakás fogadott. Amint beléptünk, jobbra a zuhanyfülke, balra a konyhapult, a zuhanyfülke mögött tágas szoba, benne a hatalmas franciaágy, almazöld lepedővel, Az ágy előtt, a falhoz tolva kis asztal négy székkel. Mindezt egy szempillantás alatt be tudtam fogni.

– Nagyon rendes lakás – állapítottam meg.

– Az sem mindegy, hogy napi potom 5 eurót kérnek érte!

Leültem az asztalhoz beszélgetni, ő meg a kávéval foglalatoskodott.

– Kérsz egy pohár vizet? – hallom a konyha irányából.

– Igen, az jólesne.

Megtöltött egy poharat vízzel és odahozta.

– Jól megizzadtál ezeken a kacskaringós folyosókon! – állapította meg, aztán visszament kávét főzni.

– Nem csoda ebben a labirintusban – mondtam én. – Mit gondolsz, hány éves vagyok?

– 65?

– Egy kicsit feljebb!

– 70?

– E körül – válaszoltam, s bölcsen elhallgattam, hogy bizony annak is a végén tartok.

A vizet elszopogattam, miközben kérdezgettem a lányt.

– Mit csinálsz Angliában?

– Egy családnál vagyok Cambridge-ben, a gyerekekre vigyázok.

– Az egy nagyon szép kisváros, én is voltam ott. Ott láttam Lulut, a csüngő hasú vietnami kismalacot.

– Valószínűleg a farmon láthattad, ahol a kukoricából kiépített útvesztő is található.

– Igen! Ott láttam.

Elkészült a kávé. Az illata megelőzte a jöttét. Csodálkozva néztem, hogy csak egy poharat hoz.

– Én sohasem iszom kávét – magyarázta, miközben kitöltötte a gőzölgő folyadékot.

– És egyébként mivel foglalkozol Angliában? Férjed, gyerekeid vannak? – érdeklődtem, gondosan kerülve a közelmúltban lezajlott operációmat.

– Csak egy Yorkshire kiskutyám van. Azt nem akartam a repülőn idehozni. Alig várom, hogy viszontlássam!

Közben a meleg kávétól – na meg a lakásban uralkodó egyre magasabb hőmérséklettől – egyre jobban izzadtam.

Ezt látva Szilvia ártatlan hangon megkérdezte:

– Látom, még ki vagy izzadva. Nem akarsz letusolni?

– Az bizony jólesne – néztem vágyakozva a szemben lévő nyitott ajtaján kilátszó tusoló fülkéjére.

– Ne zavartasd magad, mindjárt előveszek egy törülközőt. Bemehetsz a tusolóba levetkőzni.

Térült-fordult, és egy nagy frottírlepedővel jött vissza. A fürdőszoba elég kicsi volt, ráadásul Szilvia elmagyarázta, hogy a zuhanykabin ajtaját nem lehet becsukni. Levetkőztem, magam köré tekertem a törülközőt, és kiraktam egy székre a ruhámat, ne legyen vizes. Ezután átadtam magamat a tusolás jóleső érzésének. Pompásan felfrissültem. Megtörülköztem, ismét derekamra csavartam a törülközőt és kinyitottam az fürdőszoba ajtót. Először nem láttam a lányt, takarásban volt a nagyszoba sarkában, de amint a széken lévő ruháimat megközelítettem, szemből megláttam. Elkerekedett a szemem. Az ágy mellett ott állt egy szem bugyiban, és rám mosolygott!

– Ugye most megleptelek? Remélem nem haragszol rám. Gyere ide, hadd töröljem meg a hátadat!

Egyre jobban meglepődtem, amikor a hátam törlésének ürügyén lefejtette az eddig rajtam lévő törülközőt, majd gondosan végigdörzsölte a testemet, miközben én ott álltam csupaszon! Miközben a mereven álló férfiasságomat törölgette, így szólt:

– Ne vágj már ilyen fancsali képet, ő már eldöntötte, hogy mit kell csinálnia. Ugye? – huncutkodott.

– Ami azt illeti, a barátnőm éppen elhagyott – mondtam. – Sajnos bepasizott.

– Ne mondd! Ez felháborító – közölte a lány.

– Én nem hibáztatom, az ő élete, de beszéljünk másról. Nem félsz attól, hogy terhes maradsz? – kérdeztem.

– Mit gondolsz, mit vettem a boltban, ahol megálltunk? – mutatta a gumit. – Én mindenre gondolok! Te csak feküdj nyugodtan az ágyra, a többi az én dolgom!

Kivett egyet a csomagolásából, majd a fogával széttépte a nejlontasakot, amivel a gumi védve volt.

Én közben hanyatt feküdtem. Megcirógatta a mereven álló férfiasságomat.

– Felhúzhatom a gumit? – kérdezte.

Válaszomra se várva fölém térdelt, és a szájával felhúzta a gumit. Aztán hozzám fordult.

– Beleülhetek?

Ezzel megpattintott valamit bennem.

Miközben próbált elhelyezkedni, utolért minden férfi legrettegettebb réme: itt ült rajtam ez a gyönyörű fiatal teremtés, és én teljesen csődöt mondtam!

Szilvia nem adta föl olyan könnyen. Jobb oldalamra feküdt, elkezdte húzogatni a farkamat, mialatt én hozzáfértem a csiklójához. A bal kezemmel szelíden megérintettem a csiklóját, majd egyre hevesebb mozdulatokkal fel-le mozgattam az ujjaimat. A hatás nem maradt el. Először kis vonaglás futott át becsukott szemű arcán, aztán halvány sóhajtások hagyták el az ajkait. Egyre hevesebben dörzsöltem a csiklóját, míg hevesen összerázkódott, jelezvén, hogy elment.

Néhány percig pihentünk, miközben a farkamat próbálta élesztgetni. Úgy éreztem, ezzel nem érdemes próbálkozni.

Megkértem, hogy hatvanhatos pózba helyezkedjen el.

Ezzel elértem, hogy szabadon hozzáfért a férfiasságomhoz szájjal is és kézzel is. Magamnak meg elértem, hogy egy gyönyörűséges punci töltötte be a horizontomat, ráadásul kényemre-kedvemre ott tornyosult a nekem most a világ legszebb popója, amit az ujjammal kényeztethettem. Ezen a ponton az olvasó fantáziájára bízom, amit én műveltem Szilvia hátsó frontján.

Mialatt én a popójával voltam elfoglalva, Szilvia szorgalmasan megdolgozta először szájjal, majd kézzel a farkam. Ahogy egyre keményedett, egyre gyorsabban mozgatta fel-le a kezét... amíg egyszerre leszakadt rám a mennyország, elmentem! Úgy lihegtem, mint egy rossz gőzmozdony.

– Elmentél? – hallottam a megsemmisülés tetőpontján. – Akkor én leszedem a gumit, te meg csak pihenj. Hozok még egy pohár vizet.

Szilvia a régi múltból merült fel és a ködös jövőbe veszett el, miután Noémi felé haladó villamoson eszembe jutott, hogy a vezetéknevét is elfelejtettem megkérdezni.

Hamarosan kint lesz a repülőtéren.

Ez csak egy futó kaland lesz számára, amit nyilván holnapra elfelejt.

Felriadtam álmomból. A pizsamám csurom vizes volt. Eszembe jutott az éjszaki álmom.

Álmodik a nyomor, hessentettem el magamtól az álomképeket. Reggel 7 óra volt. Felhívtam Noémit, hogy tényleg módosítottam az időpontot, vagy csak azt is álmodtam. Hosszan csöngött a telefonja, amire felvette.

– Éppen fürödtem – szólt bele a telefonba, amikor megismerte a hangomat, majd így folytatta: – csak nem akarod lemondani a körmözést?

Nem akartam magyarázkodni, ezért kicsit megkönnyebbülve ezt kérdeztem:

– Akkor reggel 9 órára mehetek?

– Délelőtt szabad vagyok, mint a madár, várlak – volt a válasz.

Utószó

Ma abban a helyzetben vagyok, hogy elmulasztottam augusztus 16-án 14 órakor azt a találkozást, amelyen megtudhattam volna a szövettani vizsgálat eredményét, melyből megtudnám, rákos vagyok, vagy nem. Egyelőre napi 6-8-szor telefonálok két hete Póth doktor úrnak, hogy legyen szíves egy új időpontot adni, amikor ezeket az adatokat egyeztethetnénk. Ma végre egy nővérkétől megtudtam, hogy Póth doktor úr a számítógépéből meg tudná mondani ezeket az eredményeket, de sajnos most nem találta meg. Hívja újra! Ma itt tartok: újra, meg újra próbálom hívni...

Végre az élettársamnak volt annyi esze, hogy megkérdezte a telefonközpontostól, mikor rendel Póth doktor úr. Most már csak két napot kell várnom, és megtudom a szövettani vizsgálat eredményét!

Végre ma tudtam beszélni Póth Levente doktor úrral.

A telefonbeszélgetés lényege:

– Póth Levente doktor urat keresem.

Egy női hang:

– Igen, azonnal adom.

Hurrá! Ez már eredmény! Megtudom, amire kíváncsi voltam!

Póth doktor úr, miután bemutatkoztam:

– Már én is jelentkeztem volna, de nem találtam a telefonszámát. Hallottam, hogy Siki doktornő megvizsgálta, és ő is arra buzdította, hogy keressen fel.

– Valóban igaz, hogy a doktornőtől kaptam meg a zárójelentést, merthogy azt valahogy elhánytam.

– Nos, térjünk a tárgyra – közölte a doktor. – Ez az óriás polyp rosszindulatú volt, ahogy sejteni lehetett. Kérem, hogy

19-én 13 óra harminc perckor legyen a harmadik emeleten, hogy megbeszélhessük a további teendőket.

Elbúcsúztunk, és én most nem voltam valami „hurrá" hangulatban. A doktor közlése nem váltott ki belőlem sem dühöt, sem rémületet, még csak meg sem rendültem. Szép lassan esett le a tantusz. Napokig emésztgettem. Én már felkészültem a halálra. A halál az egy végleges állapot. Attól nem kell félni, csak az odavezető úttól, amely különbözőképpen van kikövezve. Van a hirtelen halál, ami a hozzátartozókból sokkos hatást vált ki, de a delikvens számára a legegyszerűbb megoldás. Aztán következnek a halál fokozatai a kis fájdalomtól az elviselhetetlenig. Én a magam részéről inkább a hozzátartozóim sokkolását választom, bár a temetések során mindig elhangzik a „kímélj meg a felkészületlen haláltól", amit én nem tudok értelmezni.

A doktor úr közlése után olyan ürességet éreztem, mint amikor az altatóorvos elaltatott a műtőben. Szerintem ez az igazi túlvilág. A semmi, a nihil.

Én a túlvilági hókuszpókuszban nem hiszek. Az objektív idealizmust, más néven a legkülönbözőbb vallási hiteket, mint a túlvilágot, a purgatóriumot és egyéb fantazmagóriákat csak a további élet reményében bízó, és ezt kihasználó, különböző rendű-rangú prédikátorok manipulációjának tudom be.

Én tudom, hogy mi vár rám az életen túl: az az űr, amit az altatás alatt mindenki megtapasztalhat.

Igen, nem voltam „hurrá" hangulatban.

Azt hiszem, más sem lett volna az.

Azért érdeklődéssel várom a fogyó életem új fejleményeit...

2018. szeptember 19-én találkozom dr. Póth Leventével, és akkor talán többet megtudok, hogy ezt a fejezetet meddig folytathatom.

Heuréka! Megtörtént a várva várt találkozás. Póth doktor úr igazán emberséges volt. Néhány perc türelmet kért, amíg megírja a szövettani jelentés eredményét, majd odaült mellém a folyosói fehér kispadra. Ez a nagydarab ember kimutatta az együttérzését. Szinte éreztem a képletes simogatását a buksimon, amikor hozzám fordulva közölte:

– Mint ahogy sejthető volt, a szövettani vizsgálat rosszindulatú tumort mutatott ki. Sajnos a lehető legrövidebb időszakot kihagyva, amikor nekem módom lesz, október elején egy kontrollvizsgálatot kell elvégeznem. Akkor derül ki, hogy a tumor szélesebb területen kiterjedt vagy sem. Ha szerencsénk van, a vizsgálat negatív eredményt mutathat. Ha nincs szerencsénk, akkor meg kell operálnunk. Találkozunk október elején! – búcsúzott a doktor.

Mindenesetre rövidebb befejezést szántam utóiratnak.

———••———

Ennek a történetnek a végén sajnos otthagytam a fogam.

Egy négyágyas szobában jelölték ki a helyemet. Azonnal eszembe jutott a négyek bandája a Kék golyó utcából. Vajon mi lehet a sorsuk?

A mostani ágyszomszédjaimban semmiképpen nem ismertem rá a régi csapatra. Csak az én személyem képviselte a hajdani kedélyeket. Az ágytársaim a következők voltak:

Csaba, az 58 éves, főiskolát végzett hajléktalan, aki abban reménykedett, hogy még egy éjszakára bent tartják a kórházban. A remény szertefoszlott, miután este 8 órakor megjelent érte a mentőautó személyzete. Egy nagydarab, bunkó kocsikísérő tele szájjal ordibálta:

– Kukorica úr! Még nem vagyunk kész? Én már másfél órája túlórázom, igyekezzen!

Csaba így válaszolt:

– Ilyenkor a Máltai Szeretetszolgálat már be van zárva, mit csináljak, ha odavisznek?

A durva válasz a mentős részéről:

195

– Majd becsengetek! Igyekezzen!

Nem tudtam mást tenni, odaadtam neki a teljes, nem túl sok maradék pénzemet.

A cserfes nővérektől máskor oly hangos folyosó – mintha ennek az elesett emberkének a tiszteletére tenné – ma néma csendbe burkolózott. Csak Csaba mankója kopogott oly kísértetiesen, mintha sok szegény, elesett ember tiltakozott volna, amint végigbaktatott a folyosón. Lelkemben még hosszú ideig ott visszhangzott a lépéseinek csoszogása, és a reményét vesztett ember lemondó odaadása.

András bácsi magam korabeli kis emberke, aki egész nap csak arra várt, hogy végre felszabaduljon egy ágy a sebészeten, hogy végre megoperálják. Tegnap végre áthelyezték a sebészetre. Ezzel jól jártunk, mert az öreg nem horkolt, de olyan hangosan vette a levegőt, mint egy gőzmozdony.

Gabi önmagáról állított fel diagnózist, miszerint neki már semmi baja nincs.

Eredetileg hasnyálmirigygyulladással került be a kórházba, most meg itt ragadt. Miután neki senki sem szólt, megette a reggelijét. Ez azt jelentette, hogy még egy napot itt kell töltenie, miután a CT vizsgálatra éhgyomorral kell menni. Ahogy ő fogalmazott „a kórházban tölti a wellnessnapjait."

Ami késik, nem múlik.

Mindenki eltávozott aznap, és csak Gyula érkezett új „vendégként".

Nekem átmenetileg volt időm, hogy a magam „rák vagy nem rák" történetét emésszem, de ez hamarosan megváltozott. Az önsajnálatomat és a tépelődéseimet egy az élettársam által behozott újsághír azonnal romokba fektette.

Meghalt Kulcsár Győző!

A hír letaglózott. Győzőre én úgy tekintettem, mint a kicsattanó erőre, a jókedv és az elevenség megtestesítőjére.

Együtt nőttünk fel, már ami a sportéletet illeti.

Én a szerény teljesítményemmel mindig büszke voltam, ha az ő eredményeit méltatták, hiszen ő négyszeres olimpiai bajnok volt.

A hírt elolvastam többször is.

Felfogni felfogtam, de elfogadni nem tudtam. Azonnal eszembe jutott az a Porto Alegre-i nap, amikor a lengyelekkel vívtuk a döntőt. Győző még akkor nem futotta be a későbbi karrierjét. Akkor meditált, hogy a tőrt vagy a párbajtőrt válassza. Akkor már az OSC-vel két csapatbajnokságot nyert. Így Győző két csapatnak volt a tartaléka: a párbajtőr- és a tőrcsapatnak. Ráadásul egy szerencsétlen adminisztrációs esemény miatt a párbajtőrcsapat-versenyről lemaradtak. Nekem addig kitűnően ment a vívás, de akkor elbizonytalanodtam. Talán le kellene cseréljem magamat Győzőre? Sajnos igazam volt. Bár nem nekem, hanem a csapat kapitányának volt a tisztje a csere, én még sok-sok év után, azon a kórházi ágyon, megvívtam a magam csatáját a lelkiismeretemmel, és Győző került ki győztesen.

Mire sok idő után figyelmem másra tudtam összpontosítani, kettesben maradtunk a szobában Gyulával.

Igaz, hogy átmenetileg ketten maradtunk a szobában, de Gyulával felpezsdült az élet. A Huntrako Zrt.-től ment nyugdíjba. A mostani itt-tartózkodásának indoka az volt, hogy kegyetlenül fájt a dereka. Eddig még nem tudták megállapítani az orvosok, mi az oka.

– Motorosbalesetem volt, több bordám eltörött – mondta, majd így folytatta: – Egy autós ráhúzott az én sávomban, rádudáltam, még mindig közelebb jött. Akkor még egyszer rádudáltam, és a következő pillanatba rám húzta a kormányt és a kocsi farával eltalált. Az autós ezután elmenekült, én pedig ott maradtam vérbe fagyva.

– Ez a legnagyobb disznóság! – közöltem én felháborodva.

– Az a baj, hogy sem én, sem a mellettem megálló autós, aki szembe jött, nem tudta felírni a rendszámát! Ha valami visszamaradt a balesetből, a rendőrségnél bejelentem, hogy folytassák a nyomozást.

– Igazad van, bár kétséges, hogy valamit találnak – véltem én.

– Úgy gondolom, valami csontdarab elszabadult, talán attól vannak ezek a kegyetlen fájdalmak. Már elkészült a röntgenvizsgálatom, talán abból többet megtudunk! Beszélgettünk Gyulával. Igazából ő mesélt, én hallgattam. Ez nekem jólesett. Miután az agyvérzésem bekövetkezett, a beszélgetés nehezemre esett. Érdekes módon a gondolataim tiszták és világosak voltak, de akadozott a nyelvem.

Annak, hogy Gyula mesélt, még egy fontos aspektusa volt: elterelte a figyelmemet az én nyavalyámról!

Egyszóval Gyula mesélt, és én jó hallgatóságnak bizonyultam.

– A szegény kollégámmal kétszer is úgy jártam, hogy elnézést kellett kérjek tőle – folytatta Gyula –, mert ő vitt be a céghez, de később engem választottak, őt áthelyezték más munkára. Megtudtam, bejárta széles e világot.

– Először a Fiat cég hozta be a gépeit a magyar piacra. Ekkor minden évben heteket töltöttem az Agnellinél a szakma elsajátítása végett. Innen kiküldtek Párizsba, jutalomként. Amikor a japánokkal egyesült a Caterpillar, akkor áthelyezték Spanyolországba a gyártást. Én ismét csinálhattam a szakmai gyakorlatokat, de most már Spanyolországban. Innen küldtek ki Londonba, egy négynapos útra.

Itt a mesét megszakította az, hogy megjelent értem egy fiú a hordszékkel, s miután elég keservesen beazonosított, leszállítmányozott az első emeleti vizsgálóba. Az azonosításom elégé furcsán történt, de végül is kettőnknek sikerült. Én a vizsgálatból csak annyira emlékszem, hogy egy piros kezeslábasba öltözött, teltkarcsú hölgy megragadta a folyosón ácsorgó hordszékemet, és betolt a „műtőbe". Aztán megkért, másszak fel a már ismerős ágyra a három lépcsőfokos, odakészített kis létrán.

A nővérke által még a betegszobában, vérvételre beültetett kanül felső végére a piros ruhás hölgy ráillesztett egy üveghengert, amiben nyilván altató volt. Még az utolsó pillanatokban érzékeltem Póth doktor úr jelenlétét, de...

Ezután az ágyamban éledtem fel.

Az éjszakát Gyulával kettesben töltöttük. Miután Gyula kapott egy fájdalomcsillapítót, aludt, mint a bunda. Én a szokott „éber álomban" töltöttem az éjszakát.

Végre megvirradt. Gyula is éledezett. Első mondata ez volt:

– Figyelj ide! A tegnapi fuvarosod biztosan be volt kokainozva! Legalábbis a viselkedése erre utalt!

– Én is furcsának találtam a viselkedését, de végül megoldotta a feladatát.

Ekkor beléptek az orvosok a vizitre.

Előbb Póth Levente doktor úr közölte velem, hogy a kontrollvizsgálat alapján elmondható, hogy a vastagbél teljesen ép, a falán semmi elváltozás nem található!

A doktor úr nyilatkozata Gyulából tapsot váltott ki.

Gyula kezelőorvosa azt közölte, hogy a röntgenfelvételek alapján Gyula utolsó hátgerinc-csigolyája össze van törve.

– Ezt még meg kell erősíteni egy CT-vizsgálattal – zárta az elmondottakat az orvos.

Az orvosok távozása után meghozták a reggelit.

Gyula – látva az én ügyetlenkedésemet a félig béna jobb kezemmel – felajánlotta a segítségét. Félbevágta a zsemlémet, megkente vajjal, beletettem a párizsimat, aztán jóízűen beleharaptam.

Ebben a pillanatban letört a metszőfogam.

Úgy véltem, hogy ez a fog már semmire sem használható, így otthagytam a kórházban.

———••———

Mint jó evangelista, megvittem a hírt, akire tartozott, hogy az orvostudomány jelen állása szerint még megmaradhatok, sőt a vastagbél polypjaim eltávolítása olyan jól sikerült, hogy írmagja sem maradt a bél falán.

Ezek után jött Kriszti, a háziorvosom asszisztense, akiről már írtam.

Az a keddi nap úgy kezdődött, mint bármelyik hétköznap.

Úgy döntöttem, lemegyek, beadatom az utolsó vasinjekciómat, amit Musabeh doktor úr elrendelt az egészségem érdekében.

Reggel 8 óra 40 perckor érkeztem az első emeleti rendelőbe.

Szokatlan volt, hogy nem volt kitéve falra a rendelő ajtaja mellett a szokásos sorszámkarton, aminek többé-kevésbé a sorrendjében következtek a betegek.

Gondoltam, talán eltévesztettem a napot, talán a doktor úr délután rendel. Már fordultam volna vissza, de a lift bedöglött, és én jobbnak láttam megkérdezni az egyik ott ülő beteget:

– Kérem, Musabeh doktor úr délután rendel?

A beteg készségesen válaszolt:

– Nem, kérem, a doktor úr most rendel, csak az új rend szerint a liften túl kell a sorszámot húzni!

Kissé behúzott farokkal tudomásul vettem az új regulát, visszamentem az új sorszámadagoló géphez. Miután kiismertem a gépen magamat, húztam egy sorszámot. A szám a 12-es volt, az érkezési idő is szerepelt a papíron: 8 óra 45 perc.

Ezek után azt a szórakozást találtam ki, hogy az újabb kuncsaftokat elirányítottam az új sorszámkiadóhoz. Aztán szundítottam egy kicsit. 11.30 körül felébredtem. Kinyílt a rendelőajtó, kinézett Kriszta, az asszisztensnő, rám nézett, még egy kis türelmet kért, aztán behívott egy női beteget.

Nem akarom soká húzni a történetet, egy óra körül sorra kerültem.

– Kriszti, ezt a várakozást meg fogom írni a következő könyvemben!

– Nem tehetek róla, keddenként előre be kell jelentkezni.

– No, én akkor kedden soha többé nem jövök!

Két injekciót kaptam a farizmomba, bal oldalra B12-est, jobb oldalra a vasat. Megszoktam már, hogy a vasinjekció, amit sokkal vastagabb tűvel kell beadni mint a B12-es vitamint, napokig szokott fájni.

De ez most más volt. Két nappal az injekció beadását követően egyszerűen képtelen voltam felállni a konyhai asztali székről.

Egy darabig erőlködtem, azután szóltam a gyermekemnek, segítsen befeküdnöm az ágyamba. Megmértem a lázamat. 39,3 C⁰ volt.

Ezek után a családban kitört a pánik!

Azonnal kihívták az ügyeletes orvost.

Az ügyeletes kocsival két ember érkezett.

Az egyik megvizsgált. Megállapította, hogy minden életfunkcióm rendben van. Megnézte az injekció helyét.

– Ez elég csúnyán be van durranva. Azt javaslom, vigyék be a sebészetre.

A másik – meglehetősen nagy – ember közbevágott:

– Én szívesen segítek kísérni a kocsiig.

Kocsival elmentünk a rendelőintézetbe. Gyermekem kért egy sorszámot, és kihozott egy tolókocsit a rendelőintézetből. Beültem a kocsiba, ahol úgy festettem, mint egy sebesült hadfi. Szinte azonnal bekért a sebészorvos. Elmondatta velem, hogy mi történt, felvette az adataimat. Megnézte az injekcióm helyét, majd közölte a döntését:

– Az injekció helyét jegelni kell. Felírok egy antibiotikum gyógyszert, és egy fájdalom- és lázcsillapító tablettát. Valószínű, hogy folyamatosan javulni fog, de ha romlik netán, írok egy beutalót a Szent Imre kórház sürgősségi osztályára, ott kell jelentkezni.

Azzal a sebészdoktor elbocsátott.

A gyógyszerek hatására a lázam lement, a fájdalmam megszűnt. Az antibiotikum hatására viszont hasonló élményben volt részem, mint amikor a kórházban bevettem a keserűsót.

Olyan hasmenésem lett, hogy egyik éjjel pisilés közben olyant produkáltam, amit a könyvem elején írtam:

„Becsináltam.

Villámként csapott belém az érzés, miközben néztem a pizsamám szárából a jobb lábamon leguruló, egyre gyorsabban lejutó forróságot, amíg megláttam a kibuggyanó vért, ami a papucsomba lassan belefolyt."

Bizony, ezek után képletesen is összecsináltam magam.

Újra kezdődik minden elölről?, gondoltam.

Aztán félrehessegettem a sötét gondolataimat. *Ez csak az antibiotikum hatása.*

Aznap konzultált az élettársam Krisztivel. Elmondta, mik a tüneteim, ő pedig közölte, hogy konzultál doktor Mushabeh-val. Kriszti közölte az élettársammal, hogy a doktor ki fog jönni, és eldönti a maradék antibiotikum sorsát.

Természetesen én a doktor érkezéséről semmit sem tudtam. Egyedül voltam otthon a földszinten, amikor kopogtak az ablakon. Elég nehézkesen mentem ki a ház bejárati ajtaja felé, hogy megnézzem, ki zörög az ablakon. Addigra a doktor telefonált a gyermekemnek, aki az emeleten tartózkodott. Majdnem egyszerre értünk oda az ajtóhoz. Én így, civil ruhában, alig ismertem fel a doktor urat. Nem akarom feleslegesen szaporítani a szót.

A doktor úr eldöntötte, hogy szedjem be a gyógyszert, én meg fokozatosan javulok.

———•◦•———

2019. május 20-ára Póth doktor úr berendelt egy kontrollvizsgálatra a Szent Imre kórházba, miután egyfolytában véres volt a székletem. A szokott módon reggel 8 órakor helyet foglaltam a kórház már jól ismert III. emeleti folyosóján, tudván, hogy az orvosok értekezlete 9-kor fejeződik be, addig semmi sem történik. Az élettársamtól búcsút vettem, mondván:

– Teljesen feleslegesen töltöd az idők itt, hasznosabb dolgokat is csinálhatsz. Én már megleszek magammal, a csomagomat a szobáig elbírom.

– Vigyázz magadra, délután bejövök!

– Ez úgy hangzik, mint valami fenyegetés!

Nevettünk, aztán búcsút intettünk és elment.

Türelmesen vártam. Már 9 óra is elmúlt, mikor véget ért az értekezlet. Póth doktor úr egyenesen hozzám jött.

– Kedves uram – kezdte a mondókáját –, sajnálatos módon nem sikerült felszabadítani önnek egy ágyat sem. Vissza tudna jönni holnapután?

– Természetesen, ha megélem.

– Ez rossz vicc volt. Akkor találkozunk 22-én, 8 órakor.

Telefonáltam életem párjának, hogy így jártam, ha még nincs nagyon messze, lecipelem a csomagomat a földszinti büféhez és ott megvárom.

– Megyek vissza – volt a rövid válasz.

A megbeszélt időpontban ott voltam a III. emeleti folyosón. A főnővér a nevemen szólított, hogy elfoglalhatom az ágyamat. Egy kétágyas szobát kaptam, az ajtó felőli ágyat egy fiatalember foglalta el. Próbáltam köszönni az ágy lakójának, de az nem válaszolt. Úgy éreztem, hogy átnéz rajtam. Nagy kék szemei voltak, s mintha lángokban égtek volna, a távolban kerestek volna valami homályos célt. Mindenesetre többet nem próbálkoztam a szoba közepén függönnyel elválasztott szobatársammal a kapcsolatfelvétel céljából. Átöltöztem. A nővértől megkaptam a szokásos keserűsós teámat. Szerencsére itt közvetlenül az ágyam mellett volt a fürdő-vécé kombináció. Nem kellett messze mennem, hogy ha meghajtott a keserűsó.

Délután próbáltam elaludni, de ekkor a szobatársam, a fiatalember elkezdett hangosan, kapkodva lélegezni, amitől sokáig nem tudtam álomra hajtani a fejem. Ez a kapkodó lélegzés egész nap tartott.

Kicsit zavart, hogy este megtudtam, Póth Levente doktor úr „leadott" egy másik, az osztályon dolgozó orvosnak. Az esti vizitnél először az ágytársamnál kezdték az éjszakás nővérrel. Óhatatlanul kihallgattam beszélgetésüket.

– Egy szurit beadtam neki – így a nővér.

– Legalább nincsenek fájdalmai – válaszolt a doktor, és továbbindult felém.

Ez az orvos alacsonyabb volt, mint Póth doktor.

Bemutatkozott: – dr. Udvary Gábor vagyok –, majd így folytatta:

– Holnap én fogom műteni. Póth doktor úrnak ezen a héten nincs ágya, én fogom helyettesíteni. Most pedig berakok egy kanült. Nyújtsa a karját… Így ni, készen is vagyunk. A nővérke ki fogja kérdezni a gyógyszereiről és a betegségeiről – azzal elköszönt.

Pár perccel később két nővér jelent meg a szobában. A dundi kérdezett, a másik kontrollálta a kérdéseit. Kiderült, hogy a dundi betanulás alatt állt.

Egy kis ideig zavart a szobatársam zihálása, de azután elaludtam. Furcsa csendre ébredtem fel. Már derengett. A szoba közepén, a fiatalember ágyának a végénél egy férfit pillantottam meg. Amint meglátta, hogy felébredtem, gyorsan elhúzta a köztünk lévő elválasztó függönyt, majd elnézést kérve folytatta a tevékenységét.

A kórházban utolsó útjára szállította a szobatársamat.

A dundi nővérke lehúzta az ágyneműt, valami átható illatú sprayvel beszórta az ágyat, új lepedőt, párnahuzatot, takarót kerített az ágyhoz.

Ezzel egy embert eltakarítottak, gondoltam, s összerázkódtam. Nem sok időm volt rá, hogy ezen meditáljak, mert szokatlanul korán jött értem a betegszállító fiú. A műtétet nem ismertetem, mert az azonos volt az előbbivel.

A műtét utáni kábaságomból feléledve egy új szobatársat pillantottam meg a szobában.

Nem szóltam, hogyan csináltak neki helyet az előző éjjel.

———••———

Az eredeti szándékom az volt, hogy addig írok, amíg csak ki nem tekeri a kezemből a testemből elszálló erő a jelképes tollat.

Úgy érzem, ismét csalódnom kell. Még nincs itt az idő a toll letételére.

Unalmas dolgokat meg nem érdemes leírni; majd ha ismét valami érdekes dolgon esek át az orvostudomány közreműködésével, akkor ismét írok szorgalmasan.

2019. 08. 20.

Függelék

Mindszenty József 1956-ban elhangzott rádióbeszéde.**

„Igen gyakori mostanában annak a hangsúlyozása, hogy a nyilatkozó a múlttal szakítva őszintén beszél. Én ezt így nem mondhatom: nem kell szakítanom múltammal. Isten irgalmából ugyanaz vagyok, mint aki voltam bebörtönzésem előtt. Ugyanazzal a testi és szellemi épséggel állok meggyőződésem mellett, mint nyolc éve, bár a fogság megviselt. Azt sem mondhatom, hogy most már őszintén beszélek, mert én mindig őszintén beszéltem; vagyis kertelés nélkül mondtam azt, amit igaznak és helyesnek tartok. Ezt csak folytatom itt, amikor közvetlenül, személyesen, tehát nem magnetofon-hangfelvétel útján szólok az egész világhoz és a magyar nemzethez. Rendkívül súlyos helyzetünkről külföldi és belföldi viszonylatban kell szétnéznünk. Oly távlatból kívánok megállapításokat tenni, ahonnan áttekintés nyílik, de sorsunkhoz viszont oly közel hajolva, hogy mondanivalómnak meglegyen a gyakorlati érvénye mindnyájunk számára.

A külföld felé élőszóval ma első ízben köszönhetem meg azt, amit nekünk nyújt. Mindenekelőtt a Szentatyának, XII. Pius pápa Őszentségének fejezem ki személyes hálámat, hogy a magyar katolikus egyház fejéről oly sokszor megemlékezett. Mellette mély hálámat küldöm azoknak az államfőknek, a katolikus egyház vezetőinek, a különböző kormányoknak, parlamenteknek, közéleti és magántényezőknek, akik a börtönben töltött idő alatt hazám és sorsom iránt részvéttel és segítő szándékkal viseltettek. Isten jutalmazza meg őket ezért. Ugyanígy hálát érzek a világsajtó képviselői és a rádiók világhálózata iránt, amelynek elektromos hullámai a humánum egyetlen légi nagyhatalmát alkotják. Örülök, hogy ezt most végre szabadon megmondhatom.

Másrészt arról óhajtok beszélni, hogy az egész kultúrvilág, a külföld, úgyszólván osztatlanul mellénk állt és segít. Ez számunkra ugyanis nagy erőt jelent; nagyobbat, mint amennyi magunknak van. Mi kis nemzet vagyunk. Kis ország a földgömbön. Ám valamiben mégis elsők vagyunk: egy nemzet sincs, amely ezeréves történelme során nálunk többet szenvedett volna. Első királyunk, Szent István uralkodása után nagy nemzetté fejlődtünk. A nándorfehérvári győzelem után, amelynek 500. évfordulóját üljük, nemzeti létszámunk egyezett az akkori Angliáéval. Ám folyton szabadságharcokat kellett vívnunk. Legtöbbször a nyugati országok védelmében. Ez megakasztotta a nemzetet, s mindig újra saját erőnkből kellett felemelkedést keresnünk.

Most történt először a történelem folyamán, hogy Magyarország a többi kultúrnép valóban hathatós rokonszenvét érdemli. Mi meg vagyunk illetődve, s egy kis nemzet minden tagja szívből örül, hogy szabadságszeretetéért a többi nép felkarolja ügyét. A Gondviselést látjuk benne, amely a külföld szolidaritása által valósul meg úgy, ahogy himnuszunk zengi: Isten, áldd meg a magyart, nyújts feléje védőkart.

Himnuszunk így folytatódik: „...ha küzd ellenséggel". De mi rendkívül súlyos helyzetünkben is azt reméljük, hogy nincsen ellenségünk. Mi sem vagyunk ellenségei senkinek sem. Minden néppel és országgal barátságban akarunk élni. Egy olyan nemzetnél, mint a magyar, amelynek történelmi törzse mélyen gyökeredzik a múltban, különböző korszakok ismerhetők fel abban az érzésben, amivel helyet foglal a többi nép között. Fordulatairól, árnyalatairól le lehet olvasni fejlődésének jegyeit. Korunknak azonban általános jellemzője, hogy minden népnél egy irány felé halad a fejlődés. A régi nacionalizmusokat mindenütt át kell értékelni. A nemzeti érzés ne legyen többé harcok forrása az országok közt, hanem az igazság fundamentumán a békés együttélés záloga. A nemzeti érzés virágozzék az egész világon a népek közös kincseit képező kultúrértékek területén. Így az egyik ország haladása a másikat is előre viszi.

Természetszerű okoknál fogva: fizikai életfeltételeik szerint is mindjobban egymásra utaltak a népek. Mi, magyarok az európai népek családi, bensőséges békéjének zászlóvivőiként akarunk élni és cselekedni. Nem mesterségesen hirdetett, de valódi barátsággal mindegyikkel. Sőt még további tájak felé emelve szemünket: mi, a kis nemzet, barátságban, zavartalan, békés, kölcsönös megbecsülésben kívánunk lenni a nagy Amerikai Egyesült Államokkal és a hatalmas orosz birodalommal egyaránt. Jószomszédi viszonyban Prágával, Bukaresttel, Varsóval és Belgráddal. Ausztriát pedig ebben a tekinteten úgy kell megemlítenem, hogy mostani vajúdásunk kapcsán tanúsított testvéri magatartását máris minden magyar a szívébe zárta.

Egész helyzetünket azonban az dönti el, hogy a 200 milliós orosz birodalomnak mi a szándéka a határainkon belül lévő katonai erejével. Rádiójelentések adták hírül, hogy ez a fegyveres erő növekszik. Mi semlegesek vagyunk, mi az orosz birodalomnak nem adunk okot a vérontásra. De nem merül fel az orosz birodalom vezetőiben a gondolat, hogy sokkal jobban fogjuk becsülni az orosz népet, ha nem igáz le bennünket? Csak ellenséges népre szokott rátörni a megtámadott másik ország. Mi most nem támadtuk meg Oroszországot! Őszintén reméljük, hogy az orosz fegyveres erők mielőbbi kivonása országunkból megtörténik.

Belső helyzetünket azonban az is válságossá teszi, hogy az előbb mondottak miatt a munka, a termelés országosan megállt. Közvetlen éhínségbe kerültünk. Szabadságharcát egy csontig soványított nemzet vívta. Ezért a munkát, a termelést, a helyreállítási feladatok elvégzését mindenütt azonnal fel kell venni. Saját összességünk, nemzetünk érdekében s a nemzeti életének folytatásához szükséges ez – haladéktalanul.

Amikor ezt megtesszük, ne tévesszük szem elől a következőket: tudja meg mindenki az országban, hogy a lefolyt harc nem forradalom volt, hanem szabadságharc. 1945-től egy vesztett, számunkra céltalan háború után, erőszakkal épült ki az itteni rendszer, amelynek örökösei most a tagadás, megvetés, undor és elítélés izzó bélyegét ütik annak minden porcikájára. A rendszert az egész magyar nép söpörte el. Az örökösök ne kívánjanak erről még egy bizonyságot. A világon páratlan szabadságharc volt ez, a fiatal nemzedékkel népünk élén.

A szabadságharc azért folyt, mert a nemzet szabadon akart dönteni arról, hogy miképpen éljen. Szabadon akart határozni sorsa, államának igazgatása, munkájának értékesítése felől. Ennek a ténynek valóságát maga a nép semmiféle illetéktelen előny érdekében nem engedi elcsavarni, kiaknázni. Új, visszaélésmentes választás szükséges, amelyben minden párt indulhat. A választás történjék nemzetközi ellenőrzés mellett. Én pártokon kívül és – állásom szerint – felül vagyok és maradok. Ebből a tisztemből figyelmeztetek minden magyart, hogy a gyönyörűséges egység októberi napjai után ne adjanak helyt pártviszályoknak és széthúzásoknak. Mert az országnak sok mindenre van most szüksége, de minél kevesebb pártra és pártvezérre. Maga a politizálás ma másodrendű ügy: a nemzet léte és a mindennapi kenyér a mi gondunk.

A bukott rendszer örököseinek eddigi visszatekintő leleplezései feltárták, hogy a törvényes felelősségre vonásoknak minden vonalon, éspedig független és pártatlan bíróság útján kell bekövetkezniük. A magánbosszúkat el kell kerülni, ki kell küszöbölni. A bukott rendszer részesei és örökösei külön felelősséget viselnek saját tevékenységükért, mulasztásért, késedelemért vagy helytelen intézkedésért. Leleplező vallomásokhoz nem fűzhetünk egyetlen megállapítást sem, mert az országos munkafelvételt és a termelés folytatását hátráltatná. Ha a kibontakozás az elhangzott ígéretek szerint tisztességesen halad előre, ez nem is lehet feladatunk.

Hangsúlyoznom kell azonban a tennivalók tárgyi foglalatait: jogállamban élünk, osztály nélküli társadalom, demokratikus vívmányokat fejlesztő, szociális érdekektől helyesen és igazságosan korlátolt magántulajdon alapján álló, kizárólag kultúrnacionalista elemű nemzet és ország akarunk lenni. Ez akar lenni az egész magyar nemzet. Mint a katolikus egyház feje viszont kijelentem, hogy – amint azt a püspöki kar 1945-ben közös körlevélben kijelentette – nem helyezkedünk szembe a történelmi haladás igazolt irányával, sőt az egészséges fejlődést mindenben előmozdítjuk. Azt a magyar nép természetesnek találja, hogy nagy múltú és nagy értékű intézményeinkről gondoskodni kell.

Ugyanebben a minőségemben továbbá megemlítem, az ország hat és fél millió katolikus hívének tájékoztatására, hogy a bukott rendszer erőszakának és csalárdságának minden nyomát egyházi vonalon felszámoljuk. Ez nálunk ősi hit- és erkölcstanunkból és az egyházzal egyidős jogszabályokból önként adódik.

A nemzethez intézett mostani szózatom más részletekre tudatosan nem terjed ki, mert amit mondtam, világos és elég. De végezetül egy kérdés felvetése mégsem hagyható el: Mit gondolnak a bukott rendszer örökösei? Ha az általuk megbélyegzett elődeik vallás-erkölcsi alapon álltak volna, elkövették volna-e mindazt, aminek következményei elől menekülni kényszerülnek? A keresztény hitoktatás szabadságának azonnali rendezését, a katolikus egyház intézményeinek és társulatainak, köztük sajtójának visszaadását joggal elvárjuk.

Ettől a pillanattól kezdve figyeljük, hogy ígéretek és cselekedetek födik-e egymást, és ami ma keresztülvihető, azt senki se halassza holnapra. Mi, akik figyelünk, és előmozdítani kívánjuk az egész nép javát, bízunk a Gondviselésben. – S nem hiába.

(Elhangzott 1956. november 3-án, 20 órakor a rádióban. Megjelent: Mindszenty József: Emlékirataim. Toronto, 1974. 437-441. old.)

A Kádár János-kormány felhívása.
1956. november 4.

Felhívás a magyar néphez.
Megalakult a Magyar Forradalmi Munkás-Paraszt kormány.

A hazánkban október 23-án megindult tömegmozgalom, amelynek nemes célja volt a Rákosi és társai által elkövetett párt- és népellenes bűnök kijavítása, a nemzeti függetlenség és szuverenitás védelme volt, a Nagy Imre kormány gyöngesége és a mozgalomba befurakodott ellenforradalmi elemek növekedő befolyása révén veszélybe hozta szocialista vívmányainkat, népi államunkat, munkás-paraszt hatalmunkat, hazánk létét.

Ez indított bennünket, magyar hazafiakat arra, hogy megalakítsuk a Magyar Forradalmi Munkás- Paraszt Kormányt.

A kormány összetétele:
Kádár János: miniszterelnök
Dr. Münnich Ferenc: miniszterelnök-helyettes, a fegyveres erők és közbiztonsági ügyek miniszterelnöke,
Marosán György: államminiszter
Horváth Imre: külügyminiszter,
Kossa István: pénzügyminiszter,
Apró Antal: iparügyi miniszter,
Dögei Imre: földművelésügyi miniszter,
Rónai Sándor: kereskedelemügyi miniszter.

A többi tárcák egyelőre betöltetlenül maradnak. Ezeket az ország törvényes rendjének helyreállítása után a népi demokráciánkhoz hű, más pártbeli és párton kívüli képviselőkkel kell betölteni, akik készek megvédeni a szocializmus vívmányait.

Az újonnan megalakult kormány az alábbi felhívással fordul a magyar néphez:

A Forradalmi Munkás-Paraszt Kormány felhívása a magyar néphez!

Magyar Testvérek!

Munkások!

Parasztok!

Katonák!

Elvtársak!

Nemzetünk nehéz napokat él át. Veszélyben van a munkások és parasztok hatalma, a szocializmus szent ügye.

Veszélyben vannak az elmúlt 12 esztendő mindazon vívmányai, melyeket a magyar dolgozók és mindenekelőtt ti, magyar munkások, a magatok kezével hősies és önfeláldozó munkával teremtettek meg.

Az ellenforradalmárok egyre arcátlanabbak. Kegyetlenül üldözik a demokrácia híveit, a nyilasok és más vadállatok gyilkolják a becsületes hazafiakat, legjobb elvtársainkat. Tudjuk azt, hogy hazánkban még sok a megoldást kívánó kérdés, még sok nehézséggel kell megküzdenünk! A dolgozók élete még távolról sem olyan, amilyennek kell lennie egy szocializmust építő országban. Az elmúlt 12 esztendőben elért haladással egy időben Rákosi és Gerő klikkje sok súlyos hibát követett el, és súlyosan megsértette a törvényességet. Mindez jogosan tette elégedetlenné a dolgozókat. A reakciósok saját önző céljaikat követik. Kezet emeltek a mi népi demokratikus rendszerünkre. Ez azt jelenti, hogy a gyárakat és az üzemeket vissza akarják adni a kapitalistáknak, a földet a nagybirtokosoknak. Már el is indították Horthy zsandárait, börtönőreit, az egész átkozott és gyűlöletes elnyomó és kizsákmányoló rendszer képviselőit, hogy a nép nyakára üljenek. Nem szabadságot, jólétet és demokráciát hoztak volna, ha győznek, hanem rabságot, nyomort, munkanélküliséget és kíméletlen úri elnyomást. A reakciós elemek, felhasználva a népi demokratikus építésünk folyamán elkövetett hibákat, igen sok becsületes dolgozót – különösen az ifjúság nagy részét – tévesztették meg, akik a mozgalomhoz becsületes, hazafias szándékkal kapcsolódtak. Ezek a becsületes hazafiak azt akarták, hogy társadalmunk, gazdasági és politikai életünk tovább demokratizálódjék, s ezzel biztosítsák hazánkban a szocializmus alapjainak megszilárdulását. Azért emelték fel a szavukat, hogy Magyarország erősödjön és virágozzon, hogy szabad, szuverén állam legyen, amely barátságot tart fenn a többi szocialista országgal. Éppen ezért helytelen és bűnös eljárás, ha valaki vádolja ezeket azért, hogy a mozgalomban részt vettek. Emellett nem szabad szem elől téveszteni, hogy felhasználva Nagy Imre kormányának gyengeségét, ellenforradalmi erők garázdálkodnak, gyilkolnak és rabolnak az országban, és attól lehet félnünk, hogy felülkerekednek.

Mély szomorúsággal és nehéz szívvel látjuk, milyen szörnyű helyzetbe hozták édes hazánkat azok az ellenforradalmi elemek – sőt sokszor jóhiszemű, haladó szellemű embereket is –, akik tudva vagy tudatlanul visszaéltek a demokrácia és a szabadság jelszavával, és ezzel utat nyitottak a reakciónak.

Magyarok! Testvérek! Hazafiak! Katonák! Polgárok! Véget kell vetnünk az ellenforradalmi elemek garázdálkodásának. Ütött a cselekvés órája! Megvédjük a munkások és parasztok hatalmát, a népi demokrácia vívmányait! Rendet, biztonságot és nyugalmat teremtünk hazánkban!

A nép és hazánk érdeke az, hogy erős kormánya legyen, olyan kormánya, amely alkalmas arra, hogy kivezesse az országot súlyos helyzetéből. Mi ezért alakítottuk meg a Magyar Forradalmi Munkás-Paraszt Kormányt.

A Magyar Forradalmi Munkás-Paraszt Kormány programja:

1. Nemzeti függetlenségünk és országunk szuverenitásának biztosítása.

2. Népi demokratikus és szocialista rendszerünk megvédése minden támadás ellen. Szocialista vívmányaink védelme és előrehaladásunk biztosítása a szocialista építés útján.

3. A testvérharc megszüntetése, a rend és a belső béke helyreállítása. A kormány nem tűri meg, hogy a dolgozókat bármi ürügy alapján üldözzék azért, mert a legutóbbi idők eseményeiben részt vettek.

4. Szoros baráti viszony megteremtése minden szocialista országgal, a teljes egyenjogúság, a kölcsönös be nem avatkozás elvei alapján. Ugyanez az elv a kölcsönös előnyt biztosító gazdasági és kölcsönös segítségi kapcsolatainkat.

5. Békés együttműködés minden országgal, függetlenül azok társadalmi rendjétől és államformájától.

6. A dolgozók – különösen a munkásosztály – életszínvonalának gyors és jelentékeny emelése. Több lakást a dolgozóknak. Lehetővé kell tenni, hogy a gyárak és intézmények maguk építsenek lakást munkásaik és alkalmazottainak számára.

7. Az ötéves terv módosítása, a gazdasági vezetés módszerének megváltoztatása, figyelembe véve az ország gazdasági adottságait, hogy a lakosság életszínvonala minél gyorsabban emelkedjék.

8. A bürokrácia megszüntetése, és a demokrácia széles kifejlesztése a dolgozók érdekében.

9. A legszélesebb demokrácia alapján kell megvalósítani a munkásigazgatást a gyárakban, üzemekben és a vállalatoknál.

10. A mezőgazdasági termelés fejlesztése, a kötelező beszolgáltatások megszüntetése, az egyéni dolgozó parasztok megsegítése. A kormány határozottan felszámol minden törvénysértést, melyet a szövetkezeti mozgalom és a tagosítás területén elkövettek.

11. Az eddigi igazgatási szervek és a forradalmi tanácsok demokratikus választásának biztosítása.

12. Támogatja a kisipart és a kiskereskedelmet.

13. A magyar nemzeti kultúra következetes fejlesztése, haladó hagyományaink szellemében.

14. A Magyar Forradalmi Munkás-Paraszt Kormány népünk, munkásosztályunk és hazánk érdekében azzal a kéréssel fordult a szovjet hadsereg parancsnokságához: segítsen népünknek a reakció sötét erőinek szétverésében és abban, hogy helyreállíthassuk a rendet és a nyugalmat hazánkban.

15. A magyar kormány a rend s a nyugalom helyreállítása után tárgyalásokat kezd a szovjet kormánnyal és a Varsói Szerződés más résztvevőivel a szovjet csapatok Magyarország területéről való kivonásáról.

Munkások!

Dolgozó parasztok!

Értelmiségiek!

Fiatalok!

Katonák és tisztek!

Csatlakozzatok a Magyar Forradalmi Munkás-Paraszt Kormányhoz. Támogassátok népünk igazságos harcát, védjétek meg népi demokratikus rendszerünket. Fegyverezzétek le az ellenforradalmi bandákat!

Szervezett munkások!

Álljatok a Magyar Forradalmi Munkás-Paraszt Kormány mögé!

Haladéktalanul vegyétek fel a munkát!

Dolgozó parasztok! Védjétek meg a földet, vállvetve harcoljatok munkástestvéreitekkel közös ügyünkért, népi demokratikus rendszerünkért! Dolgozó és tanuló ifjúság! Ne hagyjátok megtéveszteni magatokat! Jövőtöket csak a népi demokrácia biztosíthatja, védjétek meg! Magyar dolgozók! Jogos gazdasági, politikai és szocialista törekvéseink megvalósításának előfeltétele a népi demokratikus hatalom védelme, a rend helyreállítása, a munka újra felvétele, a termelés megindítása. Ezért harcol a Magyar Forradalmi Munkás-Paraszt Kormány, és erre a harcra hívja fel a magyar haza minden önzetlen fiát és lányát. Dolgozók! Magyar testvérek! Miénk az igazság! Győzni fogunk! Budapest, 1956. november 4.

(Megjelent: A „Jelcin-dosszié". Szovjet dokumentumok 1956-ról. Szerk.: Gál Éva, Hegedűs B. András. Budapest, 1993. 89-92. l.)

Ez a felhívás és a mögötte álló szuperhatalom, a Szovjetunió, soksok évre eldöntötte Magyarország sorsát.

A szerző megjegyzése.

Nagy Imre utolsó parlamenti beszéde, 1956. november 4.

„Itt Nagy Imre, a Magyar Népköztársaság Minisztertanácsának elnöke beszél. Ma hajnalban a szovjet csapatok támadást indítottak fővárosunk ellen azzal a nyilvánvalóvá vált szándékkal, hogy megdöntsék a törvényes magyar demokratikus kormányt. Csapataink harcban állnak! A kormány a helyén van. Ezt közlöm az ország népével és a világ közvéleményével."

Nagy Imre utolsó szavai, melyek az 1958-as perében elhangzottak.

A halálos ítélet elhangzása után – a perrendtartásnak megfelelően – a bíró ismét megkérdezte az elítélteket, kérnek-e kegyelmet. Ezek Nagy Imre utolsó ismert szavai, mintegy 12 órával kivégzése előtt. (Az utolsó éjszakán írt levelei soha nem kerültek elő.)

„Engedje meg az igen tisztelt Népbírósági Tanács [hogy], pár szóval indokoljam a kegyelmi kéréssel kapcsolatos álláspontomat.

A halálos ítéletet, amelyet rám az igen tisztelt Népbírósági Tanács kirótt, én a magam részéről igazságtalannak tartom, indoklását nem tartom megalapozottnak, és ezért a magam részéről – bár tudom azt, hogy fellebbezésnek helye nincs – elfogadni nem tudom.

Egyetlen vigaszom ebben a helyzetben az a meggyőződésem, hogy előbb vagy utóbb a magyar nép és a nemzetközi munkásosztály majd felment azok alól a súlyos vádak alól, amelyeknek súlyát most nekem kell viselnem, amelynek következményeként nekem életemet kell áldoznom, de amelyet nekem vállalnom kell. Úgy érzem, eljön az idő, amikor ezekben a kérdésekben nyugodtabb légkörben, világosabb látókörrel, a tények jobb ismerete alapján igazságot lehet szolgáltatni az én ügyemben is. Úgy érzem, súlyos tévedés, bírósági tévedés áldozata vagyok. Kegyelmet nem kérek.

Források:

* 1956 a sajtó tükrében (Kossuth Kiadó; 1989)
** *(Elhangzott 1956. november 3-án, 20 órakor a rádióban. Megjelent: Mindszenty József: Emlékirataim, Toronto, 1974. 437-441. old.)*
*** *A Kádár János-kormány felhívása.*
1956. november 4.; 5 óra 5 perc
(Megjelent: A „Jelcin-dosszié". Szovjet dokumentumok 1956-ról. Szerk.: Gál Éva, Hegedűs B. András. Budapest, 1993. 89–92. l.)

P. A. F.

A szerző

Pogány A. Ferenc Budapesten született, 1939. 07. 05-én. Miután befejezte a Budapest Műszaki Egyetemet, 1960-tól 2014-ig csak műszaki pályán tevékenykedett. 1962-ben egy nagy állami építőipari vállalatnál helyezkedett el, miután három éve az ösztöndíjasa volt. 1989-ig különböző beosztáskat töltött be itt, a legmagasabb beosztás, amit elért irodavezető főmérnök volt. Ez idő alatt a Sportérdemérem bronz fokozatát, a Kiváló Feltaláló díjat, az építőipar „kiváló" címét nyerte el. 1989-ben Kft-t alapított. 1994-ben nyugdíjba vonult, nyugdíj mellett mind a mai napig vállalkozása vezetőjeként tevékenykedik. Elvált, élettársi viszonyban él, két fia van.

Aki feladja,
hogy jobbá váljon,
feladta,
hogy jobb legyen!

E mottó alapján a novum publishing kiadó célja
az új kéziratok felkutatása, megjelentetése,
és szerzőik hosszútávú segítése. Az 1997-ben
alapított, többszörösen kitüntetett kiadó az egyik
legjelentősebb, újdonsült szerzőkre specializálódott
kiadónak számít többek között Ausztriában,
Németországban és Svájcban.

**Valamennyi új kézirat rövid időn belül egy
ingyenes, kötelezettségek nélküli kiadói
véleményezésen esik át.**

További információkat a kiadóról és
a könyvekről az alábbi oldalon talál:

www . n o v u m p u b l i s h i n g . h u

Értékelje
ezt a könyvet
honlapunkon!

www.novumpublishing.hu

Pogány A. Ferenc

A másik oldal

Betegségem története

(2012–20...)

ISBN 978-3-99064-297-9
68 oldal

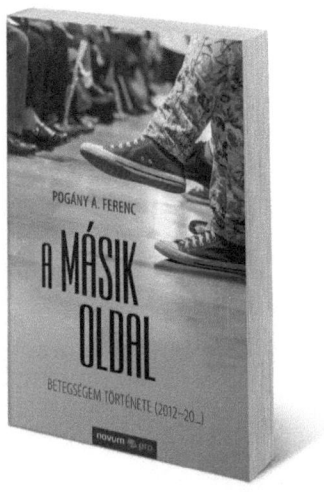

Korhű beszámoló a magyar egészségügy berkeiből egy hosszú, ám szerencsés végkifejletű betegségsorozatból felgyógyult páciens tollából. Érdekességek, kérdések és válaszok egy kötetben...